Albrecht Steinecke

Filmtourismus

UVK Verlagsgesellschaft mbH · Konstanz
mit UVK/Lucius · München

Prof. Dr. Dr. h. c. (BSU) Albrecht Steinecke
war Hochschullehrer an der Universität Paderborn. Seine Arbeitserfahrungen
umfassen außerdem eine breite Forschungs- und Lehrtätigkeit an deutschen
und ausländischen Universitäten sowie nationale und internationale
Beratungsprojekte als langjähriger Geschäftsführer des Europäischen
Tourismus Instituts GmbH (Trier).

Online-Angebote oder elektronische Ausgaben sind erhältlich unter
www.utb-shop.de.

Bibliografische Information der Deutschen Bibliothek
Die Deutsche Bibliothek verzeichnet diese Publikation in der Deutschen
Nationalbibliografie; detaillierte bibliografische Daten sind im Internet über
<http://dnb.ddb.de> abrufbar.

© UVK Verlagsgesellschaft mbH, Konstanz und München 2016

Lektorat: Rainer Berger
Einbandgestaltung: Atelier Reichert, Stuttgart
Schematische Darstellungen: in Anlehnung an Peter Blank, Bielefeld
Einbandmotiv: © alexshot, fotolia.com
Druck und Bindung: Pustet, Regensburg

UVK Verlagsgesellschaft mbH
Schützenstraße 24 · 78462 Konstanz
Tel. 07531-9053-0 · Fax 07531-9053-98
www.uvk.de

UTB-Nr. 4617
ISBN 978-3-8252-4617-4

Vorwort

Mit dem berühmten Schlusssatz des Kultfilms „Casablanca" lässt sich das Verhältnis von Film und Tourismus angemessen beschreiben: Zwischen diesen beiden gesellschaftlichen Massenphänomenen bestehen zahlreiche Berührungspunkte und Gemeinsamkeiten. Durch eine professionelle Zusammenarbeit können beide Partner eine klassische *Win-Win*-Situation schaffen – und langfristig einen großen Nutzen aus dieser „wunderbaren Freundschaft" ziehen.

In den USA, Großbritannien und einigen asiatischen Ländern sind diese Potenziale bereits vor mehr als zwei Jahrzehnten von den Film- und Tourismusakteuren erkannt worden. Auch die Tourismusforschung hat sich dort intensiv mit dem Filmtourismus auseinandergesetzt – u. a. mit der Zielgruppe der Filmtouristen, der Rolle von Spielfilmen und TV-Serien bei der Imagebildung von Destinationen sowie den touristischen und regionalwirtschaftlichen Effekten.

Im deutschsprachigen Raum ist dieses Forschungsfeld von der tourismuswissenschaftlichen *Community* bislang kaum beackert worden und bei vielen touristischen Praktikern bestehen Informationsdefizite und sogar Vorbehalte.

In dieser Situation will der vorliegende Band – das erste deutschsprachige Studienbuch zum Filmtourismus – zu einer intensiveren Beschäftigung mit dem Thema anregen. Ziel ist es, einen fachlich soliden, gut strukturierten und verständlichen Überblick über den aktuellen Stand der Forschung und Praxis zu geben; dabei werden folgende zentrale Fragen beantwortet:

- Was ist Filmtourismus?
- Was suchen die Filmtouristen?
- Wie engagieren sich Destinationen im Filmtourismus?
- Welche Wirkungen hat der Filmtourismus?
- Welche touristische Bedeutung haben filmbezogene Kultur-, Unterhaltungs- und Freizeiteinrichtungen sowie Events?
- Wie können Tourismusorganisationen den Filmtourismus erfolgreich nutzen?

Dieses Basiswissen zum Filmtourismus wird auf anschauliche und praxisnahe Weise vermittelt – u. a. anhand zahlreicher *Best-Practice*-Beispiele, Grafiken, Fotos und weiterführender Literaturtipps; darüber hinaus finden sich am Ende des

Bandes umfangreiche Checklisten, die Destination Management Organisationen als Anregung für eine intensive Beschäftigung mit dem Filmtourismus dienen sollen. Mit diesem Konzept wendet sich das Studienbuch vor allem an:

- Studierende und Dozenten tourismusbezogener Studiengänge an Dualen Hochschulen, Fachhochschulen und Universitäten, die sich rasch einen fundierten Überblick über das Thema verschaffen möchten;
- Verantwortliche in lokalen und regionalen Tourismusdestinationen, die das vorhandene filmtouristische Potenzial künftig intensiver nutzen wollen bzw. daran interessiert sind, durch die Zusammenarbeit mit Produktionsfirmen und *Film Commissions* einen neuen Markt zu erschließen.

Bei meinen Arbeiten an diesem Band bin ich auf vielfältige Weise unterstützt worden; dafür möchte ich mich bei allen Beteiligten herzlich bedanken:

- Zahlreiche Unternehmen und Organisationen haben mir freundlicherweise Fotos zur Verfügung gestellt und Druckgenehmigungen erteilt.
- Dr. Viachaslau Nikitsin (Paderborn) und Dr. Tim Steinecke (St. Andrews) waren mir bei Literaturrecherchen behilflich.
- Peter Blank (Bielefeld) hat in bewährter Weise die professionelle Gestaltung der Abbildungen übernommen.
- Dipl.-Ökonom Rainer Berger (UVK Verlagsgesellschaft, Konstanz/UVK Lucius, München) hat sich erneut als ein wichtiger Begleiter und Ratgeber erwiesen – wie bei mehreren anderen Buchprojekten, die wir gemeinsam konzipiert und publiziert haben.

Mein besonderer Dank gilt wieder einmal meiner Frau Renate: Sie hat es nicht nur (weitgehend) klaglos hingenommen, wenn ich in meinem Arbeitszimmer verschwunden bin, sondern sie war auch die erste und überaus kritische Leserin, der ich viele Anregungen verdanke.

Der englische Autor Paul Scott hat in seinem Romanzyklus „Das Reich der Sahibs" geschrieben, „einer der wenigen Vorteile des Alters sei es, eine Quelle aller möglichen unwichtigen Informationen zu sein, die sich manchmal als nützlich erweisen."

In diesem Sinne hoffe ich, dass die Lektüre des Studienbuchs gewinnbringend und erkenntnisreich ist – und hoffentlich auch ein wenig unterhaltsam, denn es gibt wohl nichts Schlimmeres als langweilige wissenschaftliche Publikationen.

Konz/Überlingen, im März 2016   Albrecht Steinecke

Inhaltsverzeichnis

Vorwort 5

Abbildungsverzeichnis... 11

Tabellenverzeichnis... 15

1 Was ist Filmtourismus? 17

1.1 Definition des Filmtourismus................................... 19

1.2 Orte des Filmtourismus.. 24

1.2.1 *On Locations*: Gebäude, Dörfer, Städte und Landschaften...................... 24
1.2.2 *Off Locations*: Erinnerungsorte, Filmparks und Events............................. 31

1.3 Einordnung des Filmtourismus.............................. 33

1.3.1 Schauplätze bedeutender Ereignisse.. 34
1.3.2 Erinnerungsorte an wichtige Persönlichkeiten........................... 36
1.3.3 Schnittstellen zu anderen Tourismusarten................................ 37

1.4 Bedeutung des Filmtourismus 41

2 Was suchen die Filmtouristen? 47

2.1 Motive und Erwartungen der Filmtouristen........... 49

2.1.1 Externe Pull-Faktoren... 49
2.1.2 Interne Push-Faktoren 52
2.1.3 Typologien von Filmtouristen.. 53
2.1.4 Imaginäre Geographien... 56
2.1.5 Narrative Räume 59
2.1.6 Hyperreale Orte.. 61

2.2 Reaktionen und Verhaltensweisen der Filmtouristen........ 65

2.2.1 Emotionen 65
2.2.2 Rituale.. 69
2.2.3 Reenactment 71

Exkurs: Der Kult um die *Celebrities*............................. 77

3   Wie engagieren sich Destinationen im Filmtourismus?.................... 87

3.1   *Location Placement* als Marketing-Strategie 89

3.1.1   Ziele und Methoden des *Location Placement*................................. 92
3.1.2   *Film Commissions* als Förderinstitutionen 96

3.2   Filmtouristisches Destinationsmanagement............................... 100

3.2.1   Filmtouristische Markenbildung 101
3.2.2   Filmtouristische Produktpolitik 107
3.2.3   Filmtouristische Kommunikationspolitik...................................... 127

4   Welche Wirkungen hat der Filmtourismus? 135

4.1   Touristische Effekte 135

4.1.1   Steigerung der touristischen Nachfrage 136
4.1.2   Imageeffekte 137

4.2   Effekte auf die Drehorte.. 144

4.2.1   Ökonomische Effekte des Filmtourismus...................................... 145
4.2.2   Soziale Effekte des Filmtourismus 147
4.2.3   Ökologische Effekte des Filmtourismus 157

4.3   Chancen, Risiken und Erfolgsfaktoren des Filmtourismus............ 161

4.3.1   Chancen des Filmtourismus 161
4.3.2   Risiken des Filmtourismus.. 166
4.3.3   Erfolgsfaktoren des Filmtourismus.. 174

5   Die *Off Locations* im Filmtourismus... 185

5.1   Wohnorte, Wirkungsstätten und Gräber von Filmstars.................. 185

5.2   Filmmuseen 189

5.3   Themenparks 192

5.3.1   Filmparks 193
5.3.2   Filmwelten in Freizeit- und Themenparks 196

5.4   Filmevents.. 198

5.4.1   Filmpremieren 198
5.4.2   Filmfestivals... 200

6   Checklisten für Destination Management Organisationen........... 205

6.1   Marketing-Maßnahmen vor der Produktion 205
6.2   Marketing-Maßnahmen während der Dreharbeiten................................ 206
6.3   Marketing-Maßnahmen nach dem Erscheinen des Films 207

Abbildungs- und Tabellennachweis 211

Filmografie 215

Literaturverzeichnis... 223

Index 245

Abbildungsverzeichnis

Abb. 1: „Hotel del Coronado" in San Diego 18

Abb. 2: Dimensionen des Filmtourismus.. 21

Abb. 3: Ortsschild des Dorfes Burkittsville (Maryland) 26

Abb. 4: *Location* des Films „Schindlers Liste" im Warschauer
Stadtviertel Kazimierz 28

Abb. 5: Andrew Garfield bei der Präsentation des Films „99 Homes"
während der „Mostra internazionale d'arte cinematografica di
Venezia" (2014)... 32

Abb. 6: Löwenhügel auf dem Schlachtfeld von Waterloo (Belgien)............... 34

Abb. 7: Geburtshaus von Wolfgang Amadeus Mozart in Salzburg................. 37

Abb. 8: Schnittstellen des Filmtourismus mit anderen Tourismusarten 41

Abb. 9: Einfluss von Film- und TV-Produktionen auf die
Reiseentscheidung (Beispiel Großbritannien)...................................... 43

Abb. 10: „Aidensfield Garage" in Goathland (North Yorkshire) 50

Abb. 11: Touristischer Stellenwert unterschiedlicher Filmelemente................. 53

Abb. 12: „Sherlock Holmes Museum", London 58

Abb. 13: Robin Hood-Darsteller beim „Louisiana Renaissance Festival"........ 60

Abb. 14: Bahnsteig 9 ¾ auf dem Londoner Bahnhof King's Cross................. 63

Abb. 15: Freitreppe des Schlosses Moritzburg (Sachsen) 67

Abb. 16: Tourist im Fast-Food-Restaurant „Los Pollos Hermanos"
in Albuquerque (New Mexico)... 69

Abb. 17: Touristin vor der „Bocca della Verità" in Rom 72

Abb. 18: „Jacobite Steam Train" auf dem „Glenfinnan Viaduct" in
Schottland 73

Abb. 19: TOP 10-Prominente in den sozialen Netzwerken *Facebook*
und *Twitter*... 78

Abb. 20: *Selfie* eines Fans mit Christian Bale während der „Internationalen
Filmfestspiele Berlin (Berlinale)"... 81

Abb. 21: Hand- und Fußabdrücke des Schauspielers Tom Hanks vor dem
„TCL Chinese Theatre" in Los Angeles... 82

Abb. 22: Kaiserin Elisabeth von Österreich („Sissi") als touristische Werbeträgerin 84

Abb. 23: Geländefahrzeug aus dem Film „Vergessene Welt: Jurassic Park" im „Mercedes-Benz Museum" in Stuttgart 89

Abb. 24: „Paddington" als Werbeträger für Großbritannien 94

Abb. 25: Dreharbeiten in den Tiroler Alpen 97

Abb. 26: „Heidi" und „Geissenpeter" als Sympathieträger der Destination „Heidiland" (Schweiz) 106

Abb. 27: Film-*Marker* auf der „Chinesischen Mauer" bei Mutianyu 108

Abb. 28: Filmtouristische Broschüre „Wege in die Heimat" der „Hunsrück-Touristik GmbH" 109

Abb. 29: Filmführung in Meersburg (Bodensee) 114

Abb. 30: Kulissendorf „Flake" in Kochel am See 116

Abb. 31: Ausstellung von Kulissenrelikten des Films „Die zehn Gebote" im „Guadalupe-Nipomo Dunes Center" (Kalifornien) 118

Abb. 32: Hubschrauber-Simulator in der „Bond World 007" auf dem Schilthorn (Schweiz) 119

Abb. 33: „Breaking Bad"-Souvenirs in Albuquerque (New Mexico) 121

Abb. 34: „The Original Sound of Music Tour" in Salzburg 123

Abb. 35: Auftritt des Schauspielers Hans Sigl beim „Bergdoktor-Fantag" in Ellmau (Tirol) 124

Abb. 36: Boeing 777-319 (ER) der „Air New Zealand" mit „Der Hobbit"-Motiven 128

Abb. 37: Stefan Jürgens als *Testimonial* für die Destination Oberösterreich 130

Abb. 38: Fanpostkarten der TV-Krimiserie „SOKO Kitzbühel" 131

Abb. 39: „Crocodile Dundee's Walkabout Creek Hotel" in McKinlay (Queensland) 139

Abb. 40: Glockenturm in Bergues (Frankreich) 142

Abb. 41: Wandel des Images von Barcelona durch den Film „Vicky Cristina Barcelona" 143

Abb. 42: Filmtouristische Interessengruppen in einer Destination 148

Abb. 43: Effekte des Filmtourismus aus Sicht der einheimischen Bevölkerung in Barwon Heads (Victoria) 150

Abb. 44: Touristinnen vor „Bella Swan's House" in Forks (Washington) 151

Abb. 45: Hinweisschild auf die berühmte blaue Tür aus der Komödie „Notting Hill" 153

Abb. 46: Maya Bay, Phi Phi Leh (Thailand) 158

Abb. 47: Walbeobachtung in der Hervey Bay (Queensland) 160

Abb. 48: Besucherzahlen ausgewählter Attraktionen in Stirling (Schottland) ... 167

Abb. 49: Einfluss des Films „City of God" auf das Interesse an Brasilien als Reiseziel 172

Abb. 50: Zufriedenheit der Tagesbesucher mit dem touristischen Angebot der Isle of Mull (Schottland) 174

Abb. 51: Erinnerungen der Zuschauer an einzelne Elemente eines Films 175

Abb. 52: Telefonzelle in Pennan (Schottland) 178

Abb. 53: Möglichkeiten der Kooperation einer Destination Management Organisation mit einer Film- bzw. TV-Produktionsfirma 180

Abb. 54: „Peppone"-Statue im italienischen Brescello 182

Abb. 55: Inoffizielles Michael Jackson-Denkmal in München 187

Abb. 56: „Movie Stars' Homes Tour" in Los Angeles 188

Abb. 57: „Filmmuseum Potsdam" 190

Abb. 58: „Walt Disney Studios Park" im „Disneyland Paris", Marne-la-Vallée 193

Abb. 59: Touristin in einem „Six Flags"-Themenpark mit Darstellern bekannter Comic- und Filmfiguren 197

Abb. 60: Oscar-Preisträger Timothy Hutton auf der „Berlinale" (2007) 201

Abb. 61: Plakat der Ausstellung „Film ab! Kinoträume im Weserbergland" im „Museum Hameln" 208

Tabellenverzeichnis

Tab. 1: Tatsächliche Drehorte und fiktive Schauplätze von Spielfilmen (ausgewählte Beispiele).. 30

Tab. 2: Typen von Filmtouristen 54

Tab. 3: Positive und negative Effekte des Filmtourismus 136

Tab. 4: Steigerung der Besucherzahlen an Drehorten und Schauplätzen (ausgewählte Beispiele).. 138

Tab. 5: Chancen und Risiken des Filmtourismus 162

Tab. 6: Besucherzahlen von Filmparks (ausgewählte Beispiele).................. 194

1 Was ist Filmtourismus?

✱ Das Kapitel im Überblick

In diesem Kapitel werden folgende Fragen beantwortet:

- Wie wird der Begriff „Filmtourismus" definiert?
- Welche Arten des Filmtourismus gibt es (*On Locations*, *Off Locations*)?
- Welche Informationsquellen können Konsumenten, Produzenten und Manager von Destination Management Organisationen nutzen?
- Wie lässt sich der Filmtourismus historisch und fachlich einordnen?
- Welche Bedeutung hat die filmtouristische Nachfrage auf internationaler, nationaler, regionaler und lokaler Ebene?

„Kleine Fluchten" – der Titel des schweizerischen Spielfilms von Yves Yersin aus dem Jahr 1979 kann als Synonym gelten für die beiden gesellschaftlichen Phänomene, um die es in diesem Studienbuch geht: Filme und Reisen bieten die Möglichkeit, den Alltag mit seinen Routinen, Verpflichtungen und Restriktionen für kurze Zeit zu vergessen und in eine Welt voller Hoffnungen, Wünsche und auch Illusionen einzutauchen.

Sowohl die Produkte der „Traumfabrik Hollywood" als auch die „Traumurlaub"-Angebote der Destinationen und Reiseveranstalter werden von einem massenhaften Kino- bzw. Reisepublikum konsumiert, das sich großartige Helden, romantische Beziehungen, spannende Momente, aber auch exotische Schauplätze, ungewöhnliche Erlebnisse und neue Erfahrungen wünscht.

Die dunklen Kinosäle und die fremden Länder dienen als Orte, an denen die Sucht nach Eskapismus hemmungslos ausgelebt werden kann: Dort können die Zuschauer und Reisenden großartige (Landschafts-)Bilder bewundern, ihren Gefühlen freien Raum lassen und in selbst gewählten Rollen agieren.

Während sie auf Reisen selbst aktiv und mobil sein müssen, werden sie von den Spielfilmen und TV-Serien mitgenommen auf eine bequeme Tour durch Zeit und vor allem Raum, denn alle Handlungen – von der *Action* über Dialoge bis hin zu Liebesszenen – sind untrennbar mit spezifischen Schauplätzen verbunden: Ein Kinobesuch ist also eine Art von virtuellem *Site- bzw. Sightseeing*, bei dem die Protagonisten zugleich „Identifikationsfigur[en] und Führer durch filmische Welten" sind (ZIMMERMANN 2013, S. 85).

Abb. 1: Das „Hotel del Coronado" in San Diego ist durch die Komödie „Manche mögen's heiß" von Billy Wilder (1959) zu einer filmtouristischen Attraktion geworden (für die Fans wird der Klassiker auf dem hoteleigenen TV-Kanal in einer Endlosschleife gezeigt). Aufgrund seiner einzigartigen Architektur steht es seit 1977 als „National Historic Landmark" unter Denkmalschutz.

Filme vermitteln visuelle Informationen zu den Schauplätzen und lösen zugleich lebendige Assoziationen aus, die lange in Erinnerung bleiben. Damit prägen sie auch den touristischen Blick auf die Welt – und verhelfen gleichzeitig den Drehorten und Schauplätzen zu einer enormen öffentlichen Aufmerksamkeit; auf diese Weise können sie außerdem die Reiseentscheidung der Urlauber für bestimmte Zielgebiete beeinflussen (vgl. LAW/BUNNELL/ONG 2007, S. 143; IWASHITA 2008, S. 150; Abb. 1).

Inhalte und Botschaften von Spielfilmen und TV-Serien werden in der Regel international verstanden, weil sie einen einfachen und damit verständlichen Code an Akteuren, Handlungsmustern und Bildern benutzen: So startete z. B. der erste Teil der Filmtrilogie „Der Herr der Ringe" von Regisseur Peter Jackson im Jahr

2001 gleichzeitig in ca. 10.000 Kinos weltweit und von der US-amerikanischen TV-Serie „Dallas" wurden mehr als 350 Folgen in 90 Ländern ausgestrahlt (vgl. ESCHER/ZIMMERMANN 2001, S. 227; HUDSON/RITCHIE 2006a, S. 257).

Darüber hinaus verfügen die Bilder von Spielfilmen und TV-Serien über eine enorme Überzeugungskraft, denn für die Zuschauer bedarf es keiner besonderen Anstrengung, sich die Schauplätze der Handlung vorzustellen – im Gegensatz zu Beschreibungen in Erzählungen und Romanen, in denen die Imagination von Personen, Orten und Landschaften auf der literarischen Fähigkeit der Autoren und der lebendigen Phantasie der Leser basiert (vgl. JEWELL/MCKINNON 2008, S. 155).

Die eindrucksvollen Bilder der Spielfilme sind aber kein Ersatz für tatsächliche Reisen in reale geographische Welten: Vielmehr gilt das Bedürfnis „nach der sinnlichen Erfahrung fiktiver Räume" (HENNIG 1997, S. 58) als grundlegendes Reisemotiv. Filme können deshalb beim Kinopublikum den Wunsch wecken, die Schauplätze selbst einmal zu besuchen – und sich dort auf den Spuren der Stars zu bewegen, sich an die bewegenden Momente der *Storyline* zu erinnern und vielleicht auch besondere Szenen noch einmal (ernsthaft oder ironisch) nachzuspielen.

Um diesen Filmtourismus geht es in dem vorliegenden Studienbuch – eine ungewöhnliche Form der touristischen Nachfrage, die im Wesentlichen bzw. zumindest teilweise durch Spielfilme und TV-Serien ausgelöst wird.

1.1   Definition des Filmtourismus

„Besuche an Drehorten und Schauplätzen, wo erfolgreiche Kino- und Fernsehfilme gedreht wurden, führen gegenwärtig in vielen Regionen zu einer Zunahme der Gästeankünfte und Touristenaufenthalte" – so hat der „Europäische Wirtschafts- und Sozialausschuss" in einer Stellungnahme zum Kulturtourismus das Phänomen des Filmtourismus und auch die generellen Wirkungen von Film- und TV-Produktionen auf Destinationen beschrieben.

Aus Sicht der Europäischen Union ist er ein „bedeutender Impulsgeber" in diesem Marktsegment – neben dem kulturellen Erbe, Veranstaltungen, Ausstellungen und Aufführungen sowie der Wein- und Gastronomiekultur, speziell im ländlichen Raum (vgl. Europäischer Sozialausschuss 2006, S. 5).

Die wissenschaftliche Beschäftigung mit dem Phänomen des Filmtourismus begann in den 1990er-Jahren in den USA, Großbritannien und Australien – nicht zuletzt, weil dort einige Destinationen eine Vorreiterrolle bei der professionellen Bearbeitung dieses Marktsegments einnahmen (und sich damit zugleich als ideale Forschungsobjekte erwiesen).

Obwohl inzwischen auch einige deutschsprachige Untersuchungen vorliegen, wird die Forschung weiterhin von angloamerikanischen Wissenschaftlern dominiert – zumeist unter Verwendung der Begriffe *Film-induced Tourism, Movie-induced Tourism, Cinematographic Tourism, Teletourism, Set Jetting, Popular Media-induced Tourism* etc. (vgl. IWASHITA 2006, S. 60).

✳ Definition: Filmtourismus

Der Begriff „Filmtourismus" bezeichnet ein wachsendes Marktsegment des internationalen Tourismus, bei dem die Nachfrager Gebäude, Dörfer, Städte bzw. Regionen vor allem deshalb besuchen, weil sie Drehorte bzw. Schauplätze von Spielfilmen bzw. TV-Serien waren. Neben solchen *Locations*, die zunehmend mit Hilfe touristischer Marketing- und Management-Maßnahmen erschlossen werden, zählen filmbezogene Kultur- und Freizeiteinrichtungen (Museen, Themenparks etc.) und Filmevents (Premieren, Festspiele etc.) zur Angebotsseite des Filmtourismus.

Eine Kommunikation und Diskussion der Ergebnisse findet vor allem in der dortigen *Scientific Community* statt: Die wenigen Gesamtdarstellungen zu diesem Thema liegen bislang nur in englischer Sprache vor und beziehen sich nahezu ausschließlich auf Fallstudien aus den erwähnten Ländern – wobei in jüngerer Zeit auch im asiatischen Raum ein wachsendes Interesse an diesem Thema zu beobachten ist (vgl. BEETON 2006; ROESCH 2009; TANG 2014 mit Hinweisen auf chinesische Untersuchungen).

Die bisherige akademische Beschäftigung mit dem Filmtourismus hat deutlich gemacht, dass es sich um ein sehr komplexes Untersuchungsobjekt mit unterschiedlichen Dimensionen handelt. Eine angemessene Erfassung und Erklärung seiner Ursachen, Erscheinungsformen und Wirkungen kann deshalb nur mit einem multidisziplinären Forschungsansatz erreicht werden, bei dem zahlreiche Wissenschaften zusammenarbeiten sollten – von der Psychologie und Soziologie über die Politologie und Geographie bis hin zur Volks- und Betriebswirtschaftslehre (vgl. BEETON 2010, S. 3).

Bisher hat sich die internationale filmtouristische Forschung auf folgende Aspekte des Themas konzentriert (vgl. O'CONNOR 2011, S. 107; CONNELL 2012, S. 1017–1018; Abb. 2):

- die Motive und das emotionale *Involvement* des Kinopublikums bzw. der Film-touristen sowie kulturelle und soziale Unterschiede hinsichtlich des Interesses am Filmtourismus etc.;
- die touristische Attraktivität von Filmen bzw. TV-Serien (*Storyline*, Schauspieler, Schauplätze, Budget/Produktionsbedingungen, Marketing-Maßnahmen etc.);
- die Attraktivität von Destinationen für Filmproduktionen (Lage und Erreich-barkeit, natur- und kulturräumliche Besonderheiten als Alleinstellungsmerk-male etc.);

Abb. 2: Beim Filmtourismus handelt es sich um ein komplexes gesellschaftliches und touristisches Phänomen, das u. a. psychologische, wirtschaftliche, geographische und politische Dimensionen aufweist. Für eine angemessene Analyse bedarf es der Zusammenarbeit mehrerer Wissenschaftsdisziplinen und des Einsatzes unter-schiedlicher Forschungsmethoden.

- die Attraktivität, Ausstattung und Nutzung der *Locations* für Filmproduktio-nen (Infrastruktur, Arbeitskräfte, Unterstützung durch *Location Scouts*, Hilfe-stellung bei den Dreharbeiten etc.);
- die Rolle staatlicher, regionaler bzw. kommunaler Steuerungsinstrumente (Gesetze, Werbe- bzw. Fördermaßnahmen, *Film Commissions* etc.);
- die Marketing-Maßnahmen von Unternehmen und Destination Management Organisationen vor, während und nach der Produktion (Werbung, Events, film-touristische Produkte wie *Movie Maps*, Gästeführungen, Pauschalangebote etc.);

▓ die Analyse der tangiblen und intangiblen Effekte von Dreharbeiten und filmtouristischer Nachfrage auf die Destination (Steigerung des Bekanntheitsgrades, Verbesserung des Images, direkte Wirkungen auf die Wirtschaft generell und speziell auf die Tourismusbranche etc.);

▓ die Nachhaltigkeit der filmtouristischen Nutzung (Vermeidung von Belastungen während der Dreharbeiten, Erhalt der Kulissen, Einbeziehung der Bevölkerung etc.).

Gegenwärtig basiert das Wissen über den Filmtourismus vor allem auf lokalen und regionalen Fallstudien; viele Forscher bemängeln deshalb diese „anecdotal evidence of the impacts and success of film tourism destinations"(HEITMANN 2010, S. 31). Solche kritischen Einschätzungen sind allerdings zu relativieren, da der Filmtourismus ein recht junges, kleines und dynamisches Marktsegment darstellt, das bislang von vielen Tourismusorganisationen nicht hinreichend beachtet wird – im Gegensatz zu anderen Tourismusarten wie z. B. dem Bade-, Kultur-, Wander-, Rad- bzw. Wintersporttourismus.

Aus diesem Grund muss sich die Forschung zwangsläufig auf die vorhandenen Beispiele aus der touristischen Praxis beziehen (vgl. BOLAN/BOYD/BELL 2009, S. 5 mit zahlreichen Literaturhinweisen zu einzelnen Untersuchungen).

✳ **Informationsquellen zum Filmtourismus**

Der Filmtourismus ist jedoch nicht nur ein Gegenstand wissenschaftlicher Studien, sondern auch ein genuines Interessengebiet von Filmfans und ein gemeinsames Handlungsfeld von Produktionsfirmen und Tourismusorganisationen. Diesen unterschiedlichen Akteuren (*Shareholder*) stehen jeweils spezifische Informationsquellen zur Verfügung, die im Folgenden erläutert werden sollen.

■ **Informationsquellen für Filmfans**

Auf dem Buchmarkt liegt gegenwärtig ein breites Angebot an Filmreiseführern vor; dabei sind folgende Typen von Publikationen zu unterscheiden (⌖ www.filmtourismus.de/literaturtipps):

- internationale Gesamtdarstellungen mit Hinweisen auf *Locations* und Schauplätze von Spielfilmen in zahlreichen Ländern;

- spezielle Städtereiseführer, die Informationen zu Drehorten von Spielfilmen und TV-Serien in der jeweiligen Stadt enthalten (z. B. Berlin, Paris, London, Barcelona, Venedig, New York);

- spezielle Filmreiseführer, die sich auf die *Locations* bzw. Schauplätze eines Spielfilms bzw. einer TV-Serie konzentrieren (z. B. „Der Herr der Ringe", „Karl-May-Filme", „Game of Thrones");

- thematische „Auf den Spuren von ..."-Filmreiseführer, bei denen entweder die Autoren im Mittelpunkt stehen (z. B. Rosamunde Pilcher, Inga Lindström, Dan Brown) oder die Protagonisten (z. B. James Bond, Commissario Brunetti, „Tatort"-Kommissar Horst Schimanski).

Darüber hinaus gibt es mehrere *Websites,* auf denen sich Filmtouristen über Drehorte und Schauplätze informieren können:

- „⊕ www.filmtourismus.de" – mit umfangreichen und aktuellen Informationen zu Filmen, TV-Serien und Drehorten (u. a. mit einer interaktiven Weltkarte von *Locations*);

- „⊕ www.bekannte-drehorte.de" – eine Zusammenstellung und Beschreibung von 70 Drehorten in Europa sowie Nord- und Mittelamerika;

- „⊕ www.movie-locations.com" – u. a. mit der kostenlosen Google-*App* „Field Trip", die ortsbezogene Informationen vermittelt;

- „⊕ www.filmtourism.com" – mit zahlreichen Fotos und Informationen zu Filmen, *Locations*, Events, Festivals etc. sowie *Links* zu Artikeln über filmtouristische Themen;

- „⊕ www.reelstreets.com" – u. a. mit vielen Originalbildern aus Filmen (die *User* können dort auch eigene Fotos platzieren, die sie bei ihrem Besuch der *Location* aufgenommen haben).

■ **Informationsquellen für Filmproduzenten**

Durch die Dreharbeiten von Spielfilmen und TV-Serien sowie durch die filmtouristische Nachfrage werden erhebliche ökonomische und touristische Effekte ausgelöst. Aus diesem Grund versuchen inzwischen immer mehr Destinationen, sich als *Locations* zu positionieren. Das Instrumentarium des *Location Placement* umfasst u. a. direkte wirtschaftliche Anreize (Steuererleichterung, Zuschüsse etc.), aber auch eine organisatorische und logistische Unterstützung der Filmcrews (→ 3.1).

Die Informationen zum gesamten Leistungsspektrum der zuständigen *Film Commissions* (bzw. Destination Management Organisationen) sind in speziellen *Production bzw. Location Guides* zusammengestellt worden – wie z. B.:

- „Production und Location Guide Großregion – Grande Région"
  (⌕ www.production-guide.eu),
- „Production und Location Guide Hamburg und Schleswig-Holstein"
  (⌕ www.ffhsh.de),
- „Houston Production Guide"
  (⌕ www.houstonproductionguide.com).

Einen Überblick über die internationalen Produktionsbedingungen bietet die *Website* „⌕ www.thelocationguide.com", die ca. 3.000 Einträge zu unterschiedlichen Akteuren der Filmbranche enthält – von Werbeagenturen und Produktionsfirmen über *Film Commissions* und *Equipments Rentals* bis hin zu Studios und *Locations* (differenziert nach Ländern und Kategorien).

■ **Informationsquellen für Destination Management Organisationen**

Hinsichtlich einer Bearbeitung des filmtouristischen Marktsegments besteht in vielen Destination Management Organisationen gegenwärtig noch ein erheblicher Informations- und Handlungsbedarf. Unter dem Motto „Von erfolgreichen Vorbildern lernen" sind zahlreiche Artikel und mehrere Handbücher mit praxisnahen Anregungen für eine touristische Nutzung von Drehorten und Schauplätzen erschienen (→ 6).

1.2   Orte des Filmtourismus

Bei der wissenschaftlichen Beschäftigung mit dem Filmtourismus stand – neben der begrifflichen Abgrenzung – zunächst die Gliederung des Themas im Mittelpunkt. Dabei erweist es sich als sinnvoll, auf der Angebotsseite zwischen zwei Orten des Filmtourismus zu unterscheiden (vgl. MEYER 2011):

▦ *On Locations* – dazu zählen Gebäude, Dörfer, Städte und Landschaften, die als Realkulisse für Dreharbeiten genutzt worden sind;

▦ *Off Locations* – so werden filmtouristische Attraktionen an anderen Standorten bezeichnet.

1.2.1   *On Locations*: Gebäude, Dörfer, Städte und Landschaften

Um ihre fiktiven Geschichten erzählen zu können, benötigen Spielfilme jeweils *Locations* – also historische bzw. moderne Bauten, eine ländliche Szenerie, städtische Quartiere bzw. eindrucksvolle Naturlandschaften (die Küste, das Hochgebirge, die Wüste, die Tropen etc.).

Häufig dienen diese realen Orte nicht nur als austauschbare Kulisse, in der die Schauspieler wie in einem Studio-*Set* agieren, sondern sie werden auch dramaturgisch mit der *Storyline* und den *Characters* verknüpft: Als bekanntes Beispiel ist das Monument Valley (Utah) zu nennen, das von mehreren Regisseuren als *Location* genutzt wurde, um amerikanische Werte wie den *Frontier Spirit* bzw. das Streben nach individueller Freiheit und Unabhängigkeit symbolisch zum Ausdruck zu bringen; dazu zählen u. a. die Filme:

- „Stagecoach/Ringo" (John Ford; 1939),
- „Easy Rider" (Dennis Hopper; 1969),
- „Forrest Gump" (Robert Zemeckis; 1994).

Einerseits nutzen die Filmproduzenten also die besondere visuelle Kraft von authentischen Orten, um die Handlung dramaturgisch zu überhöhen. Andererseits erhalten aber die Drehorte durch die Filme eine neue, zusätzliche Bedeutung: Sie sind nicht mehr nur reale Gebäude, Dörfer, Städte und Landschaften mit einer spezifischen Natur, Kultur und Geschichte, sondern auch emotional aufgeladene Schauplätze einer fiktiven *Storyline*. Durch die Anreicherung um diese Inhalte wird die Realität erweitert – es entsteht eine *Augmented Reality* bzw. eine „narrative Topographie" (BOLLHÖFER 2007, S. 224).

Aufgrund dieser diversen Überlagerungen werden *Locations* auch mit Palimpsesten verglichen – also antiken bzw. mittelalterlichen Manuskriptseiten, die nach einer Reinigung von späteren Autoren wiederverwendet und neu beschrieben wurden (vgl. TORCHIN 2002, S. 248; SANDWIK/WAADE 2008, S. 6–7). Am Monument Valley wird zugleich der selbstreferentielle Charakter der Filmindustrie deutlich, denn alle jüngeren Produktionen greifen auf den Fundus vorhandener Bilder und Botschaften zurück, die den Zuschauern bereits vertraut sind (vgl. ZIMMERMANN 2009, S. 292).

Dieser zusätzliche Sinngehalt der *On Locations* ist allerdings zunächst nur von *den* Touristen zu dechiffrieren, die den jeweiligen Film gesehen haben und die Drehorte gezielt besuchen (bzw. sich vor Ort spontan daran erinnern). Am Beispiel des Dorfes Burkittsville (Maryland) lassen sich diese unterschiedlichen Wahrnehmungsebenen verdeutlichen (vgl. Abb. 3):

- Lange Zeit konzentrierte sich das Interesse der wenigen Touristen auf die Rolle des Ortes im amerikanischen Bürgerkrieg: Während der Kampfhandlungen waren hier im Jahr 1862 zahlreiche Verwundete der Unionisten und der Konföderierten medizinisch versorgt worden. Da aus dieser Zeit noch einige Gebäude erhalten sind (Kirchen, Schulhaus), wurde das Dorf in das „National Register of Historical Places" aufgenommen.

▪ Seit 1999 tauchte aber eine wachsende Zahl von Besuchern auf, die wenig oder sogar keinen Sinn für die authentische Geschichte des Ortes hatten, sondern sich ausschließlich für die Drehorte und Schauplätze des pseudo-dokumentarischen Horrorfilms „The Blair Witch Project" interessierten. Auf den Spuren der Protagonisten Heather, Josh und Mike, die dort einen Film drehen und dann spurlos verschwinden, durchstreiften diese Filmtouristen das Dorf und die umliegenden Wälder (sehr zum Unmut der Bewohner, die außerdem mehrfach erleben mussten, dass das Ortsschild von Filmfans gestohlen wurde).

Abb. 3: Aus Sicht der Urlauber haben die Drehorte von Spielfilmen – wie das Dorf Burkittsville (Maryland) – zwei Bedeutungsebenen: Die Besichtigungs- und Kulturtouristen interessieren sich für die authentischen Relikte aus der Zeit des amerikanischen Bürgerkriegs, die Filmtouristen nehmen den Ort vor allem als Schauplatz des Horrorfilms „The Blair Witch Project" wahr.

Für Filmtouristen spielt die orts- bzw. objektbezogene Authentizität also eine untergeordnete Rolle; im Vordergrund stehen vielmehr die narrative Authentizität, die durch den Film definiert wird, sowie die erlebnisbezogene, persönlich wahrgenommene Authentizität (vgl. WINTER 2002, S. 335; PANTELEIT 2009, S. 259).

Aufgrund dieser unterschiedlichen Sichtweisen handelt es sich bei *On Locations* um multiple Orte: Zum einen sind sie geographisch exakt lokalisierbar und verfügen über eine eigene Geschichte der menschlichen Besiedlung und Nutzung; zum anderen werden sie durch die Handlung der Spielfilme um neue Narrative angereichert. Hingegen sind die *Off Locations* (Museen, Themenparks, Filmevents etc.) immer eindimensionale Einrichtungen bzw. Angebote, da sie keinen authentischen räumlichen und historischen Bezug zu den Drehorten aufweisen; ihre Attraktivität basiert ausschließlich auf glaubwürdig erscheinenden Zeichen, Symbolen, Bildern und Geschichten (vgl. LEE 2012, S. 57, 62; → 5).

In der Anfangsphase hat die touristische Erschließung der *On Locations* einen spontanen und zugleich elitären Charakter: Informationen zur Lage von Drehorten werden auf *Websites* und in *Blogs* von einer kleinen Gruppe Gleichgesinnter zunächst wie Geheimtipps gehandelt. So erlebte z. B. das „Crown Hotel" in Amersham (Buckinghamshire) einen Besucheransturm, nachdem es als *Location* der Komödie „Vier Hochzeiten und ein Todesfall" gedient hatte – obwohl der Name im Film nicht erwähnt wird und die Fassade eines anderen Gebäudes für die Außenaufnahmen genutzt wurde (vgl. ZIMMERMANN/REEVES 2009, S. 158).

Um zu typischen touristischen Attraktionen zu werden und ein breites Publikum anzusprechen, müssen Drehorte mehrere Bedingungen erfüllen, die generell für alle Arten von *Sights* gelten: Eine „Sehenswürdigkeit besteht nicht nur, sie ist nicht nur – sie wird gemacht" (THURNER 2011, S. 3):

- Ernennung: *Sights* müssen durch informelle Kommunikationskanäle, eine öffentliche Institution bzw. eine touristische oder künstlerische Autorität als „sehenswert" klassifiziert werden – z. B. durch die *User* sozialer Netzwerke, eine Destination Management Organisation, den Autor eines Reiseführers etc.

- Kontrolle: Sie müssen beschildert und gepflegt werden, um die Besucherströme zu lenken und die Attraktivität zu erhalten (dabei spielt auch das lokale Umfeld der *Locations* eine wichtige Rolle).

- Wertung: Sie müssen eine Besonderheit aufweisen, die sie von ähnlichen Drehorten und Schauplätzen unterscheidbar macht (eindrucksvolle Szenerie, große Bedeutung für die *Storyline*, guter Erhaltungszustand etc.).

- Wiederholung: Sie müssen ständig beschrieben, fotografiert und abgebildet werden; auf diese Weise wird ihr Charakter als Sehenswürdigkeit kommuniziert und immer wieder bestätigt.

- Zeit: Sie müssen entweder einen großen Neuigkeitswert haben oder über eine besonders lange Geschichte verfügen (generell bevorzugen Urlauber einen nostalgischen Blick auf die Vergangenheit).

▨ Bedeutung: Sie müssen durch Kommunikationsmaßnahmen zusätzlich aufgeladen werden, um den hohen Ansprüchen der Besucher gerecht zu werden
(*Storytelling*).

Dieser Wandel von einem authentischen Ort zu einer touristisch erschlossenen *On
Location* soll am Beispiel des Warschauer Stadtteils Kazimierz verdeutlicht werden,
in dem bis zum Ende des Zweiten Weltkriegs zahlreiche Juden lebten. Als Steven
Spielberg dort im Jahr 1993 den Film „Schindlers Liste" drehte, handelte es sich
um ein heruntergekommenes Wohngebiet, in das sich kaum einmal ausländische
Touristen verirrten. Durch den Film erhielt das Viertel eine zusätzliche – zunächst
nur von den Kinobesuchern wahrgenommene – Qualität als Schauplatz dramatischer und berührender historischer Ereignisse (der Fabrikant Oskar Schindler
hatte dort während der Nazizeit mehr als 1.000 jüdische Mitarbeiter vor dem
Transport in das Vernichtungslager Auschwitz-Birkenau gerettet).

Abb. 4: Das Warschauer Stadtviertel Kazimierz wurde als Drehort des Spielfilms
„Schindlers Liste" weltweit bekannt. Die lokalen Akteure haben rasch auf die
wachsende touristische Nachfrage reagiert und dort ein neojüdisches Quartier
geschaffen, das den Erwartungen der Besucher an das Film-Ghetto gerecht wird
– u. a. mit koscheren Restaurants und Klezmer-Musik.

Als Folge der steigenden touristischen Nachfrage entwickelte sich der Stadtteil, der inzwischen überwiegend von Polen bewohnt wird, zu einem neo-jüdischen Quartier. Er entspricht nun den Erwartungen der Urlauber an ein Ghetto, die durch den Film geweckt worden sind – u. a. mit „Jewish-", „Schindler"- und „Ghetto"-Touren sowie mit zahlreichen koscheren Restaurants, in denen Klezmer-Kapellen spielen. Inzwischen ist ein Besuch von Kazimierz „eine Reise in ein ‚Yiddishland', das sich zwischen Künstlichkeit und Nostalgie bewegt" (ROSENZWEIG 2015; Abb. 4).

An dem jüdisch-polnischen Stadtquartier lässt sich eine weitere Besonderheit der *On Locations* erklären: Der Drehort wurde nur gewählt, weil er noch über einen umfangreichen Bestand an historischen Gebäuden verfügte; auf dem tatsächlichen Schauplatz der Handlung – dem jüdischen Ghetto Podgórze – waren seit Ende des Zweiten Weltkriegs hingegen viele moderne Bauten errichtet worden.

Im Gegensatz zu Dokumentarfilmern, die zu einer realitätsgerechten und vor allem auch geographisch korrekten Berichterstattung verpflichtet sind, haben Produzenten von Spielfilmen große künstlerische Freiheiten: Bei den *Locations* muss es sich nicht zwangsläufig um die Schauplätze der *Storyline* handeln, sondern sie müssen den Zuschauern auf der Leinwand nur als authentische Orte erscheinen. Die Produzenten stehen vor der Herausforderung, die filmische Landschaft und auch die erzählte Geschichte so realistisch zu gestalten, dass die Rezipienten der Darstellung vertrauen (vgl. ESCHER 2006, S. 309; ESCHER/ZIMMERMANN 2006, S. 258; HUDSON 2011, S. 98).

Generell wird ein Spielfilm, bei dem eine Diskrepanz zwischen dem angeblichen Schauplatz und dem tatsächlichen Drehort besteht, als *Runaway Production* bezeichnet. Diese Praxis eines *Displacement* ist in der Filmindustrie weiter verbreitet, als allgemein bekannt: Bereits seit den 1990er-Jahren wird z. B. eine zunehmende Zahl US-amerikanischer Filme nicht mehr in Hollywood gedreht, sondern in anderen Teilen des Landes bzw. im Ausland (vgl. LUKINBEAL 2006, S. 338; JEWELL/MCKINNON 2008, S. 157; CUCCO/RICHERI 2011, S. 7; BOLAN/BOY/BELL 2011, S. 105).

Als Beispiel für diese illusionäre Art der *On Location* ist der Historienfilm „Braveheart" zu nennen, dessen Handlung – der Freiheitskampf der Schotten gegen die Engländer am Ende des 13. Jahrhunderts – in Schottland spielt. Tatsächlich fand ein großer Teil der Dreharbeiten aber in Irland statt, da dort günstigere Produktionsbedingungen bestanden – u. a. in Form höherer Subventionen (vgl. Tab. 1). Für das Publikum war dieser *Fake* jedoch nicht ersichtlich: Es akzeptierte das *dargestellte* Schottland als das *reale* Schottland. Entsprechend positiv waren die Wirkungen des Films auf die Entwicklung der touristischen Nachfrage im „Land der Islands und Highlands" (→ 1.4).

Mit diesem Verhalten wurden einige Grundregeln bestätigt, die im Filmtourismus generell hinsichtlich des Verhältnisses von Schauplatz und Drehort gelten
(vgl. TOOKE/BAKER 1996, S. 93):

▪ Wenn der Film an einem realen Schauplatz spielt, wird dieser Drehort besichtigt – z. B. die schottische Kirche Rosslyn Chapel als eine *Location* des Films
„The Da Vinci Code – Sakrileg" bzw. die Wiener Kanalisation, in der Szenen
des Films „Der dritte Mann" gedreht wurden.

▪ Wenn der Film an einem fiktiven Schauplatz spielt, wird ebenfalls die *Location*
besucht – z. B. Neuseeland als Drehort der Filmtrilogie „Der Herr der Ringe" (mit dem fiktiven Schauplatz „Middle-Earth") bzw. Tunesien als *Location*
der „Star Wars"-Filme (mit einer fernen Galaxie als fiktivem Schauplatz).

▪ Wenn der Drehort jedoch einen anderen realen Ort repräsentiert, wird dieser
besichtigt (und nicht die *Location*) – z. B. Schottland als Schauplatz von „Braveheart" bzw. die britische TV-Serie „Bruder Cadfael", die in Shrewsbury in der
Grafschaft Shropshire spielt (und dort auch zu einer erheblichen Steigerung der
Besucherzahlen geführt hat), aber tatsächlich in Ungarn gedreht wurde.

Titel des Films	Drehort des Films	Schauplatz der Handlung
Für eine Handvoll Dollar (Sergio Leone; 1964)	Spanien	USA
„Der Spion, der aus der Kälte kam" (Martin Ritt; 1965)	Irland	Deutsche Demokratische Republik (DDR)
„Excalibur" (John Boorman; 1981)	Irland	England
„Braveheart" (Mel Gibson; 1995)	Irland	Schottland
„Sieben Jahre in Tibet" (Jean-Jacques Annaud; 1997)	Argentinien	Tibet
„Der Soldat James Ryan" (Stephen Spielberg; 1998)	Irland	Frankreich
„Lang lebe Ned Divine!" (Kirk Jones; 1998)	Isle of Man	Irland
„Monte Christo" (Kevin Reynolds; 2002)	Irland	Frankreich/Italien
„Gangs of New York" (Martin Scorsese; 2002)	Italien	USA

„Unterwegs nach Cold Mountain" (Anthony Minghella; 2003)	Rumänien	USA
„Last Samurai" (Edward Zwick; 2003)	Neuseeland	Japan
„King Arthur" (Antoine Fuqua; 2004)	Irland	England
„Die Geisha" (Rob Marshall; 2005)	USA	Japan
„Batman Begins" (Christopher Nolan; 2005)	England	USA

Tab. 1: Aufgrund von speziellen Fördermaßnahmen bzw. günstigeren Produktionsbedingungen werden Spielfilme häufig nicht an den Schauplätzen der Handlung
gedreht, sondern an anderen Orten. In diesen Fällen richtet sich das Interesse der
Filmtouristen zumeist nicht auf die tatsächlichen Drehorte, sondern auf die Schauplätze der Filme bzw. TV-Serien.

1.2.2   *Off Locations*: Erinnerungsorte, Filmparks und Events

Zu den *Off Locations* zählen filmtouristische Attraktionen und Veranstaltungen,
bei denen kein direkter räumlicher Bezug zu den Drehorten bzw. Schauplätzen
von Spielfilmen bzw. TV-Serien besteht. Generell können dabei folgende Typen
unterschieden werden (vgl. BEETON 2006, S. 10–11; → 5):

▓ Wohnhäuser, Wirkungsstätten und Gräber von Filmstars (dabei findet eine
   touristische Nutzung zumeist in Form von thematischen Führungen bzw.
   Stadtrundfahrten statt),
▓ öffentliche und private Filmmuseen,
▓ Studiotouren, Filmparks und filmbezogene „Welten" in Themenparks,
▓ Filmevents (Premieren, Festivals etc.).

Während die Entwicklung der *On Locations* zu filmtouristischen Sehenswürdigkeiten durch das spontane Interesse und die informelle Kommunikation von
Filmfans ausgelöst wird, handelt es sich bei den *Off Locations* zumeist um perfekt
organisierte Einrichtungen; sie werden von kommerziellen Unternehmen unter
Einsatz professioneller Marketing- und Management-Maßnahmen betrieben.

Speziell bei den Studiotouren und den Filmparks besteht ein enger inhaltlicher
Zusammenhang zwischen den Filmproduktionen und den Freizeiteinrichtungen
– z. B. hinsichtlich des Urheberrechts (*Copyright*) an *Storylines,* Figuren/*Characters*,
Kulissen etc.; deshalb werden diese *Off Locations* auch als *Official Sites* bezeichnet.

Im Gegensatz dazu spricht man bei der touristischen Nutzung von *On Locations* durch Dritte (z. B. eine Destination Management Organisation) von *Semi-Official Sites* – und von *Unofficial Sites*, wenn die Besichtigung von Drehorten bzw. Schauplätzen ohne externe Einflussnahme und Unterstützung durch Unternehmen, Institutionen etc. erfolgt (vgl. KARPOVICH 2010, S. 15–16).

Das Geschäftsmodell der *Off Locations* basiert darauf, mehrere Bedürfnisse und Erwartungen des Kino- und Reisepublikums zu erfüllen; dazu gehören u. a.:

▫ die Neugier am Leben und Schicksal von Filmstars;
▫ das Interesse, sich über die Geschichte der Filmindustrie zu informieren bzw. mehr über die Produktionstechniken von Filmen und TV-Serien zu erfahren;
▫ der Wunsch, die Filmsets in Studios zu besichtigen bzw. sich mit Hilfe von Fahrgeschäften (*Rides*) in aufregende Filmszenen versetzen zu lassen;
▫ das Verlangen, bekannte Filmstars aus der Nähe zu sehen (auf dem berühmten „Roten Teppich") und Autogramme von ihnen zu erhalten bzw. *Selfies* mit ihnen zu machen (vgl. Abb. 5).

Abb. 5: Filmfestivals zählen zu den besonders erfolgreichen *Off Locations* im Filmtourismus. Durch die Aktualität der Filme und den Auftritt bekannter Stars lösen sie weltweit ein enormes mediales Echo aus – wie z. B. die „Mostra internazionale d'arte cinematografica di Venezia": Im Jahr 2014 nahm dort das Drama „99 Homes" des Regisseurs Ramin Bahrani am Wettbewerb um den „Goldenen Löwen" teil (mit Andrew Garfield in der Hauptrolle).

Das Produktspektrum vieler *Off Locations* (speziell der Filmparks) umfasst weitgehend standardisierte und reproduzierbare Unterhaltungselemente, die von den Nachfragern allenfalls konsumiert werden können. Sie sind typische Beispiele für die „McDonaldisierung der Gesellschaft" – so hat der US-amerikanische Soziologe George RITZER (2006) den Trend zur zunehmenden Rationalisierung der Wirtschaft bezeichnet: Immer mehr Konsum- und Freizeitangebote unterliegen den Prinzipien der Effizienz, der Kalkulierbarkeit, der Vorhersagbarkeit und der Kontrolle.

Auf gesättigten und unübersichtlichen Märkten werden diese Mechanismen von den Anbietern dazu genutzt, eigene Wettbewerbsvorteile gegenüber den Konkurrenten zu erzielen; gleichzeitig erfüllen sie den Wunsch der Nachfrager nach Transparenz, Produktsicherheit und Bequemlichkeit (vgl. SUNI/KOMPPULA 2012, S. 466).

Damit stehen die kommerziellen *Off Locations* als kommerzielle *„themed spaces"* in deutlichem Gegensatz zu vielen *On Locations*, deren Erkundung, Erfahrung und Erlebnis – zumindest in der Initialphase der filmtouristischen Entwicklung – auf einer erheblichen Eigeninitiative, aber auch einer ausgeprägten Imaginationsfähigkeit der Besucher beruhen (vgl. EDENSOR 2001, S. 66; auch MAZIERSKA/WALTON 2006, S. 7; KARPOVICH 2010, S. 15).

1.3   Einordnung des Filmtourismus

Generell handelt es sich beim Filmtourismus um ein recht junges touristisches Phänomen: Während z. B. der Badetourismus und der Alpinismus bereits auf eine ca. 200-jährige Geschichte zurückblicken können, ist der Besuch von Drehorten und Schauplätzen erst in den vergangenen zwei Jahrzehnten zu einer populären Urlaubsaktivität und damit auch zum Gegenstand wissenschaftlicher Forschung geworden.

Allerdings sind Touristen bereits vor der weltweiten Verbreitung von Filmen und TV-Serien durch Bilder bei ihren Reiseentscheidungen beeinflusst worden (vgl. ESCHER 2006, S. 310; BEETON 2011, S. 52–53):

▨ Zu den frühen visuellen Informationen gehörten Zeichnungen, Stiche, Drucke sowie Gemälde, die adelige Reisende seit dem 17. Jahrhundert als Souvenirs ihrer *Grand Tour* durch Europa mit nach Hause brachten und dort zur Schau stellten.

▨ Im 19. Jahrhundert besuchte das bürgerliche Publikum öffentliche Lichtbildervorträge, um mehr über fremde Länder und Kulturen zu erfahren; dabei wurden die Bilder mit einer Laterna Magica auf die Leinwand projiziert. Zu den beliebten Unterhaltungs- und Bildungseinrichtungen der damaligen Zeit zählten auch Panoramen und Cycloramen – große Rundgebäude, auf deren Innenwand sich ein 360°-Gemälde befand bzw. eine Leinwand vorbeigezogen wurde, um eine Eisenbahn- oder Schiffsreise zu simulieren.

▪ Später trugen Plakate von Reedereien, Eisenbahngesellschaften, Fremdenverkehrsorten etc., Postkarten von kulturellen und landschaftlichen Sehenswürdigkeiten sowie professionelle und private Fotos dazu bei, den Bekanntheitsgrad der Zielgebiete zu steigern und die Betrachter zu einer Reise zu animieren.

Darüber hinaus stehen die Filmtouristen mit ihrem Interesse an *Locations* und an Filmstars in einer langen touristischen Tradition, denn Schauplätze bedeutender Ereignisse und Lebens- bzw. Wirkungsstätten wichtiger Persönlichkeiten aus Kultur, Gesellschaft und Politik gehören zum Standardrepertoire von Sehenswürdigkeiten.

1.3.1   Schauplätze bedeutender Ereignisse

Die *Locations* von Spielfilmen und TV-Serien sind nicht die einzigen realen Orte, die durch die Darstellung in den populären Massenmedien mit einer zusätzlichen Bedeutung aufgeladen werden, eine enorme öffentliche Aufmerksamkeit erlangen und sich in der Folge zu Sehenswürdigkeiten entwickeln.

Abb. 6: Der „Löwenhügel" erinnert an die verlustreiche Schlacht von Waterloo (Belgien) am 18. Juni 1815. Inzwischen hat sich dieser historische Ereignisort zu einem populären Reise- und Ausflugsziel entwickelt, das jährlich ca. zwei Millionen Besucher verzeichnet.

Generell kann jedes Gebäude, jede Stadt bzw. Landschaft in den Fokus des touristischen Interesses rücken – wenn dort bedeutende historische bzw. besonders berührende Ereignisse stattgefunden haben (z. B. Schlachten, politische Massenversammlungen, Katastrophen etc.):

- Als historisches Beispiel ist das Schlachtfeld im belgischen Waterloo zu nennen; dort erlitt die französische Armee (unter Führung Napoleon Bonapartes) am 18. Juni 1815 im Kampf gegen die alliierten Truppen der Briten und der Preußen eine vernichtende Niederlage. Zur Erinnerung an die Schlacht wurde der 40 Meter hohe Löwenhügel aufgeschüttet, auf dessen Spitze ein bronzenes Denkmal thront (vgl. Abb. 6). Schon frühzeitig hat sich das Gelände zu einem beliebten Reiseziel entwickelt: Bereits im Jahr 1816 besuchte z. B. Lord Byron das Schlachtfeld und Karl Baedeker widmete dem Schauplatz in seinem „Belgien"-Reiseführer (1839) ein eigenes Kapitel. Später entstand auch eine umfangreiche touristische Infrastruktur – u. a. ein Panorama, ein Informations- und Besucherzentrum sowie Restaurants, Souvenirläden etc. Darüber hinaus sorgten auch sieben Spielfilme für einen große internationale Bekanntheit und eine ständig wachsende Bedeutung als Besucherattraktion: „Heute wird das wahrscheinlich populärste Schlachtfeld der Welt von jährlich zwei Millionen Menschen besucht, mit wachsendem Chinesenanteil" (MARTENSTEIN 2013).

- Ein aktuelles Beispiel ist der Ground Zero in New York, auf dem am 11. September 2001 der Anschlag auf das World Trade Center stattfand. Die schockierenden Bilder der beiden Passagierflugzeuge, die von Terroristen in die Türme gesteuert wurden, gingen damals um die Welt und haben sich in das Gedächtnis unzähliger Menschen eingebrannt. Unmittelbar nach dem Ereignis wurde das Areal zunächst zu einer privaten Trauerstätte: Angehörige, Freunde und Bekannte der 2.749 Opfer brachten an den Absperrgittern des Geländes Fotos, Briefe und Erinnerungsstücke an. Doch das überwältigende Interesse vieler Menschen an diesem Geschehen führte dazu, dass sich der Ort rasch zu einer „dunklen" Besucherattraktion entwickelt hat, die z. B. in das Programm von Schiffstouren rund um Manhattan aufgenommen wurde: „Die Katastrophe ist Teil des Reiseführer-Repertoires geworden, eine Sammlung aus Zahlen und Anekdoten. [...] Wussten Sie, dass ‚Soho' für ‚South of Houston Street' steht und Greenwich Village das ‚sogenannte intellektuelle Viertel' Manhattans ist? Und wussten Sie, dass nach dem Einsturz des World Trade Centers eine Million Tonnen Stahl entfernt werden müssen?" (VOLKERY 2001; vgl. auch TORCHIN 2002, S. 261–262). Um eine angemessene Erinnerungsstätte zu schaffen, wurde im Mai 2014 der Museumskomplex „National September 11 Memorial and Museum" eröffnet, der seitdem von mehr als zwei Millionen Menschen besucht worden ist (⌂ www.911memorial.org).

1.3.2   Erinnerungsorte an wichtige Persönlichkeiten

Zu den traditionellen Sehenswürdigkeiten zählen auch die Geburts-, Wohn-
bzw. Sterbehäuser sowie die Wirkungsstätten bekannter Persönlichkeiten aus
Kultur, Gesellschaft und Politik; als Beispiele sind u. a. zu nennen (vgl. STEIN-
ECKE 2007, S. 28–31; → 5.1):

▦ Das Geburtshaus von Wolfgang Amadeus Mozart in Salzburg, in dem er am
27. Januar 1756 zur Welt kam und bis 1773 mit seiner Familie lebte. Anhand
von Möbeln, Musikinstrumenten, Dokumenten, Bühnenbildentwürfen etc.
können sich die Besucher über das Leben und Schaffen des berühmten
Komponisten informieren; außerdem sind Ausschnitte aus seinen Opern zu
hören. Das Gebäude wurde bereits im Jahr 1880 auf Initiative der „Internationalen Stiftung Mozarteum" in ein Museum umgewandelt, das gegenwärtig
mehr als 450.00 Besucher/Jahr verzeichnet (vgl. Abb. 7).

▦ Das Anne-Frank-Haus in Amsterdam wurde durch das berührende Tagebuch
des jungen jüdischen Mädchens weltbekannt: Im Hinterhaus des Gebäudes
an der Prinsengracht 263 versteckte sie sich mit ihrer Familie und Bekannten
zwei Jahre lang vor den nationalsozialistischen Besatzern. Nachdem die
Gruppe im Jahr 1944 verraten worden war, wurde Anne Frank (gemeinsam
mit ihrer Schwester) in das KZ Bergen-Belsen deportiert, wo sie verstarb. In
„Het Achterhuis" schildert sie ihre Gedanken und Gefühle sowie die Lebensumstände in dem Hinterhaus; das Buch wurde in 70 Sprachen übersetzt
und im Jahr 2009 in das UNESCO-Weltdokumentenerbe aufgenommen.
Aufgrund dieses großen internationalen Bekanntheitsgrades hat sich das Anne-Frank-Haus mit 1,2 Millionen Besuchern/Jahr zu einer der beliebtesten
Attraktionen der Stadt entwickelt – nach dem „Rijksmuseum" (mehr 2,0 Millionen) und dem „Van Gogh Museum" (1,6 Millionen).

Anhand dieser Beispiele wird deutlich, dass die *Locations* von Spielfilmen und
TV-Serien strukturelle Ähnlichkeiten mit (historischen) Schauplätzen und Erinnerungsorten aufweisen: In jedem Fall handelt es sich um Sehenswürdigkeiten,
deren Attraktivität auf besonderen Ereignissen bzw. berühmten Persönlichkeiten basiert sowie auf einer breiten Darstellung in den Medien und einer besu-
chergerechten – häufig musealen – Aufbereitung.

Darüber hinaus gibt es aber auch inhaltliche Schnittstellen des Filmtourismus zu
anderen Tourismusarten, die im Folgenden erläutert werden.

Abb. 7: Das Geburtshaus von Wolfgang Amadeus Mozart in Salzburg ist ein Beispiel für einen historischen Erinnerungsort; bereits Ende des 19. Jahrhunderts wurde das Gebäude in der Getreidegasse 9 in ein Museum umgewandelt. Neben der Festung Hohensalzburg ist es inzwischen eine der beliebtesten Sehenswürdigkeiten der Stadt.

1.3.3   Schnittstellen zu anderen Tourismusarten

Grundsätzlich ist der Filmtourismus ein eigenständiges touristisches Marktsegment mit spezifischen Attraktionen und einer abgrenzbaren Zielgruppe; gleichzeitig besteht innerhalb der *Scientific Community* weitgehend Einigkeit darüber, dass der Filmtourismus eine neue Form des Kulturtourismus darstellt.

Die Besichtigung von Kulturdenkmalen sowie die Teilnahme an kulturellen Veranstaltungen weist eine lange Tradition im neuzeitlichen Tourismus auf; seit den 1980er-Jahren werden alle kulturbezogenen touristischen Angebots- und Nachfrageformen unter dem Begriff „Kulturtourismus" subsumiert.

> ✳ **Definition: Kulturtourismus**
>
> „Der Kulturtourismus umfasst alle Reisen von Personen, die ihren Wohn-
> ort temporär verlassen, um sich vorrangig über materielle und/oder nicht-
> materielle Elemente der Hoch- und Alltagskultur des Zielgebiets zu infor-
> mieren, sie zu erfahren und/oder zu erleben" (STEINECKE 2013a, S. 15).

Zu diesem Zeitpunkt setzte auch eine intensive wissenschaftliche Beschäftigung
mit dieser Tourismusart ein, die sich allerdings zunächst auf die touristische
Nutzung materieller und immaterieller Elemente der Hochkultur konzentrierte,
also den klassischen Kanon an Sehenswürdigkeiten, der in traditionellen Reise-
führern definiert wurde („Baedeker", „Grieben", „Polyglott" etc.): Burgen und
Schlösser, Kirchen und Klöster, Museen und Ausstellungen, Opernhäuser und
Theater etc. In einer häufig zitierten Gliederung des Kulturtourismus werden
Drehorte und Schauplätze von Filmen z. B. überhaupt nicht berücksichtigt (vgl.
JÄTZOLD 1993, S. 138).

Seitdem hat der normative „Kultur"-Begriff aber einen zunehmenden Wandel
und eine erhebliche Erweiterung erfahren: Alle Formen menschlichen Handelns
– auch alltägliche Gegenstände und Verhaltensweisen – werden nun als Aus-
drucksformen von „Kultur" verstanden. Damit ist die Populärkultur (*Popular
Culture*) stärker in den Fokus des (tourismus)wissenschaftlichen Interesses gerückt; diese Bezeichnung wird für künstlerische Produkte verwendet, die – im
Gegensatz zu Werken der Hochkultur – einen unterhaltsamen und massenhaften Charakter haben. Neben dem Kino und dem TV zählen Ausstellungen,
Stadien, Zirkusse und Konzerte zu den typischen Orten der Populärkultur (🖰
www.kulturglossar.de).

In diesem breiteren Verständnis ist der Filmtourismus eindeutig eine neue Form
des Kulturtourismus, denn Spielfilme und TV-Serien sind typische Elemente der
Populärkultur. Gleichzeitig weisen die Filmtouristen auch vier wesentliche
Merkmale auf, die generell zur Abgrenzung der kulturtouristischen Zielgruppe
benutzt werden (vgl. STEINECKE 2007, S. 5):

▦ das Interesse der Touristen an Kultur (mit unterschiedlich ausgeprägter Intensität),

▦ die Besichtigung kultureller Einrichtungen (sowohl der Hoch- als auch der
   Alltagskultur),

▦ die Teilnahme an Kulturveranstaltungen (Festspiele, Events, Brauchtumsver-
   anstaltungen etc.),

▦ die Nutzung von Informationsmedien (Gästeführer, Printmedien, neue Medien etc.).

Eine besonders große Schnittstelle besteht dabei zwischen dem Filmtourismus und dem Literaturtourismus, da das Drehbuch vieler Spielfilme und TV-Serien auf Erzählungen und Romanen basiert. Dabei erweisen sich Spielfilme als zentrale Bestandteile einer medialen Spirale: Zunächst greifen Autoren auf vorliterarische *Stories* sowie reale Geschehnisse zurück und nutzen sie für ihre Werke, die Filme sorgen für eine weitere Popularisierung dieser Stoffe, die Drehorte werden durch Reiseführer bekannt gemacht sowie von Tourismusorganisationen professionell in Wert gesetzt und schließlich greifen weitere Filme, aber auch analoge und digitale Spiele in Form von Themen und Zitaten auf dieses kollektive Gedächtnis zurück (vgl. BUSBY/KLUG 2001, S. 319–321; TZANELLI 2004, S. 22–23; PANTELEIT 2009, S. 266–268; MÅNSON 2010).

Der Literaturtourismus verfügt über eine lange Tradition: Bereits im späten 18. und im 19. Jahrhundert haben begeisterte Leser Reisen unternommen, um die Schauplätze von Romanen wie „Julie ou La Nouvelle Héloïse" (Jean-Jacques Rousseau, 1761) und „Die Leiden des jungen Werthers" (Johann Wolfgang von Goethe; 1774) zu besichtigen. Außerdem wurden Wohnorte und Wirkungsstätten berühmter Schriftsteller besucht: So verzeichnete der kleine Ort Haworth in West Yorkshire, in dem die Geschwister Brontë gelebt hatten, im Jahr 1895 ca. 10.000 Besucher (vgl. KNIPP 2014, S. 63; BEETON 2011, S. 51).

Inzwischen nutzen zahlreiche Destinationen das Leben und Wirken von Autoren in Form von Museen, Ausstellungen und Veranstaltungen, aber auch zur touristischen Markenbildung (vgl. HERBERT 2001, S. 314–318):

- Neben zahlreichen Literaturmuseen gibt es in Deutschland z. B. die „Goethewanderwege" in Thüringen, die „Literarischen Radwege" und die „Schwäbische Dichterstraße" in Baden-Württemberg sowie das Krimifestival „Tatort Eifel".
- In Nordirland sind mehrere literaturtouristische Produkte entwickelt worden, die sich auf den (in Belfast geborenen) Schriftsteller C. S. Lewis beziehen – u. a. einen „C. S. Lewis Trail" und ein „C. S. Lewis Festival". Mit diesen Angeboten wollen die Tourismusverantwortlichen auch an dem Erfolg der Filmtrilogie „Die Chroniken von Narnia" partizipieren, die zwar nicht in Nordirland gedreht wurde, aber auf der Grundlage der gleichnamigen Kinderbuchserie des Autors entstand (vgl. BOLAN/O'CONNOR 2007).
- Die englische Grafschaft South Devon fungiert als „Agatha Christie Country", die Region um Stratford-upon-Avon tritt unter der Dachmarke „Shakespeare's Country" auf und West Yorkshire vermarktet sich als „Brontë Country" (vgl. BUSBY/O'NEILL 2006, S. 33).

Aufgrund der gewaltigen Kraft ihrer Bilder haben Filme eine stärkere touristische Wirkung als Bücher und sie erreichen ein weitaus größeres Publikum als literarische Werke: „Film is to literary tourism what the Boeing 747 was to mainstream tourism – a major booster for mass tourism" (BEETON 2006, S. 53). Als Beispiel ist der *Backpacker*-Roman „The Beach" von Alex Garland zu nennen: Er stand bereits vier Jahre auf den Bestsellerlisten, doch erst die gleichnamige Verfilmung im Jahr 2000 löste einen Besucherboom auf der thailändischen Insel Phi Phi Leh und speziell am Maya Beach aus (vgl. TZANELLI 2006, S. 123; LAW/BUNNELL/ONG 2007, S. 154; SIEHL 2010, S. 205–227 mit einer Studie zu den Merkmalen, Motiven und Wahrnehmungen der Besucher; → 4.2.3).

Darüber hinaus bestehen inhaltliche Schnittstellen zwischen dem Filmtourismus und anderen Tourismusarten: Spielfilme und TV-Serien erreichen mit ihrem Thema, ihrer *Storyline* und ihren Schauplätzen jeweils ein spezifisches Publikum, das sich z. B. für Kultur, Natur, Religion, Spiritualität, *Lifestyle*, *Fantasy*, *Action*, Abenteuer etc. interessiert.

Diese Zielgruppen treten in ihrer Freizeit generell als Nachfrager unterschiedlicher Dienstleistungen und Produkte auf – u. a. nutzen sie auch touristische Angebote. In diesen Fällen fungieren die Spielfilme als zusätzlicher *Trigger* (Schlüsselreiz): Sie verstärken eine bereits bestehende Affinität und beeinflussen damit die Reiseentscheidung.

Derartige themenbezogene Zusammenhänge lassen sich in mehreren touristischen Marktsegmenten beobachten (vgl. HEITMANN 2010, S. 40; HAHM/WANG 2011, S. 176; Abb. 8):

- Kulturtourismus – z. B. „Wiedersehen in Howards End", „Buddenbrooks", „Stolz und Vorurteil", „Goethe!";
- Städtetourismus – z. B. „Manhattan", „Notting Hill", „City of God", „Sex and the City – Der Film";
- religiöser/spiritueller Tourismus – z. B. „Der Name der Rose", „Luther", „The Da Vinci Code – Sakrileg", „Vision – Aus dem Leben der Hildegard von Bingen";
- Naturtourismus – z. B. „Der mit dem Wolf tanzt", „Das Piano", „Braveheart", „Australia";
- Abenteuertourismus – z. B. „Das indische Grabmal", „Indiana Jones und der Tempel des Todes", „Crocodile Dundee – Ein Krokodil zum Küssen", „James Bond 007: Ein Quantum Trost".

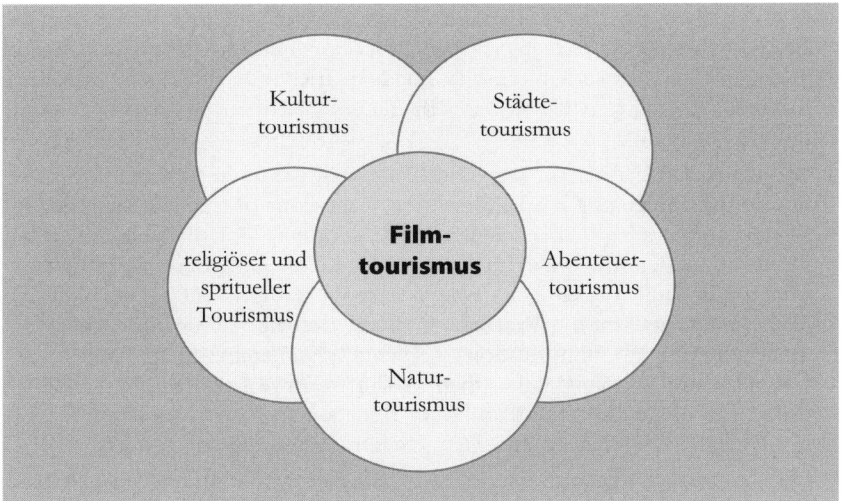

Abb. 8: Beim Filmtourismus handelt es sich um ein eigenständiges touristisches Marktsegment mit speziellen Attraktionen und einer abgrenzbaren Zielgruppe. Gleichzeitig bestehen aber strukturelle Ähnlichkeiten mit dem traditionellen Besichtigungstourismus (Ereignis- und Erinnerungsorte) sowie inhaltliche Schnittstellen zu anderen Tourismusarten – speziell zum Kulturtourismus.

1.4 Bedeutung des Filmtourismus

Auf dem internationalen Tourismusmarkt stellt der Filmtourismus gegenwärtig ein Nischensegment dar, das sich „still in its infancy" befindet – nicht zuletzt aufgrund der Tatsache, dass bislang nur wenige Destination Management Organisationen das filmtouristische Potenzial ihrer Region strategisch nutzen (vgl. BOLAN/O'CONNOR 2007, S. 130).

Zum Umfang der filmtouristischen Nachfrage liegen mehrere empirische Studien auf internationaler, nationaler und regionaler Ebene vor:

▨ Auf der Basis einer Benchmarking-Studie kam das Beratungsunternehmen „TCI Research" (Brüssel) im Jahr 2012 zu dem Ergebnis, dass weltweit ca. 40 Millionen Touristen bei ihrer Reiseentscheidung für eine Destination wesentlich durch Filme bzw. TV-Produktionen beeinflusst worden sind. Damit beläuft sich der Anteil der Filmtouristen an den internationalen Ankünften durchschnittlich auf ca. vier Prozent; in Abhängigkeit von der jeweiligen Destination und dem Quellmarkt kann er Werte zwischen einem und zehn Prozent erreichen. Eine relativ große Rolle spielen Drehorte und Schauplätze für Erstbesucher eines Zielgebiets sowie für ein jüngeres Reisepublikum und Städteurlauber; außerdem besteht in den BRIC-Quellmärkten (Brasilien, Russland, Indien und China) ein erhebliches Nachfragepotenzial (⌖ www. tci-research.com).

▪ Schätzungen gehen davon aus, dass 20 Prozent der internationalen Touristen in Großbritannien durch Spielfilme bzw. TV-Serien zu einem Besuch der Insel angeregt werden – aber nur bei 2,3 Prozent der Gäste handelt es sich um Drehorttouristen, die während ihres Aufenthaltes tatsächlich auch *Locations* und Schauplätze besichtigen (vgl. WILLIAMS 2007, S. 166). Die nationale Tourismusorganisation „VisitBritain" kam deshalb zu der Einschätzung, „that going to TV/film locations is currently something to do while in the UK as an ‚added bonus' rather than a mainstream reason" (VisitBritain 2010, S. 15). Ein überdurchschnittlich hohes Interesse an Filmschauplätzen zeigten Touristen aus Neuseeland, Brasilien, Ungarn, Australien und den USA.

▪ Die Tourismusorganisation des US-amerikanischen Bundesstaates New Mexico gab im Jahr 2008 eine empirische Studie zum Umfang und zur wirtschaftlichen Bedeutung der filmtouristischen Nachfrage in Auftrag (→ 4.2.1). Dazu wurden Urlauber in den lokalen Visitor Information Centers (VICs) befragt, wo sie sich vor Ort über touristische Angebote informierten. Jeder dritte Gast konnte sich an Filme erinnern, die an Schauplätzen in New Mexico gedreht wurden – z. B. „Indiana Jones und das Königreich des Kristallschädels", „Todeszug nach Yuma" und „No Country for Old Men". 10,3 Prozent der Befragten gaben an, dass sie bei ihrer Reiseentscheidung *erheblich* durch Filme beeinflusst worden waren; für weitere 31,2 Prozent hatten Filme eine *gewisse Bedeutung* gehabt. Ein kleiner Teil der filminteressierten Gäste war sogar länger in der Region geblieben, um Drehorte zu besichtigen (vgl. New Mexico Tourism Department 2008, S. 4).

▪ Im Jahr 2012 führt die schottische Tourismusorganisation „VisitScotland" eine Repräsentativuntersuchung zum filmtouristischen Potenzial in Großbritannien durch: 43 Prozent der Befragten gaben an, dass sie generell durch Filme dazu angeregt werden, sich näher mit einer Destination zu beschäftigen, sie künftig einmal zu besuchen bzw. sie tatsächlich bereist haben. Jeder fünfte Proband war nach eigener Einschätzung durch Filme inspiriert bzw. beeinflusst worden, speziell einen Urlaub in Schottland zu verbringen (vgl. VisitScotland 2012; Abb. 9).

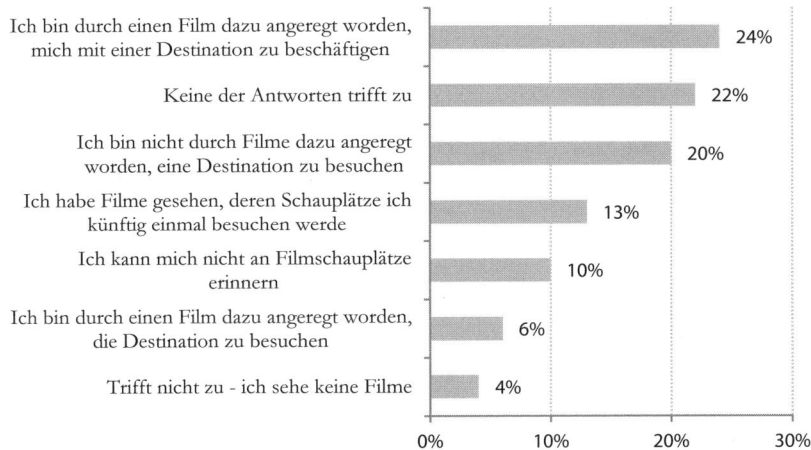

Abb. 9: Für den britischen Reisemarkt liegen differenzierte Daten zum Einfluss von Film- und TV-Produktionen auf die Reiseentscheidung vor: In einer landesweiten Studie stimmten z. B. 24 Prozent der Befragten dem Statement zu, dass sie durch einen Film dazu angeregt wurden, sich näher mit einer Destination zu beschäftigen.

Anhand dieser exemplarisch dargestellten Ergebnisse wird zugleich die Schwierigkeit deutlich, den Einfluss von Filmen und TV-Serien auf die Reiseentscheidung empirisch exakt zu erfassen:

▪ Zum einen müssen die Probanden die Fähigkeit haben, sich an ihre Film- und TV-Erfahrungen zu erinnern, ihre Reisemotive zu reflektieren und ihre Eindrücke angemessen zu artikulieren. Da Bildinformationen aber zumeist unbewusst wahrgenommen werden, ist bei den Befragten häufig eine „mediale Absenz" zu beobachten (vgl. SIEHL 2010, S. 115).

▪ Zum anderen erweist sich eine klare Unterscheidung zwischen Filmtouristen und Nicht-Filmtouristen als problematisch, weil jede Reiseentscheidung durch zahlreiche Medien beeinflusst wird. Dazu zählen u. a. die Mund-zu-Mund-Propaganda, Prospekte und *Websites* von Reiseveranstaltern, Hotels, Destinationen etc., Beiträge von Reisejournalisten in Print- und TV-Medien, Dokumentarfilme über Städte, Regionen und Länder – und eben auch Spielfilme sowie TV-Serien (vgl. CROUCH 2007; GLOVER 2010).

▪ Außerdem ist davon auszugehen, dass diese unterschiedlichen Informationsquellen nicht in jedem Fall unmittelbare touristische Wirkungen haben; vielmehr entsteht bei den Konsumenten eine „aggregate idea of a destination compounded of the books, films, and TV programmes over a lifetime", die erst zu einem späteren Zeitpunkt ausschlaggebend für die Wahl eines Zielgebiets sein kann (FERNANDEZ YOUNG/YOUNG 2008, S. 199; SANDWIK/ WAADE 2008, S. 2).

Obwohl es sich also beim Filmtourismus auf nationaler und internationaler Ebene bislang um einen Nischenmarkt handelt, kann er dennoch an einigen Drehorten bzw. in einzelnen Destination eine erhebliche Bedeutung haben – wie die folgenden Beispiele zeigen (→ 4.1.1):

▓ Das „National Wallace Monument" im schottischen Stirling erlebte aufgrund des US-amerikanischen Films „Braveheart" einen wahren Ansturm von Besuchern: Die Zahl der verkauften Tickets stieg im ersten Jahr nach der Ausstrahlung um ca. 300 Prozent. Der Film entstand unter der Regie von Mel Gibson, der auch die Hauptrolle des Freiheitskämpfers William Wallace spielt; unter dessen Führung fügten die schottischen Truppen in der Schlacht bei Stirling Bridge den Engländern eine vernichtende Niederlage zu (vgl. FILK/SCHATZMANN/HERZIG GAINSFORD 2011, S. 140; → 4.3.2.1).

▓ Salzburg und das Salzburger Land profitieren auch noch mehr als fünf Jahrzehnte nach der Premiere von dem hohen Bekanntheitsgrad des Films „Sound of Music" aus dem Jahr 1965 – speziell bei asiatischen und amerikanischen Gästen. Jedes Jahr kommen schätzungsweise 300.000 filminteressierte Touristen, um die Region auf den Spuren der berühmten Trapp-Familie zu erkunden und die themenspezifischen Angebote zu nutzen (vgl. IM/CHON 2008; KÖNIG 2014, S. 15; → 3.3.2.5).

▓ Das sächsische Görlitz diente in den letzten Jahren mehrfach als Kulisse für internationale Filmproduktionen – u. a. „ Inglourious Basterds", „Der Vorleser" und „Grand Budapest Hotel". Als Folge stieg die Zahl der Übernachtungen in „Görliwood©" im Zeitraum 2007–2012 jährlich um ca. acht Prozent; damit erreichte die Stadt deutlich höhere Zuwachsraten als der Freistaat Sachsen insgesamt (vgl. Roland Berger Strategy Consultants 2014, S. 20; → 3.2.1).

Darüber hinaus weist der Filmtourismus erhebliche, bislang wenig genutzte Potenziale auf – speziell im Städtetourismus: Bereits im Jahr 2005 kam eine Studie der „European Travel Commission" (ETC) und der „World Tourism Organization" (WTO) zu der Einschätzung: „Cities can provide attractive backdrops for films, television and video, especially when they are able to offer attractive cultural heritage or signature buildings such as the Tate Modern with the Millennium Bridge in London, the Reichstag in Berlin or the Guggenheim in Bilbao. [...] Featuring a city in a successful film, television programme or video clip can significantly impact tourism numbers, both domestically and internationally" (ETC/WTO 2005, S. 42).

✳ Zusammenfassung

- Unter dem Begriff „Filmtourismus" werden einerseits Reisen zu Drehorten und Schauplätzen von Spielfilmen und TV-Serien verstanden (*On Locations*), andererseits der Besuch filmbezogener Freizeit- und Kultureinrichtungen bzw. Events (*Off Locations*).

- Die Tourismuswissenschaft beschäftigt sich erst seit kurzem mit dem Phänomen des Filmtourismus; im Mittelpunkt der Forschung standen dabei die Motive und Verhaltensweisen der Nachfrager, die Nutzung von Filmen im Destinationsmanagement, die direkten und indirekten Effekte des Filmtourismus sowie die Nachhaltigkeit der filmtouristischen Nutzung.

- Jede Filmhandlung ist auf Schauplätze angewiesen: Dabei können eindrucksvolle Gebäude, Dörfer, Städte und Landschaften eine eigenständige Rolle im Film spielen; gleichzeitig werden diese *Locations* aber durch die fiktive *Storyline* des Films mit einer zusätzlichen Bedeutung aufgeladen. In jedem Fall wird die Aufmerksamkeit des Kino- und TV-Publikums auf diese Orte gelenkt; bei einem Teil der Zuschauer entsteht der Wunsch, diese Schauplätze zu besuchen.

- Die touristische Erschließung der *On Locations* erfolgt zunächst spontan durch besonders begeisterte Filmfans (die dabei ein hohes Maß an Eigeninitiative entwickeln); erst bei wachsender Nachfrage reagieren Unternehmen und Destination Management Organisationen, indem sie filmtouristische Angebote entwickeln.

- Das Spektrum der *Off Locations* reicht von Führungen zu den Wirkungsstätten und Gräbern von Schauspielern über Studiotouren und Filmparks bis hin zu Filmfestivals. Das Geschäftsmodell der Anbieter basiert darauf, das Interesse des Kino- und Reisepublikums am Leben und Schicksal von Filmstars sowie an den Produktionstechniken von Filmen und TV-Serien kommerziell zu nutzen.

- Die *Locations* von Spielfilmen sind nicht die einzigen realen Orte, die durch eine Darstellung in den Massenmedien eine erhebliche öffentliche Aufmerksamkeit erfahren und in der Folge zu touristischen Attraktionen werden. Ähnliche Entwicklungen lassen sich auch an Schauplätzen bedeutender historischer und aktueller Ereignisse beobachten sowie an den Lebens- und Wirkungsstätten wichtiger Persönlichkeiten aus Kultur, Gesellschaft und Politik.

- Obwohl es sich beim Filmtourismus um ein eigenständiges touristisches Marktsegment handelt, bestehen inhaltliche Schnittstellen zu anderen Tourismusarten – speziell zum Kulturtourismus, aber auch zum Städte-, Natur- und Abenteuertourismus sowie zum religiösen/spirituellen Tourismus.

- Auf dem internationalen Reisemarkt stellt der Filmtourismus mit ca. vier Prozent aller Ankünfte gegenwärtig (noch) ein Nischensegment dar. Gleichzeitig wird aber anhand empirischer Fallstudien deutlich, dass Spielfilme und TV-Serien generell einen großen Einfluss auf die Reiseentscheidung haben. Außerdem können Destinationen, die ihr filmtouristisches Potenzial professionell nutzen, eine erhebliche Steigerung der Besucherzahl verzeichnen.

✳ Weiterführende Lesetipps

BEETON, S. (2006): Film-Induced Tourism, Clevedon/Buffalo/Toronto (Aspects of Tourism; 25)

Anhand von Fallstudien vermittelt das Standardwerk einen umfassenden Überblick über den Filmtourismus – speziell im angloamerikanischen Raum.

ESCHER, A. (2006): The Geography of Cinema – a Cinematic World. – In: Erdkunde, 60/4, S. 307–314

Im Mittelpunkt dieses Beitrags stehen grundlegende theoretische Überlegungen zu einer Geographie des Kinos – und speziell zur Rolle des Raumes bzw. der Landschaft in Spielfilmen.

CONNELL, J. (2012): Film Tourism – Evolution, Progress and Prospects. – In: Tourism Management, 33/5, S. 1007–1029 (DOI: 10.1016/j.tourman. 2012.02.008)

Auf der Grundlage einer umfassenden und gründlichen Literaturanalyse stellt die Autorin den aktuellen Wissensstand zum Filmtourismus in Großbritannien, den USA sowie im asiatischen Raum dar; außerdem verweist sie auf künftige Forschungsfrontiers.

EuroScreen (Hrsg.; 2013): Capitalising on Screen Tourism – Bibliography, London

Neben dieser Bibliographie enthält die Website der Organisation zahlreiche Hinweise auf aktuelle Projekte und Fallstudien zum Filmtourismus (⌂ www.euroscreen.org.uk).

2 Was suchen die Filmtouristen?

✻ Das Kapitel im Überblick

In diesem Kapitel werden folgende Fragen beantwortet:

- Welche soziodemographischen Merkmale weisen die Filmtouristen auf?
- Welche Elemente von Spielfilmen und TV-Serien wirken als externe Pull-Faktoren?
- Welche intrinsischen Push-Faktoren beeinflussen die Reiseentscheidung von Filmtouristen?
- Wie lässt sich der filmtouristische Markt segmentieren?
- Welche Erwartungen haben Filmtouristen beim Besuch von Drehorten?
- Welche Reaktionen und Verhaltensweisen zeigen Filmtouristen beim Besuch von *Locations* und Schauplätzen?

„Ich freue mich, dass ich hier gestanden habe" – dieser Satz, den der ungarische Künstler Endre Tót auf einer Bronzeplatte im „Museum Ludwig" in Köln verewigt hat, kann durchaus als ironischer Kommentar zum Tourismus verstanden werden: Der Wunsch, selbst einmal berühmte und bedeutende Orte zu besuchen, die man aus den Berichten von Freunden und Bekannten, aber vor allem aus den Massenmedien kennt, zählt zu den wichtigsten Motiven einer Reise.

Dabei ist das Standardrepertoire an kulturellen Sehenswürdigkeiten, das bereits im 19. Jahrhundert durch Reiseführer definiert wurde, in jüngerer Zeit durch Spielfilme und TV-Serien erheblich erweitert worden. Mit ihren Bildern und Geschichten rücken sie Städte und Regionen in den Mittelpunkt der öffentlichen Aufmerksamkeit und entwerfen eine attraktive Vorstellung der „Fremde" und des „Anderen". Auf diese Weise tragen sie – indirekt – dazu bei, neue Reiseziele zu konstruieren: „Kino produziert [...] Landschaften und erschafft Orte, die es ohne Film in dieser Art nicht gäbe" (ZIMMERMANN 2013, S. 86).

Das Betrachten eines Films ist – wie der Besuch einer Theateraufführung – zunächst ein individuelles Erlebnis, da die fiktive Handlung bei jedem Zuschauer unterschiedliche Assoziationen auslöst und jeweils andersartig interpretiert wird: „Sechshundert Leute sitzen im Theater, und es laufen sechshundert Vorstellungen ab" – so hat der Schauspieler Rolf Boysen einmal die vielfältigen

Wahrnehmungen des Publikums treffend beschrieben (HINTERMEIER/KAUBE 2015; vgl. auch MAZIERSKA/WALTON 2006, S. 9; VAGIONIS/LOUMIOTI 2011, S. 354).

Gleichzeitig handelt es sich aber auch um eine soziale Erfahrung: Bereits im Kinosaal reagiert das Publikum gemeinsam auf besonders romantische, dramatische bzw. brutale Szenen, auf dem Nachhauseweg regt der Film zu Gesprächen, Diskussionen etc. an und besonders begeisterte Besucher kommunizieren ihre Meinungen auf *Blogs* im Internet bzw. gründen sogar spezielle Film-Fanclubs. Auf diese Weise entstehen neue (unverbindliche) *Communities*, deren Mitglieder ihre persönlichen Eindrücke des Films austauschen und miteinander teilen (vgl. JEWELL/MCKINNON 2008, S. 160).

Zumindest bei einem Teil des Kinopublikums sind diese individuellen und sozialen Eindrücke offensichtlich so stark, dass sie generell als Anregung für eine Reise fungieren bzw. die Reiseentscheidung sogar erheblich beeinflussen. Doch welche soziodemographischen Merkmale und persönlichen Erwartungen weisen die Filmtouristen auf?

Bislang liegen nur wenige empirische Untersuchungen zum Profil dieser Zielgruppe vor: Exemplarisch sollen im Folgenden die Ergebnisse einer Studie vorgestellt werden, die im Jahr 2013 unter den Besuchern der „International Cultural Travel Fair" im mexikanischen Guadalajara durchgeführt wurde. In dieser Befragung gab jeder dritte Proband an, durch Spielfilme bzw. TV-Serien zum Besuch einer Destination angeregt worden zu sein (vgl. CAMPO/BREA/GONZÁLES 2013):

▓ Zumeist handelte es sich um ein jüngeres Publikum (unter 45 Jahre, beiderlei Geschlechts), das über ein höheres Bildungs- und Einkommensniveau verfügte.

▓ Vor Antritt ihrer Reise nutzten die Befragten häufig das Internet, um sich über mögliche Reiseziele zu informieren (außerdem dienten Berichte von Freunden, Bekannten und Verwandten als wichtige Informationsquellen).

▓ Bei den Probanden bestand generell eine positive Einstellung zu Spielfilmen, die als ansprechend, attraktiv und interessant betrachtet werden. Entsprechend groß war auch das Interesse an der Werbung für Filme (*Trailer*, Poster etc.), an Berichten über Filmevents (Premieren, Festspiele etc.) und an erneuten Ausstrahlungen von Spielfilmen im Fernsehen.

▓ Außerdem äußerten die Befragten den Wunsch nach neuen, ungewöhnlichen Reiseerfahrungen; neben der Besichtigung von Drehorten und Schauplätzen legten sie großen Wert auf ein breites touristisches Gesamtangebot (Hotels, Verkehrsmittel, Freizeit- und Unterhaltungseinrichtungen, Einkaufsmöglichkeiten, Events etc.).

Solche allgemeinen Untersuchungen liefern erste wichtige Hinweise für ein zielgruppengerechtes filmtouristisches Marketing; gleichzeitig bedürfen sie aber einer Differenzierung, da jeder Spielfilm aufgrund seines Genres, seiner *Storyline*, seiner Schauspieler etc. ein spezifisches Publikum anspricht – z. B. unterschiedliche Alters- und Bildungsgruppen, soziale Milieus bzw. Männer oder Frauen (vgl. LAING 2010 zur Notwendigkeit der Genderforschung im Filmtourismus bzw. SIEHL 2010 mit einer Studie zur filmisch geprägten Raumwahrnehmung von *Backpackers*).

Als Beispiel ist die beliebte südkoreanische TV-Serie „Winter Sonata" zu nennen, die nach ihrer mehrmaligen Ausstrahlung in Japan einen großen Zustrom japanischer Touristen in Südkorea auslöste; dabei handelt es sich vor allem um Frauen mittleren Alters (30–50 Jahre). Dieses weibliche Publikum begeisterte sich für die berührende Liebesgeschichte, die romantischen *Locations* und vor allem für den Hauptdarsteller Yong-Sun Bae, der als Inbegriff eines gut aussehenden, höflichen und warmherzigen Mannes galt.

Generell war der touristische Boom ein Teil der „Koreanischen Welle" (*Hallyu*), die seit Beginn des 21. Jahrhunderts weite Teile Südostasiens erfasst hat: Dort ist die südkoreanische Populärkultur (Filme, Musik, Mode, Computerspiele etc.) auf ein wachsendes Interesse gestoßen (vgl. IWASHITA 2006, S. 61; KIM u. a. 2007, S. 1341; KIM/LEE/CHON 2010, S. 341–342).

2.1   Motive und Erwartungen der Filmtouristen

Warum besichtigen Touristen die Drehorte und Schauplätze von Spielfilmen und TV-Serien? Auf diese einfache Frage gibt es bislang noch keine klare und umfassende Antwort. Die vorliegenden theoretischen Erklärungsansätze arbeiten mit einem dichotomischen Modell, das zwischen externen Pull-Faktoren und intrinsischen Push-Faktoren unterscheidet (vgl. HEITMANN 2010, S. 34–35).

2.1.1   Externe Pull-Faktoren

Als wichtige Pull-Faktoren wirken dabei die „3 P" des Films (vgl. MACIONIS 2004, S. 90–93): *Place*, *Performance* und *Personality*.

Einen besonders hohen Stellenwert hat dabei der *Place*: Die Drehorte bzw. Schauplätze des Films können – teilweise abhängig vom Genre – unterschiedliche Funktionen haben (vgl. ESCHER/ZIMMERMANN 2001, S. 231–233; SYDNEY-SMITH 2006, S. 92; BUTLER 2011, S. 95–97):

Abb. 10: Das kleine Dorf Goathland (North Yorkshire) war – als fiktiver Ort Aidensfield – Schauplatz der erfolgreichen britischen TV-Serie „Heartbeat", die von der BBC im Zeitraum 1992–2010 in 372 Folgen ausgestrahlt wurde. Die „Aidensfield Garage" gehörte zu den ikonenartigen Gebäuden, die symbolhaft für das beschauliche Leben auf dem Lande standen; inzwischen hat sie sich zu einer beliebten Besucherattraktion entwickelt.

- als weitgehend austauschbare Bühne für die Handlung, auf der die Schauspieler agieren (wie ein *Set* im Studio bzw. ein Bühnenbild im Theater) – z. B. in zahlreichen Komödien, die häufig an ubiquitären urbanen Schauplätzen wie Hotels, Restaurants etc. spielen;
- als Garant für Glaubwürdigkeit, um der *Storyline* mehr Authentizität zu verleihen – z. B. in Verfilmungen historischer Romane bzw. in Krimiserien, die immer in derselben Stadt spielen wie „Wilsberg" in Münster, „Inspector Morse" in Oxford oder „Mankells Wallander" im südschwedischen Ystad (vgl. SANDWIK/WAADE 2008, S. 7–11; REIJNDERS 2009);
- als Metapher und Symbol, um bestimmte Werte zu vermitteln – in Kino-Dramen werden z. B. Dörfer und Kleinstädte dazu genutzt, einerseits menschliche Nähe und gesellschaftlichen Zusammenhalt bildhaft zum Aus-

druck zu bringen, andererseits aber auch Rückständigkeit, Engstirnigkeit und Bigotterie (vgl. RILEY/BAKER/VAN DOREN 1998, S. 924 mit zahlreichen Beispielen solcher „*Movie Icons*"; Abb. 10);

▦ als Mythos – so wird die Landschaft z. B. in vielen Western-Filmen als männlicher Raum definiert, in dem sich Archetypen wie der einsame Fallensteller, der wortkarge Cowboy oder der schneidige Nordstaatenoffizier bewähren müssen; das australische *Outback* fungiert häufig als zivilisationsferner Ort, an dem aufrechte *Bushranger* (wie Ned Kelly) gegen Willkür und Ungerechtigkeit kämpfen oder saturierte Großstädter in der bedrohlichen Natur gleichsam magische „*Life Changing Experiences*" machen (FROST 2010; vgl. auch ZIMMERMANN 2009a; 2012);

▦ als Schauspiel und Schauspieler – z. B. in Heimat-, Berg-, Wüsten- und Kriegsfilmen, in denen die Landschaft mit eindrucksvollen Bildern dramaturgisch in Szene gesetzt wird und damit eine eigenständige Rolle zugewiesen bekommt: So hat z. B. der Regisseur Steven Spielberg einmal in einem Interview das einsame Dartmoor (Devon) als „*third character*" seines dramatischen Spielfilms „Gefährten" bezeichnet (vgl. SEMLEY/BUSBY 2015, S. 50).

Darüber hinaus sorgt die *Performance* – in Form des Genres, des Themas und der *Storyline* – für eine hohe emotionale Aufladung der *Locations* und Schauplätze: Bei einem Besuch der Drehorte fühlen sich die Filmtouristen wieder in die Handlung des Films zurückversetzt und aus dem virtuellen Kinoerlebnis wird eine reale touristische Erfahrung.

In manchen Fällen spielt dabei die *Location* jedoch eine geringere Rolle als die gesamte Atmosphäre des Films: So interessieren sich z. B. die 100.000 Touristen, die jährlich die legendäre Southfork Ranch aus der TV-Serie „Dallas" (1978–1991) besichtigen, dort weniger für die Gebäude, den Swimmingpool oder das Mobiliar. Speziell die ausländischen Besucher wollen vielmehr an dem texanischen *Way of Life* teilhaben und die amerikanische Alltagskultur erleben, die den Reiz der Geschichten um den skrupellosen Ölbaron J. R. Ewing ausgemacht hat (vgl. MACIONIS 2004, S. 92; IWASHITA 2008, S. 141).

Schließlich hat die *Personality* von Filmen eine große Bedeutung – also die Regisseure, Protagonisten, Schauspieler und vor allem die Filmstars (vgl. BUSBY/ERGUL/ENG 2013; YEN/CROY 2013; MILLÁN/GARCÍA/DÍAZ 2012; → Exkurs: Der Kult um die *Celebrities*):

▦ Einem massenhaften Publikum bieten Spielfilme die Möglichkeit, seine Hoffnungen und Wünsche auf die Filmhelden bzw. Darsteller zu projizieren, sich mit ihnen zu identifizieren und auf diese Weise die eigene Lebenssituation zu überhöhen.

▓ Eine kleine Gruppe von Cineasten interessiert sich vor allem unter fachlichen bzw. intellektuellen Gesichtspunkten für die Werke einzelner Regisseure, die häufig unter Gleichgesinnten einen Kult-Status erlangen (z. B. Wim Wenders, Ari Kaurismäki, Wes Anderson, Pedro Almodóvar, David Lynch).

2.1.2   Interne Push-Faktoren

Die Filmtouristen werden jedoch nicht nur durch diese externen Pull-Faktoren zu einem Besuch von Drehorten und Schauplätzen motiviert, sondern auch durch mehrere interne Push-Faktoren – also persönliche Erwartungen und Hoffnungen; dazu zählen u. a. (vgl. MACIONIS 2004, S. 88–89; GJORGIEVSKI/ TRPKOVA 2012, S. 101; SUNI/KOMPPULA 2012, S. 470):

▓ der Wunsch nach Selbstverwirklichung,

▓ das Streben nach Status und Prestige (im Sinne des französischen Soziologen Pierre Bourdieu gilt Reisen generell als „kulturelles Kapital"),

▓ die temporäre Flucht in Phantasiewelten,

▓ die Suche nach neuen Erfahrungen (speziell das Nachempfinden dramatischer Ereignisse und Situationen),

▓ das Eintauchen in die Vergangenheit (Nostalgie),

▓ die Erprobung anderer gesellschaftlicher Rollen,

▓ die Bereicherung des eigenen Lebens.

Diese theoretischen Überlegungen wurden in einer qualitativen empirischen Studie konkretisiert: Ziel war es, diejenigen Elemente von Filmen zu erfassen, die einen besonders großen Einfluss auf die Reiseentscheidung von Filmtouristen haben. Dazu wurden zwei *Blogs* im Internet eingerichtet, auf denen die *User* über ihre persönlichen Motive und Präferenzen berichten konnten. Als wichtige Merkmale von Filmen, die eine touristische Relevanz haben, konnten dabei die Szenerie/Landschaft (43 Prozent), die *Storyline* (20 Prozent) und die Hauptfiguren (10 Prozent) ermittelt werden. Die mitwirkenden Schauspieler haben die Wahl des Reiseziels – nach Selbsteinschätzung der Teilnehmer – hingegen nicht beeinflusst (vgl. BOLAN/BOYD/BELL 2009; zu ähnlichen Ergebnissen kamen auch SHANI u. a. 2009 sowie BASANEZ 2011; Abb. 11).

2.1.3   Typologien von Filmtouristen

Die bisherigen wissenschaftlichen Studien, aber auch die Beobachtungen von Touristikern haben gezeigt, dass das Interesse der Besucher an den Drehorten und Schauplätzen unterschiedlich stark ausgeprägt sein kann – dieses Phänomen lässt sich generell im Kulturtourismus feststellen (vgl. STEINECKE 2007, S. 12).

Um ein zielgruppengerechtes Marketing betreiben zu können, ist es deshalb erforderlich, die Zielgruppe der filmaffinen Urlauber zu segmentieren. Dazu sind zum einen theoretische Modelle erarbeitet worden, die jeweils drei Teilgruppen unterscheiden:

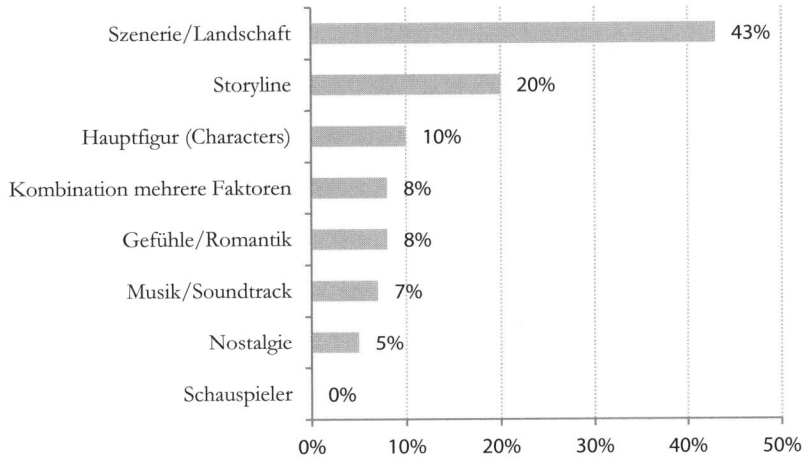

Abb. 11: Die Szenerie und Landschaft, die Storyline sowie die Hauptfiguren sind die Elemente eines Spielfilms, die einen besonders großen Einfluss auf die Reiseentscheidung von Filmtouristen haben – zu diesem Ergebnis kam eine qualitative, internetgestützte Untersuchung, in der die Teilnehmer über ihre Reisemotive und -präferenzen berichten konnten.

▓ Nach BOLAN/BOYD/BELL (2009, S. 16) gibt es die *Pure Film Tourists* (die ein „hartes" Interesse an allen Elementen des Films haben und deshalb sowohl die *Locations* als auch die Schauplätze besichtigen wollen), die *Scenic/Visual Tourists* (die sich aufgrund der visuellen Erfahrungen vor allem für die Drehorte interessieren) und die *Emotional/Nostalgic Tourists* (die besonders von der *Storyline* sowie den Hauptfiguren beeindruckt sind und deshalb die Schauplätze besuchen möchten).

zufällige Filmtouristen	generelle Filmtouristen	spezielle Filmtouristen
halten sich zufällig an Drehorten und Schauplätzen auf	nehmen nicht nur an filmtouristischen Aktivitäten teil, sondern nutzen auch andere touristische Angebote	suchen aktiv nach Drehorten und Schauplätzen
wesentliche Motive: ■ Geselligkeit ■ Interaktion ■ neue Erlebnisse	wesentliche Motive: ■ Flucht aus dem Alltag ■ neue Erlebnisse ■ Information/Bildung ■ Nostalgie	wesentliche Motive: ■ Ego-Stärkung ■ Selbstverwirklichung ■ Pilgern ■ Suche nach Identität ■ Nachempfinden ■ Phantasie ■ Status/Prestige ■ Romantik ■ Nostalgie

———————→   zunehmendes Interesse an Filmen   ———————→

———————→   zunehmender Wunsch nach Selbstverwirklichung   ———————→

———————→   abnehmende Bedeutung der Authentizität von Drehorten und Schauplätzen   ———————→

———————→   zunehmende Bedeutung intrinsischer Push-Faktoren   ———————→

Tab. 2: Bei filmtouristischen Marketing-Maßnahmen ist die Tatsache zu berücksichtigen, dass es sich nicht um ein homogenes Marktsegment handelt. Vielmehr gibt es mehrere Teilgruppen, deren Interesse an *Locations* und Schauplätzen unterschiedlich stark ausgeprägt ist. Bei den speziellen Filmtouristen steht z. B. der Wunsch nach Selbstverwirklichung im Vordergrund: Vor Ort wollen sie ihre imaginären Vorstellungen ausleben und die Handlung des Films nachempfinden.

MACIONIS (2004) hat drei Kriterien zur Differenzierung des Marktsegments genutzt – den Grad der Selbstverwirklichung, den die Besucher anstreben, ihren Wunsch nach Authentizität und die Bedeutung von individuellen Push-Faktoren (Nostalgie, Phantasie, Romantik etc.). Auf dieser Grundlage lassen sich drei Typen von Filmtouristen abgrenzen: die *Serendipitous Tourists* (die sich zufällig in einer Destination aufhalten, in der Spielfilme gedreht worden sind), die *General Tourists* (die Drehorte und filmtouristische Attraktionen besichtigen, aber auch andere Urlaubsaktivitäten ausüben) und die *Specific Tourists*, die sich vorrangig für die *Locations* und Schauplätze interessieren – für sie spielen die intrinsischen Push-Faktoren und speziell der Wunsch nach Selbstverwirklichung eine große Rolle (vgl. Tab. 2). Eine empirische Untersuchung an sechs britischen Drehorten kam z. B. zu dem Ergebnis, dass es sich dort bei 11,6 Prozent der einheimischen Urlauber und 36,1 Prozent der ausländischen Besucher um solche speziellen Filmtouristen handelte (vgl. Olsberg/SPI 2015, S. 1).

Zum anderen hat RÖSCH (2011, S. 25) einen pragmatischen Ansatz entwickelt, in dem das Marktsegment in zwei Teilgruppen gegliedert wird:

Bei den Filmtouristen handelt es sich um Urlauber, die durch Film- bzw. TV-Produktionen generell angeregt werden, eine Destination zu besuchen: Als Beispiel sind die indischen Touristen in der Schweiz zu nennen, deren Wahrnehmung des Landes vor allem durch zahlreiche Bollywood-Filme geprägt wird. Dort dient die alpine Landschaft mit ihren Gletschern, Wasserfällen und Almen als Kulisse für die beliebten Liebes- und Tanzszenen (sie wird von den indischen Filmproduktionen für diese Zwecke genutzt, da die Kaschmir-Region, in der die Szenen früher gedreht wurden, aufgrund politischer Konflikte zu unsicher ist). Für die Mehrzahl der indischen Gäste stellt die Schweiz nur *eine* Station einer umfangreichen Europa-Reise dar. Aus diesem Grund sind sie weniger an den Drehorten interessiert, sondern erwarten vor allem die unberührte Natur, die sie aus den Filmen kennen: Schöne Landschaften und Berge sowie Schnee und Eis wurden in einer empirischen Erhebung als wichtigste Reisemotive genannt. Gleichzeitig gaben knapp 80 Prozent der Befragten an, dass ihr Bild der Schweiz wesentlich durch Spielfilme geprägt sei; zwei von drei indischen Touristen waren der Meinung, dass die Bollywood-Produktionen ihre Entscheidung für einen Besuch des Landes stark beeinflusst hätten (vgl. KELLER/BACKHAUS/ELSASSER 2002).

Die Drehorttouristen begeben sich hingegen gezielt auf die Suche nach den Original-*Locations* – wie z. B. die zahlreichen deutschen Urlauber, die auf den Spuren der Romane von Rosamunde Pilcher die britische Region Cornwall bereisen. Inzwischen hat das „Zweite Deutsche Fernsehen" (ZDF) mehr als einhundert Romane der Erfolgsautorin verfilmt; mit durchschnittlich sieben Millionen Zuschauern gehören sie zu den beliebtesten Ausstrahlungen des Senders. Aufgrund dieser großen Popularität sind inzwischen einige Schauplätze zu „Pilgerstätten für deutsche Touristen" geworden – wie z. B. das Landhaus „Prideaux Place", in dem bislang 17 Rosamunde-Pilcher-Filme gedreht wurden. Der private Besitzer hat das touristische Potenzial seiner Immobilie frühzeitig erkannt: Er stellt das Haus nicht nur den Filmcrews für Dreharbeiten zur Verfügung, sondern hat es auch für Besucher geöffnet: Jährlich kann er ca. 27.000 Gäste begrüßen, von denen jeder Zweite aus Deutschland kommt – für diese Zielgruppe bietet er deutschsprachige Informationen auf seiner *Website* und spezielle Führungen durch das Haus an (vgl. TRENTMANN 2014).

2.1.4   Imaginäre Geographien

Auf den ersten Blick sind die *Locations* von Spielfilmen und TV-Serien normale Gebäude, Städte bzw. Landschaften; ihre zusätzliche Bedeutung erhalten sie erst durch die fiktive Handlung und durch die Vorstellungskraft der Drehorttouristen: Für diese Besucher stellen sie eine Art von „*Stargate*" dar, das ihnen den Eintritt in das Reich der Phantasie ermöglicht. An diesen Orten kommt es zu einer Verknüpfung der realen Welt mit dem filmischen Narrativ – und zu einer Materialisierung der virtuellen Kinoerfahrung (vgl. ZIMMERMANN/REEVES 2009, S. 155).

Solche imaginären Orte sind keine Erfindung der Filmindustrie, sondern seit langem ein Bestandteil menschlicher Kulturen: Bereits in der Welt der Mythen, Märchen und Sagen spielt die „Geographie des Imaginären" (HENNIG 1997, S. 94–96) eine zentrale Rolle. Berge, Schluchten, Quellen und Wälder waren nicht einfach nur Landschafts- und Naturelemente, sondern dienten als Projektionsflächen für Hoffnungen und Ängste; sie galten als geheimnisvoll und magisch, aber auch als Furcht erregend und Verderben bringend.

Derartige Phantasievorstellungen sind zunächst von der Literatur aufgenommen und verstärkt worden – mit Erzählungen von den „Edlen Wilden", den „Irdischen Paradiesen", den „Orten der Erlösung", den „Plätzen der Liebe" etc. Später hat die (Tourismus-)Werbung neue mystische Welten konstruiert: „die Weiten Nordamerikas als Schauplätze männlicher Selbstbehauptung, die schmeichelnde Tropennatur als fruchtbarer Raum der Erotik, die Einsamkeit nordischer Fjorde als Bereich unbegrenzter Freiheit" (HENNIG 1997, S. 95).

Die Filmindustrie greift zum einen auf diesen kollektiven Fundus an imaginären Räumen zurück; zum anderen kreiert sie ständig neue fiktive Orte, die dann zu touristischen Attraktionen werden: So wurde z. B. die italienische Kleinstadt

Volterra in der Provinz Pisa durch die „Twilight"-Romane und -Filme der US-amerikanischen Autorin Stephenie Meyer weltweit bekannt. Dort firmiert der Ort als Wohnsitz der Volturi – einer bösen Vampirfamilie, der die beiden Protagonisten Bella und Edward nur mit Mühe entkommen können. Nach eigener Aussage hat die Autorin den Ortsnamen gewählt, weil er sprachlich ähnlich klingt – es hätte aber „ebenso Viterbo oder Vicenza treffen können."

Obwohl die Stadt nicht als Drehort fungierte und auch kaum filmtouristische Angebote entwickelt hat, ist sie durch den Vampirfilm zu einem beliebten Ziel von Touristen aus aller Welt geworden. Diese Besucher – zumeist junge Mädchen in Begleitung ihrer Eltern – nehmen Volterra *tatsächlich* als Heimat der Volturi wahr: Sie projizieren ihre Sehnsüchte und Träume auf den Schauplatz, „ritzen ‚Edward Forever' in die Mauern und lächeln entrückt" (EHLERS 2010).

Solche Drehorttouristen (bzw. speziellen Filmtouristen) verfügen über eine genaue Kenntnis der *Storyline* und auch über eine ausgeprägte Imaginationsfähigkeit; deshalb sind sie vor Ort nicht auf weitere Informationen, Einrichtungen etc. angewiesen, um sich in die Handlung und die Protagonisten des Films zu versetzen.

Hingegen hat die Mehrzahl der (zufälligen bzw. generellen) Filmtouristen nur geringe Vorkenntnisse; um ihre Vorstellungskraft anzuregen, bedarf es spezieller filmtouristischer Attraktionen – wie die beiden folgenden Beispiele verdeutlichen:

- Das private „Sherlock Holmes Museum" in London entstand erst auf Druck der zahlreichen roman- und filminteressierten Nachfrager, die sich auf die Suche nach dem Haus in 221b Baker Street begaben – so lautete die Adresse des Detektivs Sherlock Holmes und seines Begleiters Dr. Watson in den berühmten Romanen und Erzählungen von Arthur Conan Doyle (vgl. Abb. 12). Um den Erwartungen der Touristen gerecht zu werden, wurde die Hausnummer der Straße hinzugefügt und dort im Jahr 1990 ein Museum eröffnet. Jährlich besichtigen ca. 70.000 Besucher die nachgebauten Wohnräume und die privaten Utensilien der beiden Protagonisten (u. a. den Schreibtisch, die Pfeife und die typische *Deerstalker*-Mütze). An diesem Beispiel wird deutlich, „dass es seitens des Publikums offenbar ein Bedürfnis gibt, Orte, die in fiktionalen Medientexten wie Romanen, Filmen oder Fernsehserien eine Rolle spielen, *realiter* aufzusuchen" (KNIPP 2014, S. 61).

Abb. 12: 221b Baker Street – diese Adresse ist allen Sherlock Holmes-Fans aus den Romanen von Arthur Conan Doyle (und den zahlreichen Verfilmungen) hinlänglich bekannt. Um den fiktiven Ort real werden zu lassen, wurde die Hausnummer der Straße hinzugefügt und dort das „Sherlock Holmes Museum" eingerichtet.

Auch „Rick's Café", in dem sich Humphrey Bogart und Ingrid Bergmann in dem Kultfilm „Casablanca" trafen, wurde erst aufgrund der vielen Touristen eröffnet, die diesen Schauplatz kannten und unbedingt sehen wollten (bis heute wird der Film im US-amerikanischen Fernsehen so häufig gezeigt wie kein anderer). Allerdings waren sie zunächst enttäuscht, da es dieses Café nicht gab – denn der Film wurde ausschließlich in den Warner Bros.-Studios in Hollywood gedreht. Im Jahr 2004 ergriff eine ehemalige US-amerikanische Diplomatin die Initiative und kreierte endlich die perfekte Kulisse für die orientalische Illusion, die sich die „Casablanca"-Fans wünschen: „Der Gast betritt eine weiße Villa und findet sich im nostalgisch-warmen Ambiente der vierziger Jahre wieder. Unter dem sechseckigen Kuppelgewölbe betört das Spiel mit Licht und Dunkelheit wie auf einer Theaterbühne die Sinne des Besuchers. Säulen und Mosaike zieren den Raum. Zwischen Palmen und Leuchtern huschen Schatten über die weißen Wände. Der Pianist spielt Lieder aus den Vierzigern und Fünfzigern" (MUSA 2010).

Imaginäre Geographien können nicht allein durch Realfilme konstruiert werden (und eine filmtouristische Bedeutung erlangen), sondern auch durch Animations- bzw. *Science-Fiction*-Filme, in denen nur ein symbolischer Bezug zu realen Landschaften besteht:

▧ Anlässlich der Premiere des US-amerikanischen Animationsfilms „Brave/ Merida – Legende der Highlands" äußerte z. B. ein Vertreter der regionalen Tourismusorganisation „VisitScotland" die Erwartung: „I expect that ‚Brave', which takes place in a mysterious and robust Scotland, will introduce a new generation to the country and we aim to raise our annual business-tourism turnover to one billion pounds [im Vergleich zu 827 Millionen Pfund im Vorjahr]" (FilmFyn 2011, S. 28).

▧ In der chinesischen Provinz Hunan haben die Tourismusverantwortlichen versucht, am weltweiten Erfolg des *Science-Fiction*-Films „Avatar – Aufbruch nach Pandora" zu partizipieren. Die eindrucksvolle Berglandschaft im „Zhangjiajie National Forest Park" diente zwar nicht als Drehort, sondern nur als Vorlage für die computeranimierten Szenen; dennoch wurde die bizarre Felsformation „Südliche Himmelssäule" in „Avatar-Hallelujah-Berg" umbenannt, um die filmbezogene Phantasie der Besucher zu beflügeln und ein breites Reisepublikum anzusprechen (vgl. ESCHER 2012, S. 254–256).

2.1.5   Narrative Räume

Erfolgreiche Drehbuchautoren und Regisseure sind immer gute *Storyteller* – und beim Erzählen ihrer spannenden, romantischen, unterhaltsamen bzw. tragischen Geschichten nehmen sie die Zuschauer mit auf eine Reise durch Raum und Zeit. Durch die Verknüpfung der fiktiven *Storyline* mit realen Orten entstehen narrative Räume – und bei dem Besuch dieser Schauplätze können sich die Filmtouristen in die Geschichte zurückversetzen.

Dabei werden einige Geschichten von den Spielfilmen nicht zum ersten Mal erzählt, sondern sind seit langer Zeit ein fester Bestandteil des kollektiven Gedächtnisses: So stand z. B. der englische Volksheld Robin Hood bereits vor mehr als 700 Jahren im Mittelpunkt von Sagen und Märchen. Später wurden seine heroischen Taten literarisch verklärt. Internationale Bekanntheit erlangte er aber vor allem durch die zahlreichen Filme, in denen u. a. Errol Flynn, Sean Connery sowie Kevin Costner die Hauptrolle spielten – von dem Komiker Otto Waalkes wurde er sogar erfolgreich als „Rächer der Enterbten" und „Beschützer von Witwen und Waisen" parodiert (vgl. Abb. 13).

Abb. 13: Zu den weltweit bekannten Mythen gehören die Geschichten um den englischen Volkshelden Robin Hood, die bereits im Mittelalter erzählt wurden. Im 20. Jahrhundert sorgten zahlreiche Verfilmungen für eine bis heute anhaltende Popularität der Sagenfigur: Sogar beim US-amerikanischen „Louisiana Renaissance Festivals" gehören die Robin Hood-Darsteller zu den Stars der Veranstaltung.

Der Wunsch, die Schauplätze seiner Abenteuer in der englischen Grafschaft Nottinghamshire kennenzulernen, bewegt jedes Jahr ca. 500.000 Touristen dazu, den „Sherwood Forest Country Park" zu besuchen; seit 1984 wird dort jedes Jahr auch ein „Robin Hood Festival" veranstaltet.

Vor einiger Zeit sorgten Forscher der Universität Sheffield allerdings für Unruhe in der lokalen Tourismusbranche: Sie hatten Hinweise darauf gefunden, dass die legendäre Sagen- und Filmgestalt nicht aus den Wäldern um Nottingham stammt, sondern aus dem Dorf Bolsterstone in der benachbarten Grafschaft Yorkshire: „Bestätigt sich die Vermutung der Archäologen, dürfte es still werden in dem Gehölz. Die Tourismusbehörde bangt daher nicht umsonst um ihre wichtigste Einnahmequelle" (BRÖLL 2006). Allerdings scheint diese Sorge unberechtigt zu sein – angesichts der Kraft und Dauerhaftigkeit des Narrativs: Selbst beim US-amerikanischen „Louisiana Renaissance Festival" sorgt der Auftritt von Robin Hood-Darstellern regelmäßig für Furore.

Zu den narrativen Räumen, die durch Romane, Erzählungen und Spielfilme verklärt worden sind, gehört auch Transsilvanien: Es ist nahezu unmöglich, bei der Nennung dieses Namens nicht an Graf Dracula, Vampire und andere übernatürliche Erscheinungen zu denken. Diese Assoziationen gehen ursprünglich auf den Horrorroman „Dracula" von Bram Stoker zurück, der im Jahr 1897 veröffentlicht wurde. Bereits bei dem Bild, das der Autor von der rumänischen Gebirgslandschaft zeichnete, handelte es sich um eine imaginäre Geographie: Stoker hatte die Region nie selbst besucht, sondern stützte sich bei seinen Schilderungen ausschließlich auf Berichte zeitgenössischer Reisender (vgl. LIGHT 2009, S. 242–243).

Seitdem hat sich dieser Transsilvanien- und Dracula-Mythos rasant und unaufhaltsam verbreitet: Stokers Buch wurde in mehr als 25 Sprachen übersetzt und steht immer noch in den Regalen der Buchhandlungen; außerdem sind bislang mehr als 200 Spielfilme und 1.000 Romane zu dem Thema erschienen.

Diese Flut an Bildern und Texten hat das touristische Image Siebenbürgens geprägt und auch die Erwartungshaltung von Filmtouristen: Aus ihrer Perspektive ist Transsilvanien eine einsame, exotisch anmutende und geheimnisvolle Landschaft mit wolkenverhangenen Bergen, kleinen Dörfern und verwunschenen Burgen – so das Ergebnis einer empirischen Untersuchung unter angloamerikanischen Teilnehmern einer mehrtägigen Rundreise durch Rumänien („Halloween in Transylvania").

Während ihrer Tour waren sie nicht nur ständig auf der Suche nach solchen erwarteten Zeichen und Symbolen, sondern spielten die Geschichten um den blutrünstigen Grafen vor Ort auch nach – z. B. im Rahmen einer abendlichen Kostümparty im Hotel „Dracula Castle", bei der die Gäste als Vampire, Teufel, Wölfe etc. auftraten (vgl. LIGHT 2009, S. 254).

2.1.6   Hyperreale Orte

Die *Locations* von Spielfilmen und TV-Serien sind immer *mehr* als nur reale (geographische) Orte: Durch die Handlung werden die Schauplätze mit einer zusätzlichen, hochgradig emotionalen Bedeutung aufgeladen. Dabei geht es den Produzenten nicht um eine objektive und realitätsgerechte, sondern ausschließlich um eine plausible und glaubwürdige Darstellung von Städten, Landschaften und Ländern, die vom Publikum als authentisch akzeptiert wird.

In vielen Fällen werden die *Locations* in beliebiger Reihenfolge montiert oder die Drehorte stehen allenfalls symbolhaft für die Schauplätze der Filme – wie im Fall der *Runaway Productions* bzw. der *Pastiche Films,* in denen die *Locations* durch einen aussagekräftigen Mix aus Bildern, Musik, Darstellern, Kostümen etc. klischeeartig dargestellt werden (vgl. LUKINBEAL 2006, S. 339; BOLLHÖFER 2007, S. 186–189; MESTRE/DEL REY/STANISHEVSKI 2008, S. 189; → 1.2.1).

Durch diese Techniken der Selektion und der Montage findet also zunächst eine Dekonstruktion des tatsächlichen Raumes statt und anschließend eine Neukonstruktion im Sinne der *Storyline* – und auch der Erwartungen des Kinopublikums. Auf diese Weise werden die Schauplätze zu hyperrealen Orten, an denen es keine klaren Grenzen mehr zwischen Realität und Fiktion gibt – wie das Beispiel der „Star Wars"-*Locations* in Nordafrika deutlich macht: „Eine Filmkulisse, die schlecht zugänglich am Nordrand der tunesischen Sahara liegt und eigentlich eine Siedlung ist, die *Hollywood* auf einem fernen Planeten verortet, kann in unserem klassischen Verständnis nicht real sein und doch gilt sie als gleichwertig real" (ZIMMERMANN 2003, S. 78).

Diese Melange aus Authentizität und medial vermittelten Botschaften wird generell als Merkmal postmoderner Kulturen und Gesellschaften betrachtet: Nach Einschätzung des französischen Philosophen und Soziologen Jean Baudrillard rückt z. B. der reale Gebrauchswert bestimmter Produkte (Kleidung, Uhren etc.) immer mehr in den Hintergrund; er wird durch eine gesellschaftlich definierte, zeichenartige Bedeutung ersetzt, die den Besitzern ein bestimmtes Prestige verleiht bzw. ihre Zugehörigkeit zu einer Gruppe signalisiert (vgl. SCHOFIELD 1996, S. 334–335; TZANELLI 2004, S. 24–25; KIM u. a. 2007, S. 1345).

Eine solche Entwicklung zur Hyperrealität ist auch im Tourismus zu beobachten: Bei der Wahl von Reisezielen, Urlaubsarten, Unterkünften etc. geht es nicht mehr nur um die angestrebte Erholung, sondern auch um die Präsentation eines persönlichen *Lifestyles*; das Spektrum reicht dabei vom „Ballermann" auf Mallorca über die „Kulturstadt" Weimar bis hin zum „Tropischen Inselparadies" der Seychellen. Die realen Lebenswelten werden um zusätzliche Bilder, Symbole und Inhalte angereichert, die dann sowohl die Erwartungshaltung der Urlauber prägen als auch die Wahrnehmung während der Reise – und schließlich ihre Berichte nach der Heimkehr aus der Fremde (vgl. ESCHER 2006, S. 311).

In der Regel können Destinationen nur mit einem erheblichen Marketing-Aufwand symbolisch überhöht werden (z. B. durch den Prozess der Markenbildung/*Branding*; → 3.2.1). Hingegen handelt es sich bei den *Locations* – aufgrund der engen inhaltlichen Verknüpfung von realen Schauplätzen und fiktiven medialen Inhalten – per se um hyperreale Orte. Sie bedürfen allenfalls einer zusätzlichen Inszenierung, um von den Filmtouristen als authentisch betrachtet zu werden:

▦ Für den Film „The Beach" wurde der Maya Beach auf der thailändischen Insel Phi Phi Leh so umgestaltet, dass er dem Klischeebild eines tropischen Strandes perfekt entsprach: Zu diesem Zweck ließ die Produktionsfirma Dünen einebnen, Strandgräser entfernen und Palmen anpflanzen. Nach Abschluss der Dreharbeiten plädierten nicht nur Tourismusakteure, sondern sogar ein Vertreter des zuständigen „Royal Forestry Department" (RFD) dafür, diese kulissenartige Szenerie zu erhalten und Maya Beach nicht in seinen ursprünglichen Zustand zurückzuversetzen – schließlich sei dieser „Filmstrand" zur eigentlichen Attraktion der Insel geworden. Letztlich hat sich die Diskussion über den angemessenen Umgang mit Maya Beach erübrigt, da die Vegetation auf Phi Phi Leh durch den Tsunami im Jahr 2004 weitgehend zerstört wurde (vgl. LAW/BUNNELL/ONG 2007, S. 158; → 4.2.3).

Abb. 14: Auf dem Londoner Bahnhof King' Cross hat sich die geheimnisvolle Platform 9 ¾ aus den „Harry Potter"-Romanen und -Filmen zu einer beliebten touristischen Attraktion entwickelt. Mit ihrer Mischung aus literarischer bzw. filmischer Fiktion und inszenierter Wirklichkeit ist die Installation ein typisches Beispiel für einen hyperrealen Ort.

▦ In den „Harry Potter"-Filmen und -Romanen von Joanne K. Rowling spielt z. B. der geheime Bahnsteig 9 ¾ auf dem Londoner Bahnhof King's Cross eine zentrale Rolle: Von dort aus fahren die Zauberschüler mit dem „Hogwarts-Express" zu ihrem Internat in Schottland (für die *Muggles* – Menschen ohne magische Kräfte – ist der Bahnsteig allerdings unsichtbar). Aufgrund der großen Nachfrage von „Harry Potter"-Fans aus aller Welt wurde inzwischen in der Eingangshalle des Bahnhofs eine „Platform 9 ¾" nachgebaut – mit einem Gepäckwagen, der bereits zur Hälfte in der Backsteinmauer verschwunden ist. Die Installation ist inzwischen zu einem beliebten Platz für Fotos, *Selfies* und *Reenactments* geworden: Allein auf der Online-Plattform *Flickr* haben mehr als 7 000 Nutzer ihre Urlaubsfotos platziert. Sie dokumentieren damit den Besuch eines realen Ortes, der seine Sinnhaftigkeit ausschließlich einer Fiktion verdankt – und noch dazu einer falschen geographischen Angabe, denn beim Verfassen der Romane hatte die Autorin nicht King's Cross im Sinn, sondern den Bahnhof Euston Station (vgl. Lee 2012, S. 65; Abb. 14).

Bei diesen Formen einer hyperrealen Inszenierung von Schauplätzen und Attraktionen weist der Filmtourismus große Schnittstellen mit den kommerziellen Themenwelten auf, die seit den 1990er-Jahren weltweit entstanden sind. Zahlreiche Hotels, Restaurants, Freizeit- und Unterhaltungseinrichtungen etc. haben ihr Angebot unter einem attraktiven und populären Thema gebündelt; dazu zählen u. a. die exotische Ferne (Orient, Ferner Osten), der Wilde Westen, die klassische Zivilisation (Ägypten, Rom, Mittelalter) bzw. die urbane Kultur (New York, Paris, Venedig).

Zur Inszenierung ihres Themas greifen die kommerziellen Themenwelten zum einen auf die reduzierte Bilderwelt zurück, die über Jahrzehnte hinweg von der Filmbranche entwickelt worden ist – und sich beim Publikum zu klischeeartigen Vorstellungen verfestigt hat. Zum anderen nutzen sie auch theatralische und filmische Techniken, um den Besuchern eine perfekte Illusion zu vermitteln; dazu gehören u. a. (vgl. Steinecke 2009, S. 8–14; → 5.3):

▦ (Kulissen-)Architektur,

▦ Gartenarchitektur,

▦ Interieur und Dekoration,

▦ Musik und Geräusche,

▦ Lichteffekte,

▦ Animation,

▦ Technik und Simulation.

2.2   Reaktionen und Verhaltensweisen der Filmtouristen

Während Besichtigungs- und Kulturtouristen auf unterhaltsame Weise etwas Neues lernen wollen, erwarten Filmtouristen weitaus mehr: Sie sind nicht nur auf der Suche nach Informationen, sondern wollen an den Drehorten vor allem in die fiktive Welt des Spielfilms eintauchen. Dabei zeigen sie drei typische Reaktionen und Verhaltensweisen: Emotionen, Rituale und *Reenactment*.

2.2.1   Emotionen

Jeder Spielfilm ist ein Reich der (kalkulierten) Gefühle und Träume – und in manchen Fällen sind die Zuschauer so sehr von der Handlung, den Schauplätzen und speziell den Protagonisten beeindruckt, dass sie eine tiefe Empathie entwickeln: Sie hoffen, lieben und leiden mit den Charakteren – und vergessen dabei, dass es sich nicht um real handelnde Menschen handelt, sondern um erfundene Personen, deren Schicksal durch den Ideenreichtum der Drehbuchautoren bestimmt wird (vgl. BOLAN/BOYD/BELL 2009, S. 8).

Im Extremfall kann die Identifikation mit den Akteuren zu einer weitgehenden Entgrenzung von Fiktion und Realität führen: Das Publikum ist dann nicht mehr in der Lage, zwischen den Rollen und den Schauspielern zu unterscheiden – wie anhand der folgenden Beispiele deutlich wird:

▨   In der TV-Serie „Lindenstraße" spielte der Schriftsteller und Übersetzer Harry Rowohlt von 1995 bis 2013 den Obdachlosen Harry – und zwar so überzeugend, dass er von vielen Zuschauern tatsächlich für einen „Penner" gehalten wurde: Wenn er in seiner Heimatstadt Hamburg zum Einkaufen ging, versuchten Passanten immer wieder, ihm Geld zuzustecken, weil sie großes Mitleid mit ihm hatten und ihn ein wenig unterstützen wollten (dabei war er als Erbe des Verlegers Ernst Rowohlt und erfolgreicher Autor wohl kaum auf diese Hilfe angewiesen).

▨   Die TV-Arztserie „Der Bergdoktor" wird seit 2007 an Schauplätzen in der österreichischen Region „Wilder Kaiser" gedreht und sowohl im „Österreichischen Rundfunk" (ORF) als auch im „Zweiten Deutschen Fernsehen" (ZDF) mit hohen Einschaltquoten gesendet (15–20 Prozent). Bei einem Besuch der Destination interessiert sich das überwiegend weibliche Publikum vor allem für die Lebensumstände der Hauptfigur – des charmanten und gutaussehenden Dr. Martin: „Die häufigste Frage, die am Wilden Kaiser gestellt wird, ist deshalb ‚Ist der Bergdoktor verheiratet bzw. heiratet er einmal?'. Die Frage bezieht sich sowohl auf den Charakter Dr. Martin Gruber als auch auf den Schauspieler Hans Sigl. [...] Liebesbriefe für Dr. Martin Gruber (Hans Sigl) werden immer wieder gerne in den Briefkasten am Bergdoktorhaus geworfen [einem der Drehorte]. Die Crew entnimmt die Briefe, legt sie dem ‚Bergdoktor' auf seinen Schreibtisch und der liest sie auch" (Tirol Werbung 2015).

▥ Nach dem Welterfolg des Katastrophenfilms „Titanic" erlebte der kleine Fairview Lawn Cemetery in Halifax (Neufundland) einen wahren Ansturm von Besuchern; dort haben 121 Opfer des dramatischen Schiffsunglücks ihre letzte Ruhe gefunden. Das Interesse der Filmfans galt allerdings überwiegend dem Grab von J. Dawson (der als Kohlenschaufler im Maschinenraum des Luxusliners schuftete). Es verdankt seine Popularität ausschließlich der Tatsache, dass die fiktive Hauptperson des Films – gespielt von Leonardo DiCaprio – den Namen Jack Dawson trug. Wider besseres Wissen projizierten die Touristen ihre Bewunderung für den romantischen und selbstlosen Filmhelden Jack auf diese Grabstätte und schmückten sie üppig mit Kerzen und Blumen (vgl. Steinecke 2010, S. 120).

Diese große Empathie für die Handlungen und Hauptfiguren von Spielfilmen kommt auch in den heftigen Emotionen zum Ausdruck, die einige Film- und Drehorttouristen an den *Locations* ihrer Lieblingsfilme zeigen:

▥ Bei Führungen von „Der Herr der Ringe"-Fans zu den *Locations* in Neuseeland konnte Rösch (2011, S. 26) immer wieder „extreme Gefühlsregungen" beobachten: „Viele Gäste hatten Tränen in den Augen und nahmen sich ein Stück Mittelerde, will heißen einen Stein von einem der Drehorte, mit nach Hause. Ein männlicher Fan machte seiner Freundin inmitten der ‚Ebenen von Rohan' sogar einen Heiratsantrag" (vgl. auch Carl/Kindon/Smith 2007, S. 59; Buchmann/Moore/Fisher 2010, S. 238–239).

▥ Ähnliche Emotionen und Reaktionen löst auch eine der zahlreichen Freitreppen des Schlosses Moritzburg in Sachsen aus: „Eines Tages rief ein besonders aufgeregter junger Mann an: Er sei gerade außen am Schloss, aber hier gebe es ja so viele Treppen, welche sei denn jene, auf der Aschenbrödel ihren Schuh verliere, er müsse das jetzt ganz schnell wissen, er wolle seiner Freundin einen Heiratsantrag machen" (Alanyali 2011). Berühmt wurde die Treppe durch den beliebten deutsch-tschechischen Märchenfilm „Drei Haselnüsse für Aschenbrödel", der seit mehr als dreißig Jahren im deutschen TV-Weihnachtsprogramm gezeigt wird und damit die Kindheits- und Jugenderinnerungen vieler Zuschauer geprägt hat. Ein verliebtes Paar ging in seiner Begeisterung so weit, dass es im Winter 2013/14 das Brautkleid aus einer Aschenbrödel-Ausstellung stahl – und später reumütig per Post zurückschickte. Inzwischen nutzt die „Staatliche Schlösser, Burgen und Gärten Sachsen GmbH" die generelle Begeisterung für das „Märchenschloss", indem sie Trauungen in dem historischen Gebäude organisiert (vgl. Abb. 15).

Abb. 15: Diese Freitreppe des Schlosses Moritzburg (Sachsen) war einer der Drehorte des populären Märchenfilms „Drei Haselnüsse für Aschenbrödel" (nach dem Besuch des Hofballs hat die Hauptfigur dort ihren Schuh verloren). Für die Fans des Kultfilms sind die Stufen generell zu einer Pilgerstätte geworden – und speziell zu einem beliebten Schauplatz für Heiratsanträge.

▪ Auch eine einfache grüne Parkbank in Amsterdam wurde zum Objekt der Begierde begeisterter Fans: In dem Liebesfilm „Das Schicksal ist ein mieser Verräter" war sie der Schauplatz des ersten Kusses, den sich die beiden todkranken Protagonisten Hazel und Gus geben. Im Jahr 2014 wurde die Bank offensichtlich gestohlen und durch einen Blumentopf ersetzt. Ein Vertreter der Stadtverwaltung konnte sich das Verschwinden nicht erklären: „Es ist ein wenig peinlich, weil wir eigentlich gut auf sie aufpassen, aber sie ist trotzdem verschwunden". Um die Erwartungen der Drehorttouristen nicht zu enttäuschen, sorgte die Stadt wenig später für einen Ersatz (⌂ www.prosieben. de/stars; 8.07.2014).

Ein Beleg für die hochgradig emotionale Aufladung von Filmschauplätzen sind jedoch nicht nur solche positiven Reaktionen der Besucher; vielmehr kann es auch zu erheblichen Enttäuschungen kommen – wenn die vorgefundene Realität nicht den hohen Erwartungen entspricht, die durch Filme ausgelöst werden, bzw. wenn die Touristen nicht in der Lage sind, zwischen der fiktiven Filmwelt und dem tatsächlichen Leben zu unterscheiden. Aus ihrer subjektiven Sicht existiert die „Welt als Wille und Vorstellung" (Arthur Schopenhauer): Die Schauplätze und die *Storyline* des Films werden als real empfunden, die vorgefundene Realität hingegen als unauthentisch (vgl. BEETON 2006, S. 105).

Dieses Phänomen lässt sich z. B. bei einigen japanischen Touristen beobachten, deren Bild von Paris u. a. durch romantische Filme wie „Die fabelhafte Welt der Amélie" geprägt ist. Bei ihrem Besuch der französischen Hauptstadt sind sie nicht in der Lage, die raue urbane Wirklichkeit mit ihrer schwärmerischen Idee der „Stadt der Liebe" in Einklang zu bringen: „Es [sind] dann oft die scheinbar unbedeutenden Dinge des Alltags, die an Selbstbewusstsein und Selbstachtung nagen. Wenn der Taxifahrer die Scheibe wieder hochfährt und grußlos davonrauscht, weil ihm das Fahrtziel nicht weit genug entfernt liegt. Oder wenn im Restaurant eine kleine Ewigkeit vergeht, bis der Garçon den Gast bedient und der Kaffee für fünf Euro dann abgestanden und kalt ist" (FINKENZELLER 2009). Jedes Jahr tritt bei ca. 100 Urlaubern das sog. „Paris-Syndrom" auf – mit Angst- und Wahnzuständen, Halluzinationen und psychosomatischen Beschwerden. In leichten Fällen wird den Patienten einfach nur Bettruhe verordnet, bei einer schwereren Erkrankung ist sogar ein Klinikaufenthalt oder die sofortige Heimreise erforderlich (vgl. auch DUNG/REIJNDERS 2013 zu einer Studie über die Reaktionen chinesischer Paris-Touristen).

2.2.2   Rituale

Zu den gängigen Ritualen von Filmtouristen gehört zunächst einmal die Dokumentation, persönlich an Drehorten bzw. Filmschauplätzen gewesen zu sein („I was here"); darin unterscheiden sie sich nicht von den typischen Besichtigungs- und Kulturtouristen: So sind die Fotoalben und -bücher aller Urlaubern voller Bilder, auf denen sie allein bzw. gemeinsam mit dem Partner, Freunden etc. vor berühmten Baudenkmalen stehen – wie dem Eiffelturm, dem Brandenburger Tor oder dem Taj Mahal (vgl. Abb. 16).

Zu den typischen Ritualen von Filmtouristen gehört auch eine hingebungsvolle Betrachtung von Kostümen, Requisiten und Kulissen: So wurde z. B. die griechische Insel Skopelos als einer der Drehorte der Musikkomödie „Mamma Mia" weltweit bekannt; der Film mit den Songs der schwedischen Popband „Abba" gilt als erfolgreichste Musicalverfilmung aller Zeiten.

Pierce Brosnan (einer der Hauptdarsteller) ließ seine Flip-Flops in der Villa zurück, die er während der Dreharbeiten bewohnt hatte. Eine lokale Reiseagentur nutzte die Chance und stellt sie inzwischen in ihren Geschäftsräumen aus.

Abb. 16: Der Besuch bekannter Drehorte wird von Filmtouristen gerne dokumentiert und auch über die sozialen Netzwerke häufig kommuniziert – wie hier z. B. im Fast-Food-Restaurant „Los Pollos Hermanos" in Albuquerque, das als einer der Schauplätze der TV-Serie „Breaking Bad" diente.

Dort haben sich die belanglosen Gummisandalen [!] zu einer touristischen Attraktion entwickelt – speziell für weibliche Filmfans, die häufig in Gruppen anreisen, um sie zu bewundern und sich mit ihnen fotografieren zu lassen. Aufgrund des großen Andrangs wurden sie vorsichtshalber mit Nägeln an der Wand befestigt (vgl. FRYER 2009).

Nicht nur aufgrund dieser respektvollen Annäherung an filmische Objekte werden Filmtouristen auch häufig mit Pilgern verglichen, denn es gibt weitere Ähnlichkeiten zwischen diesen beiden Gruppen (vgl. COULDRY 2007, S. 63–64; BUCHMANN 2010, S. 82; BUCHMANN/MOORE/FISHER 2010, S. 245):

- Sowohl im Pilger als auch im Filmtourismus werden Reliquien bzw. Gegenstände mit einer zusätzlichen Sinnhaftigkeit versehen (Meta-Text) und als anbetungs- bzw. verehrungswürdige Objekte betrachtet.

- Pilger und Filmtouristen begeben sich auf eine häufig weite und beschwerliche Reise, deren Ziel für sie eine besondere spirituelle und emotionale Bedeutung hat.

- Obwohl sie sich dabei gemeinsam mit Anderen auf traditionellen bzw. durch die Medien definierten Wegen bewegen, steht der Wunsch nach individuellen Erfahrungen im Vordergrund; darüber hinaus spielt aber auch die Kommunikation dieser Eindrücke eine wichtige Rolle (früher durch Berichte nach der Rückkehr, mittlerweile bereits während der Reise durch *Social Media*).

- Die (Pilger-)Fahrt bereichert ihr Ego: Sie sind emotional berührt, fühlen sich in ihrem Glauben bzw. ihrer Sicht der Welt gestärkt und können sich als Teil einer großen Gemeinschaft von Gläubigen bzw. Fans empfinden.

Ein skurriler Beleg für diese inhaltliche Schnittstelle zwischen Filmfans und Pilgern ist auch die Tatsache, dass sich im britischen Bevölkerungszensus (2001) bei der Frage nach der Religionszugehörigkeit nahezu 400.000 Einwohner als „Jediisten" bezeichnet haben – also als Anhänger des fiktiven „Jedi"-Ordens aus den „Star Wars"-Filmen von George Lucas. Nach Einschätzung von Fachleuten handelte es sich dabei teilweise um einen kreativen Protest gegen die Erhebung, teilweise aber auch um eine ernsthafte Angabe (vgl. CASTELLA 2014).

2.2.3   Reenactment

Neben der Selbstpräsentation an Drehorten spielt auch das *Reenactment* für Filmtouristen eine wichtige Rolle: Dieser Begriff bezeichnet „Verfahren der (detail-
getreuen) Wiederaufführung bzw. Nachahmung vergangener Ereignisse an ihren
Originalschauplätzen" (KNIPP 2014, S. 70).

An den *Locations* haben alle Touristen zunächst ein Déjà-vu-Erlebnis: Diese
Schauplätze scheinen ihnen auf eigenartige Weise vertraut zu sein, obwohl sie
zuvor noch nicht dort gewesen sind. In dieser Situation möchten einige Besucher die virtuellen und damit abstrakten Erfahrungen, die sie beim Betrachten
des Films gemacht haben, in reale und als authentisch empfundene Handlungen
umzusetzen. Das *Reenactment* bietet ihnen somit die Möglichkeit, in die Rollen
der Protagonisten zu schlüpfen und sich dabei selbst „wie im Film" zu fühlen.

Darüber hinaus hat das Nachspielen von Szenen eine ausgeprägte nostalgische
Dimension: Für die Zuschauer sind Spielfilme und TV-Serien wichtige Bestandteile ihres Fundus an persönlichen Erlebnissen; die *Locations* dienen als Orte, an
denen sich die Besucher diese Erinnerungen wachrufen und besondere Momente ihres Lebens ritualartig reproduzieren können (vgl. COULDRY 1998, S. 100;
ZIMMERMANN 2003, S. 77; SYDNEY-SMITH 2006, S. 90; KIM 2010, S. 61):

- In Tunesien drehte der Regisseur George Lucas zahlreiche Szenen seiner
  insgesamt sechsteiligen „Star Wars"-Reihe (1997–2015), die aufgrund der hohen Einspielergebnisse und eines exzessiven *Merchandising* als das wirtschaft-
  lich erfolgreichste Filmprojekt aller Zeiten gilt (*„Expanded Universe"*; →
  3.3.2.4). Seitdem haben sich einige Schauplätze wie die Siedlung Ksar Hedada, das Hotel „Sidi Driss" in Matmata und das Filmset Mos Espa auf dem
  Chott el-Gharsa zu beliebten Ausflugszielen von Tunesien-Urlaubern und
  Filmfans entwickelt. Viele Besucher begnügen sich nicht damit, die Drehorte
  zu besichtigen und Erinnerungsfotos zu machen; sie stellen Szenen der Filme
  nach und im „Extremfall bringen die Drehorttouristen selbst geschneiderte
  Gewänder mit, die den Filmkostümen ähnlich sind, und sie fotografieren
  oder filmen sich in den bekannten, in zahlreichen Büchern abgebildeten Po-
  sen" (ESCHER/RIEMPP/WÜST 2008, S. 45).

- An der Bocca della Verità in Rom – einem scheibenförmigen Relief aus der
  Antike – versetzen sich immer noch viele Urlauber in die Protagonisten der
  Romanze „Ein Herz und eine Krone" aus dem Jahr 1953. Wie die beiden
  Hauptdarsteller Audrey Hepburn und Gregory Peck stecken sie ihre Hand in
  den Mund der Maske (einer mittelalterlichen Legende zufolge wird sie jedem
  abgebissen, der nicht die Wahrheit gesagt hat). Dabei spielt es für die Urlauber offensichtlich keine Rolle, dass die Szene nicht am Originalschauplatz

gedreht wurde, sondern vor einer speziell angefertigten, größeren Nachbildung im Studio (vgl. Abb. 17).

Abb. 17: In Rom wandeln viele Urlauber immer noch auf den Spuren von Audrey Hepburn und Gregory Peck, die in einer berühmten Szene der Filmromanze „Ein Herz und eine Krone" (1953) ihre Hand in die „Bocca della Verità" steckten, um sich gegenseitig zu beweisen, dass sie die Wahrheit sagen (der Legende nach wird sie Lügnern abgebissen).

Neben solchen spontanen Formen des Reenactments finden sich zunehmend auch kommerzielle Angebote, bei denen die Drehorte und Schauplätze gezielt als Bühnen für ein *Reenactment* von Filmszenen inszeniert werden:

- In den Sommermonaten verkehrt in Schottland der *„Jacobite Steam Train"* – ein historischer Dampfzug, mit dem der Zauberlehrling Harry Potter und seine Schulkameraden in den Romanen von Joanne K. Rowling (und den Filmen) von Gleis 9 ¾ des Londoner Bahnhofs King's Cross in das Internat Hogwarts fuhr. Im Zug sitzen nicht nur eisenbahnbegeisterte Touristen, sondern vor allem auch Harry-Potter-Fans: „'Einmal im Jahr kommt eine Gruppe von Amerikanern, die sich wie die verschiedenen Charaktere aus dem Buch verkleiden, in voller Montur in den Zug', sagt Florence. Sie ist Schaff-

nerin im Jacobite, und das schon seit 19 Jahren" (WOLFF 2015). Einer der
Höhepunkte der Fahrt ist die Überquerung des 380 Meter langen „Glenfinn-
an Viaduct" zwischen Fort William und Mallaig: In „Harry Potter und die
Kammer des Schreckens" war die Brücke Schauplatz einer wilden Verfol-
gungsjagd zwischen dem „Hogwarts-Express" und einem fliegenden Ford
Anglia (vgl. Abb. 18).

Abb. 18: Auf seiner Route durch Schottland überquert der „Jacobite Steam Train" auch
den „Glenfinnan Viaduct", der durch die Verfilmungen der „Harry Potter"-Romane von
Joanne K. Rowling bekannt geworden ist. Die Fahrt mit dem historischen Dampfzug
bietet Filmfans die Möglichkeit, die reale Erfahrung einer Reise mit den imaginären
Vorstellungen zu verknüpfen, die durch die Bilderwelt der Filme erzeugt worden sind.

„Is this Heaven? No, it's Iowa" – dieser berühmte Satz stammt aus dem
Fantasy-Drama „Feld der Träume", in dem ein Farmer von einer geheimnis-
vollen Stimme aufgefordert wird, sein Maisfeld umzupflügen und dort ein
Baseball-Stadion zu errichten. Das Spielfeld erweist sich als magischer Ort,
denn bald darauf erscheint dort die (längst verstorbene) Baseball-Legende
„Shoeless Joe" Jackson und trainiert wieder mit seinem alten Team. Der Film
verklärt die Kraft von Träumen zu einem universellen Mythos, an dem weiterhin viele Besucher teilhaben möchten: Immer noch kommen Väter mit ihren Söhnen zu diesem Baseball-Feld, um dort – in Erinnerung an die Hauptdarsteller Kevin Costner und Ray Liotta – Szenen des Films nachzuspielen.

Für den Farmer, auf dessen Land der Film gedreht wurde, hat sich dieser My-thos als äußerst lukrativ erwiesen: Er vermarktet das Stadion erfolgreich als „Field of Dreams Movie Site"; jährlich besuchen 55.000 Touristen den abge-legenen Ort (vgl. TOOKE/BAKER 1996, S. 89).

Diese Beispiele machen deutlich, dass sich Destination Management Organisati-on in ihrem filmtouristischen Marketing nicht auf kognitive Informationsmittel wie *Marker, Movie Maps, Apps* etc. beschränken sollten; ergänzend sollten sie neue, erlebnisorientierte Angebote schaffen, die den Besucher ein *Reenactment* der Filmhandlung ermöglichen – z. B. durch die Platzierung symbolträchtiger Gegenstände, die im Film eine besondere Rolle als Ikonen gespielt haben, durch den Verleih von Kostümen der Hauptdarsteller bzw. durch Wettbewerbe, bei denen das *Reenactment* der Filmtouristen prämiert wird (vgl. KIM 2010, S. 72).

✳ Zusammenfassung

- Die Reisemotive und -entscheidungen von Filmtouristen werden zum einen durch externe (filmbezogene) Pull-Faktoren bestimmt und zum anderen durch intrinsische (persönliche) Push-Faktoren.

- Zu den externen Pull-Faktoren gehören die „3 P" von Filmen: *Place, Performance* und *Personality.*

- Die Landschaft (*Place*) kann in Spielfilmen unterschiedliche Funktio-nen haben; sie kann als austauschbare Bühne dienen, ein Garant für die Glaubwürdigkeit der Handlung bzw. ein Symbol für bestimmte Werte sein, aber auch einen speziellen Mythos entwickeln bzw. eine eigene Rolle als Schauspieler haben.

- Durch die *Performance* (Genre, Thema, Handlung) werden die Schau-plätze mit einem zusätzlichen Narrativ versehen und emotional aufge-laden.

- Die *Personality* (Regisseure, Protagonisten, Schauspieler, Stars) bietet einem breiten Kinopublikum neue Projektions- und Identifikations-möglichkeiten; darüber hinaus kann sich unter Cineasten ein spezieller Kult um die Werke einzelner Regisseure entwickeln.

- Als interne Push-Faktoren wirken die persönlichen Erwartungen der Filmtouristen bei einem Besuch der Drehorte – z. B. der Wunsch nach Selbstverwirklichung, das Streben nach Status und Prestige, die temporäre Flucht in Phantasiewelten, die Suche nach neuen Erfah-rungen, das Eintauchen in die Vergangenheit, die Erprobung neuer gesellschaftlicher Rollen bzw. die Bereicherung des eigenen Lebens.

■ Generell handelt es sich bei den Filmtouristen nicht um eine homogene Zielgruppe; stattdessen ist das Interesse an den *Locations* unterschiedlich stark ausgeprägt. Eine pragmatische Marktsegmentierung unterscheidet zwischen zwei Teilgruppen: Die Filmtouristen werden durch Spielfilme und TV-Serien generell dazu angeregt, eine Destination zu besuchen (sie sind weniger an den Drehorten interessiert). Bei den Drehorttouristen spielt hingegen der Wunsch, die Original-*Locations* zu besichtigen, eine zentrale Rolle bei der Entscheidung für ein Reiseziel.

■ Zum Verständnis der Reisemotive und des Reiseverhaltens der Drehort- und Filmtouristen ist es sinnvoll, drei „Raum"-Kategorien zu verwenden, die sich inhaltlich überschneiden; dazu gehören die imaginäre Geographie (also traditionelle Phantasievorstellungen von Landschaften), die narrativen Räume (in denen reale Gegebenheiten mit fiktiven Erzählungen und Handlungen verknüpft werden) und die hyperrealen Orte (in denen Authentizität und mediale Botschaften nicht mehr klar voneinander zu unterscheiden sind).

■ An den *Locations* entwickeln Film- und vor allem Drehorttouristen typische Reaktionen und Verhaltensweisen, in denen ihr persönliches *Involvement* zum Ausdruck kommt; dazu gehören z. B. emotional geprägte Handlungen, klassische touristische Rituale und teilweise auch ein *Reenactment* von Filmszenen.

✱ Weiterführende Lesetipps

ROESCH, S. (2009): The Experiences of Film Location Tourists, Bristol/ Buffalo/Toronto (Aspects of Tourism; o. Bd.)

Im zweiten Teil dieses Studienbuchs stellt der Autor die Reaktionen, Verhaltensweisen und Erfahrungen von Drehorttouristen anschaulich dar – u. a. mit Hilfe von zahlreichen Fotos sowie Daten und Zitaten aus persönlichen Interviews.

KIM, S. (2010): Extraordinary Experience: Re-enacting and Photographing at Screen Tourism Locations. – In: Tourism and Hospitality Planning & Development, 7/1, S. 59–75 (DOI: 10.1080/14790530903522630)

Wie verhalten sich Filmtouristen an den Drehorten? Mit welchen Marketing-Maßnahmen können Tourismusorganisationen zielgruppengerecht auf das Reenactment-Bedürfnis der Besucher reagieren? Diese Fragen stehen im Mittelpunkt des Artikels, der auf einer teilnehmenden Beobachtung an Schauplätzen der erfolgreichen südkoreanischen TV-Serie „Winter Sonata" basiert.

POPP, M. (2012): Erlebnisforschung neu betrachtet – ein Ansatz zu ihrer räumlichen Kontextualisierung. – In: tw Zeitschrift für Tourismuswissenschaft, 4/1, S. 81–100

Der Beitrag setzt sich theoretisch-konzeptionell mit dem Erlebnis-Begriff auseinander und geht dabei vor allem auf drei Dimensionen von Erlebnissen ein – das materielle Setting, die individuellen Bedeutungszuschreibungen der Erlebenden und die sinnlich-emotionale Qualität von Erlebnis-Orten.

Exkurs: Der Kult um die *Celebrities*

Die *Personality* eines Spielfilms bzw. einer TV-Serie (also die Schauspieler, die *Characters* und die *Celebrities*) ist einer der wichtigen Pull-Faktoren des Filmtourismus – neben dem *Place* und der *Performance*. Bereits in den Anfängen der Filmgeschichte haben Schauspieler eine immense Begeisterung beim Kinopublikum ausgelöst: Als Rudolph Valentino, ein Star der Stummfilmzeit, im Jahr 1926 starb, kam es bei den weiblichen Fans zu einem Ausbruch von Massenhysterie. An seinem Begräbnis in New York nahmen ca. 100.000 Trauergäste teil. Später wurde sein Sarg auf den „Hollywood Forever Cemetery" umgebettet; dort zählt die letzte Ruhestätte des Schauspielers auch heute noch zu den am häufigsten besuchten Gräbern (vgl. KARPOVICH 2010, S. 10).

In den vergangenen Jahrzehnten hat dieser Kult um die *Celebrities* enorme Ausmaße erreicht: Die Prominenten aus Film, Musik, Sport etc. sind für viele Menschen zu Ikonen und Vorbildern geworden – nicht zuletzt aufgrund der Tatsache, dass traditionelle Leitfiguren aus Gesellschaft, Politik und Kirche eine immer geringere Rolle spielen (vgl. DEBORD 2013 zur Analyse und Kritik einer solchen „Gesellschaft des Spektakels").

Dieser Boom wird zum einen durch die *Yellow Press* und die TV-Boulevard-Magazine befeuert, die mit ihren Berichten und Bildern über die Aktivitäten der Stars, ihre neuen Partner sowie ihre Hochzeiten, Scheidungen und Krankheiten die Sensationslust der Leser und Zuschauer bedienen – gemäß dem bekannten Motto der erfolgreichen Illustrierten „Bunte": „In ist, wer drin ist".

Zum anderen produzieren die privaten TV-Sender mit ihren *Casting- und Reality-Shows* in nahezu industrieller Weise ständig neue Prominente und die sozialen Medien wie *Facebook*, *Instagram* etc. bieten den *Usern* die Möglichkeit, Informationen und Fotos auszutauschen. Schließlich nutzen die Stars diese Kommunikationskanäle auch, um auf eigenen *Websites* bzw. *Accounts* regelmäßig über ihren Alltag und ihre aktuellen Projekte zu berichten (vgl. Abb. 19).

Als wesentliche Ursachen dieser Verehrung von Prominenten (*Celebrity Worship*) gelten vor allem die Entfremdung, Anonymität und Vereinsamung in modernen (großstädtischen) Gesellschaften: Mit der Projektion ihrer Hoffnungen und Wünsche auf die Stars versuchen die Fans, ihrem als unbedeutend empfundenen Leben einen Sinn zu verleihen sowie imaginäre soziale Kontakte aufzubauen. Gleichzeitig kann die Begeisterung für Prominente aber auch als eine Form der Akkumulation kulturellen Kapitals betrachtet werden, das den Fans in ihrem

sozialen Umfeld eine größere Akzeptanz und ein besonderes Prestige verleiht
(vgl. LEE/SCOTT/KIM 2008, S. 810).

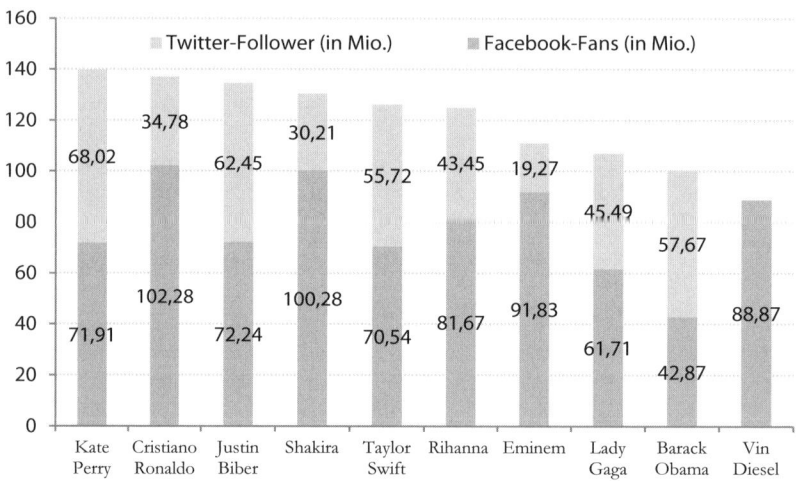

Abb. 19: Ein Beleg für die weltweite Popularität von Sängern, Schauspielern, Sportlern
und auch Politikern ist die enorme Zahl von Facebook-Fans bzw. Twitter-Followern.
Im Jahr 2015 rangierte Kate Perry auf dem ersten Platz der TOP 10-Prominenten in
diesen sozialen Netzwerken – mit nahezu 140 Millionen Fans.

Empirische Untersuchung zeigen, dass diese *Celebrity Worship* in unterschiedlicher Intensität erfolgen kann (vgl. MURPHY 2010; RICCI 2011, S. 118–119;
YEN/ CROY 2013, S. 4):

▣ In der harmlosen Form dienen Berichte über das Leben der Stars allenfalls
   als amüsanter Lesestoff in Wartezimmern und als unterhaltsames Gesprächs-
   thema im Kollegen-, Freundes- und Verwandtenkreis.

▣ In einer intensiveren Variante begeben sich die Fans auf die Suche nach den
   Prominenten, um sie zu sehen und vor allem zu fotografieren; für dieses
   Celebrity Spotting unternehmen sie teilweise aufwändige Reisen an Orte mit einer hohen „Promi-Dichte" – damit zählen sie zu den speziellen Filmtouristen
   (→ 2.1.3). Außerdem kommunizieren sie ihre Fotos und Erlebnisse in speziellen Online-Foren, *Facebook*-Gruppen etc. Diese Aktivitäten werden teilweise
   mit einer großen Ernsthaftigkeit ausgeübt: Eine italienische *Community* hat
   z. B. ein eigenes Punktesystem entwickelt, mit dem die Attraktivität der Stars
   (A-, B- bzw. C-Prominente) und die Art der Begegnung bewertet werden;

dabei gilt u. a. die skurrile Regel „Nudity doubles the score!". In den USA gibt es eine *Website*, die über aktuelle Dreharbeiten informiert – und damit über die Möglichkeit, die Stars am *Set* zu beobachten (⌧ www.onlocation-vacations.com).

▨ In der extremen Ausprägung (*Parasocial Interaction*) haben die Fans die illusionäre Vorstellung, in einer besonderen persönlichen Beziehung zu den Stars zu stehen; deshalb suchen sie auch ständig deren Nähe (vgl. KIM/LONG 2012, S. 178). Diese Verehrung kann pathologische Züge annehmen – bis hin zum kriminellen Phänomen des *Stalking* (also der beharrlichen Verfolgung und sogar Belästigung von Prominenten).

✳ Auf den Spuren der Stars: *Smartphone-Applications*

„Join the Celebrity Sighting Fun" – unter diesem Motto sind mehrere *Apps* für Smartphones entwickelt worden, mit denen die *User* selbst zu Papparazzi werden. Wenn sie zufällig prominente Künstler, Sportler, Politiker etc. sehen, können sie Fotos von ihnen machen, die Aufnahmen sowie den Standort hochladen und ihr Erlebnis mit anderen Fans teilen; als Beispiel für solche Produkte sind u. a. zu nennen:

- „StarSightings – Celebrity Pictures, Locations & News" (StarSightings, Inc.),
- „Celebrity GeoSpotter" (GeoQuestGames),
- „Star Spotting" (Waring & Co. Pty Ltd),
- „StarSpotter" (Elliot Schubin),
- „Smarp" (Xigua Mobile, Inc.).

Generell hat sich um viele *Celebrities,* aber auch Spielfilme und TV-Serien inzwischen ein eigener Kult entwickelt: Fans und Fanclubs betreiben private *Websites* und *Blogs,* auf denen sie ihre Begeisterung mit anderen *Usern* teilen – z. B.:

▨ Romanautorin Rosamunde Pilcher (⌧ www.pilcher-drehorte.blogspot.de),

▨ Schauspielerin Katharina Schüttler (⌧www.katharina-schuettler.de),

▨ Schauspieler Jan Josef Liefers (⌧ www.janjosefliefers-fanseite.com),

▨ Spielfilm „Drei Haselnüsse für Aschenbrödel" (⌧ www.dreihaselnuesse-fueraschenbroedel.de, www.drei-haselnuesse-fuer-aschenbroedel.de),

▨ „Immenhof"-Filme (⌧ www. immenhofkult.de),

▨ TV-Sendereihe „Tatort" (⌧ www.tatort-fans.de),

▪ TV-Serie „Rote Rosen" (⌒ᵗ www.roterosen-fanclub.de.tl),
▪ TV-Serie „Sturm der Liebe" (⌒ᵗ www.sturm-der-liebe.net),
▪ US-amerikanische TV-Serien (⌒ᵗ www.myfanbase.de).

Zum Kult um die *Celebrities* gehören aber nicht nur die Information und Kommunikation, sondern (wie in vielen Religionen) auch die Devotionalien – also persönliche Erinnerungsstücke an die Stars. Dabei handelt es sich häufig um alltägliche Gegenstände, deren besonderer Reiz allein auf der Tatsache basiert, dass sie von den Prominenten benutzt worden sind; bei den Fans lösen sie deshalb einen wahren *Hype* aus:

▪ Im Jahr 2001 wurde ein Büstenhalter der US-amerikanischen Sängerin Madonna in London für 22.000 Dollar versteigert (das Einstiegsgebot hatte bei 4.500 Euro gelegen). Das Wäschestück aus schwarzem Satin war Anfang der 1990er-Jahre von dem Pariser Modedesigner Jean-Paul Gaultier entworfen worden; die weltweit gefeierte Pop-Ikone hatte den BH während eines Bühnenauftritts im Jahr 1990 getragen (vgl. FAZ, 28.04.2001).
▪ Im Sommer 2005 kam der persönliche Nachlass des Schauspielers Marlon Brando bei einer Versteigerung in New York zum Verkauf. Generell wurde der Umsatz von fast 2,4 Millionen Dollar gegenüber den Schätzungen mehr als verdoppelt. Einzelne Lose „die ausschließlich von der Nähe ihres einstigen Besitzers zehrten", erzielten sogar ein Vielfaches der Schätzung: So waren z. B. Brandos (funktionslose) Kreditkarten mit 600 bis 800 Dollar bewertet worden, wurden dann aber für 10.000 Dollar versteigert (vgl. FAZ, 09.07.2005).

Der Erwerb solcher persönlicher Gegenstände vermittelt den Käufern das Gefühl, dem bewunderten Star einmal ganz nahe zu sein – und ihn (zumindest partiell) vereinnahmen zu können. Dieses Phänomen lässt sich auch bei Filmfestivals beobachten: Dort bietet der berühmte „Rote Teppich" die Gelegenheit, die *Celebrities* aus direkter Nähe zu sehen.

Aus den Autogrammjägern früherer Jahre sind inzwischen Handynutzer geworden: „Das *Selfie* ist das neue Autogramm" – so hat die Illustrierte „Gala" einmal die Begierde der Fans beschrieben, mit ihrem Smartphone Selbstportraits mit den Stars zu machen. Diese Aufnahmen dienen primär nicht dazu, individuelle Glücksmomente zu dokumentieren: Der „Hauptverwendungszweck eines *Selfies* ist seine Mitteilung in einem sozialen Netzwerk, um es dort der Kommentierung und Weiterverbreitung auszusetzen" (PARDEY 2014; vgl. Abb. 20).

Selbst erfahrene Filmcrews können sich nicht der besonderen Aura entziehen, über die prominente Schauspieler offenbar verfügen: Auch sie suchen die (körperliche) Nähe zu den Stars – wie dieser Bericht über die Dreharbeiten zu der

Action-Komödie „Knight and Day" in Cádiz deutlich macht: „Später, als Tom Cruise und Cameron Diaz dann leibhaftig auftauchten, kannte die Begeisterung keine Grenzen mehr. [...] Es schien, als wäre das Glück eines jeden, der an diesem Set arbeitete, nur dann perfekt, wenn er die beiden wenigstens einmal berührt hatte. Und sei es nur, dass man kurz ihre Arme streifte, als sie gerade vorüberfuhren" (BOPP 2010).

Abb. 20: Die Begegnung mit einem Star muss unbedingt dokumentiert werden – nicht mehr durch ein Autogramm, sondern durch ein *Selfie*. Hier macht ein begeisterter weiblicher Fan ein Selbstportrait mit dem Schauspieler Christian Bale; er spielt die Hauptrolle in „Knight of Cups", der im Jahr 2015 als Wettbewerbsbeitrag bei den 65. „Internationalen Filmfestspielen Berlin (Berlinale)" uraufgeführt wurde.

Von der Unterhaltungsindustrie ist diese Begeisterung für die *Celebrities* frühzeitig erkannt worden; um das Nähe-Bedürfnis des Kino- und Reisepublikums zu befriedigen, wurden spezielle filmische Kult-Orte geschaffen:

▪ Dazu zählen z. B. die Hand- und Fußabdrücke prominenter Stars im Zementboden vor dem „TCL Chinese Theatre" am Hollywood Boulevard in Los Angeles. Diese Tradition wurde von Mary Pickford und Douglas Fairbanks bereits im Jahr 1927 begründet; inzwischen haben sich dort mehr als 200 Filmstars verewigt. Jährlich kommen ca. vier Millionen Besucher, um sich symbolisch mit den Prominenten zu vereinigen – indem sie ritualartig ihre eigenen Hände und Füße mit den Abdrücken der *Celebrities* vergleichen (vgl. TUNSTILL 2010; Abb. 21).

▣ Eine ähnliche Funktion hat der „Hollywood Walk of Fame" – ebenfalls am Hollywood Boulevard in Los Angeles: Auf dem Gehweg sind mehr als 2.500 Sterne eingelassen, mit denen prominente Unterhaltungskünstler aus den Bereichen Film, TV, Musik, Radio und Theater geehrt werden. Ein Gang über diese Sterne wird für die Touristen zur nostalgischen Reise durch die (eigene) Filmgeschichte.

Abb. 21: In den USA und speziell in Hollywood hat der Starkult eine lange Tradition: Seit 1927 werden prominente Unterhaltungskünstler im Vorhof des „TCL Chinese Theatre" mit Abdrücken ihrer Hände und Füße geehrt. Diese ungewöhnlichen Memorabilien bieten den Fans die Möglichkeit, den bewunderten Stars einmal ganz nahe zu sein – wie z. B. dem Schauspieler Tom Hanks.

▣ In den 1990er-Jahren erlebte die Restaurantkette „Planet Hollywood" einen enormen Boom: Sie bot ihren Gästen das Gefühl, zu Gast bei berühmten Filmstars zu sein; Miteigentümer dieser Themenrestaurants waren u. a. Arnold Schwarzenegger, Sylvester Stallone, Demi Moore und Bruce Willis. In diesen *Celebrity Eateries* wurden Glanz und Glamour Hollywoods mit Hilfe von Requisiten, Kostümen, Fotos etc. inszeniert und auf großen Bildschirmen liefen ständig kurze Szenen aus Spielfilmen, in denen die Schauspieler mitgewirkt hatten. Weltweit stieß dieses Konzept, das u. a. auch ein breites Angebot an *Merchandising*-Produkten umfasste, zunächst auf große Begeisterung: Eine Zeit lang gab es knapp 100 „Planet Hollywood"-Filialen in mehr als 30 Ländern. Später geriet die Kette in wirtschaftliche Schwierigkeiten, da es ihr nicht gelang, eine dauerhafte Kundenbindung aufzubauen; gegenwärtig verfügte sie nur noch über sechs Restaurants und ein Hotel bzw. Casino. Weitaus erfolgreicher waren die „Hard Rock Cafés", die bereits seit den 1980er-Jahren weltweit expandierten. In diesen Themenrestaurants stehen die Stars der Musikszene und die Geschichte des Rock'n'Roll im Mittelpunkt; zu den Exponaten gehören Fotos und Kleidungsstücke bekannter Sänger, signierte Musikinstrumente und andere Memorabilia. In mehr als 60 Ländern betreibt die Kette inzwischen 153 Restaurants, 21 Hotels und zehn Casinos (vgl. EDENSOR 2001, S. 67; STEINECKE 2009, S. 112).

Doch nicht nur zeitgenössische Sänger, Schauspieler, Sportler etc., sondern auch historische Persönlichkeiten können im Zentrum eines Starkults stehen und entsprechend touristisch genutzt werden – wie das Beispiel der Kaiserin Elisabeth von Österreich deutlich macht („Sissi" bzw. „Sisi").

Ihr Leben wurde vor allem bekannt durch die Filmtrilogie „Sissi", „Sissi – Die junge Kaiserin" und „Sissi – Schicksalsjahre einer Kaiserin", die in den Jahren 1955 bis 1957 entstand (mit Romy Schneider und Karlheinz Böhm in den Hauptrollen). In den kargen Nachkriegsjahren bedienten diese aufwändig ausgestatten Historienfilme den Wunsch des Publikums nach Harmonie, Romantik und Prunk; sie erreichten bereits damals ein Publikum von 20 bis 25 Millionen Zuschauern. Ihre bis heute anhaltende Beliebtheit verdankt „Sissi" vor allem der Tatsache, dass die drei Filme seit langem im weihnachtlichen TV-Programm in Deutschland und Österreich ausgestrahlt werden (vgl. PETERS u. a. 2011, S. 170).

Das enorme touristische Potenzial des „Sissi"-Themas beruht jedoch nicht nur auf dieser anhaltend großen Popularität, sondern vor allem auf der Tatsache, dass die Kaiserin zahlreiche Reisen unternommen hat; damit besteht für viele Destinationen und Unternehmen die Möglichkeit, an diesem modernen Mythos teilzuhaben (vgl. Abb. 22):

- In Meran (Italien) wurde z. B. der „Sissi-Weg" entwickelt: Unter dem Motto „Auf der Spurensuche zwischen den Gärten von Schloss Trauttmannsdorff und dem Herzen der Kurstadt Meran" lernen die Besucher mit Hilfe eines *Flyers* Gebäude, Parks und Plätze kennen, an denen sich die Kaiserin aufgehalten hat (👆 www.trauttmansdorff.it).

- Bei der „Sisi-Straße" handelt es sich um eine europäische Kulturroute zu Städten und Schlössern, die im Leben der Kaiserin eine große Rolle gespielt haben. Sie wurde im Jahr 2002 auf Initiative der „Regio Augsburg Tourismus GmbH" gegründet und führt u. a. an Schauplätze in Bayern, Österreich, Ungarn, Italien, Griechenland und in der Schweiz.

- In Wien erinnert das „Sisi Museum" in der Hofburg an die prominente Adelige. Zu den Exponaten gehören u. a. zahlreiche persönliche Gegenstände sowie die Totenmaske und die lange Zeit unter Verschluss gehaltene Attentatsfeile, mit der sie am 10. September 1898 in Genf ermordet wurde. Seit seiner Eröffnung im Jahr 2004 konnte das Museum mehr als sechs Millionen Besucher verzeichnen. Dabei handelte es sich überwiegend um ein junges, weibliches Publikum; mehr als 90 Prozent der Gäste kamen aus dem Ausland.

Abb. 22: Im Rahmen ihrer Kampagne „Herrschaftliches Bayern" hat die „Bayern Tourismus Marketing GmbH" u. a. auch die reisefreudige österreichische Kaiserin Elisabeth („Sissi") als populäre Werbeträgerin genutzt – wie hier bei einer Präsentation auf der „Internationalen Tourismus-Börse Berlin" (ITB) im März 2015.

✳ Weiterführende Lesetipps

LOWRY, S. (1997): Stars und Images. Theoretische Perspektiven auf Film-stars. –In: montage/av, 6/2, S. 10–35

In diesem Artikel vermittelt der Autor einen Überblick über die vier zentralen Dimensionen des Starphänomens: der Star als Image, der Star als Wirtschafts- und Produktionsfaktor, die Rezeption und Wirkung von Stars sowie die soziokulturelle Bedeutung von Stars.

LOWRY, S. (2003): Filmstars – Basisliteratur, Hamburg (Medienwissenschaft/Hamburg: Berichte und Papiere; 34)

Die (teilweise kommentierte) Bibliographie enthält u. a. Literaturangaben zu Sammelbänden, allgemeinen und themenübergreifenden Darstellungen, Einzelstudien sowie zum Starsystem und zur Soziologie, Sozialgeschichte, Rezeption von Filmstars etc.

ROOSE, J./SCHÄFER, M. S./SCHMIDT-LUX, T. (Hrsg.; 2012): Fans. Soziologische Perspektiven, Wiesbaden (Erlebniswelten; 17)

Die Beiträge dieses Sammelbands beschäftigen sich mit unterschiedlichen Aspekten von Fans – von der spezifischen Emotionalität über die Sozialisation und Sozialstruktur bis hin zum Konsumverhalten und zur Mediennutzung.

3 Wie engagieren sich Destinationen im Filmtourismus?

✳ **Das Kapitel im Überblick**

In diesem Kapitel werden folgende Fragen beantwortet:

- Wie können Destinationen das *Location Placement* als Marketing-Strategie einsetzen?
- Welche Ziele und Aufgaben haben die *Film Commissions* als öffentliche Förderinstitutionen?
- Wie können Destinationen erfolgreiche Spielfilme und TV-Serien zur Markenbildung (*Branding*) nutzen?
- Welche Dienstleistungen und Produkte sollten Destinationen bereitstellen, um ihr filmtouristisches Potenzial optimal in Wert zu setzen?
- Welche Instrumente der Kommunikationspolitik können Destinationen verwenden, um Filmtouristen zielgruppengerecht anzusprechen und zu informieren?

In vielen Destinationen hat zunächst eine recht zögerliche Auseinandersetzung mit dem Filmtourismus stattgefunden; häufig hatten die zuständigen Destination Management Organisationen und die touristischen Leistungsträger erhebliche Vorbehalte hinsichtlich einer professionellen Nutzung dieses Themas:

- Das Allgäu ist Schauplatz der „Kluftinger"-Kriminalromane von Volker Klüpfel und Michael Kobr, von denen inzwischen mehrere verfilmt worden sind. Dort musste die Leiterin der PR-Abteilung der „Allgäu GmbH" zahlreiche Widerstände überwinden, bevor eine Karte zu den *Locations* herausgegeben werden konnte. Mit dieser Idee reagiert sie auf die wachsende Nachfrage von Gästen, die den Wunsch äußerten, die Orte der fiktiven Verbrechen selbst einmal zu besichtigen. So hielt z. B. die „Bayern Tourismus Marketing GmbH" den Titel der geplanten Karte („Mörderisch spannendes Allgäu") für sehr gewagt, da die Region generell nicht mit Kriminalität in Verbindung gebracht würde. Weitere Vorbehalte bezogen sich auf die (angeblich) kleine Zielgruppe, die sich für dieses Thema interessieren würde, sowie auf Fragen der Finanzierung: Die Verantwortlichen in den Städten Memmingen und

Kempten waren der Meinung, dass eine solche Karte „nur Werbung für die Autoren sei" (HOPFINGER/PURREITER 2013, S. 236).

- Ähnlich skeptisch war auch die Reaktion in Albuquerque (New Mexico), dem Schauplatz der äußerst erfolgreichen US-amerikanischen TV-Serie „Breaking Bad", in der es um die illegale Herstellung und den kriminellen Vertrieb der Droge „Crystal Meth" geht: „When Breaking Bread began airing five seasons ago, we were less than thrilled by the subject matter, which is based on a fictional character and story" – so die Einschätzung von Dale Locket, dem Chef des „Albuquerque Convention & Visitors Bureau" (BLY 2012). Der unerwartet große Ansturm von Besuchern, die auf den Spuren der Hauptfiguren Walter White und Jesse Pinkman den Ort entdecken wollten, wurde deshalb als *„pleasant surprise"* betrachtet. Inzwischen nutzen Tourismusunternehmen, Restaurants und Einzelhändler dieses Thema auf professionelle Weise – u. a. mit einer *Movie Map*, Stadtrundfahrten und diversen *Merchandising*-Produkten (vgl. KELLY 2013; → 3.3.2.4).

- Hingegen bleibt das touristische Potenzial der Schauplätze des Films „Ryan's Tochter" bislang weitgehend ungenutzt. Er wurde überwiegend auf der irischen Dingle-Halbinsel gedreht – speziell in dem kleinen Ort Dunquin: „When shooting finally finished, Lean offered to leave the village sets there as a tourist attraction. The residents couldn't see the point of that [...] – the film sets would make useful firewood and that was about it" (TULLOCH 2011; vgl. auch BOLAN/CROSSAN/O'CONNOR 2006). Gegenwärtig gibt es in der Region nur einige Hinweisschilder auf die Drehorte; außerdem wird der Film in der filmtouristischen Broschüre „The Atlantic Film Trail" erwähnt (⌗ www.discoverireland.ie). Das alte Schulhaus, in dem zahlreiche Szenen spielen, verfällt inzwischen immer mehr zu einer Ruine – die Fensterscheiben sind eingeschlagen worden und das Dach ist weitgehend eingestürzt: „It's now a fully ‚open air museum' or, if you will, derelict stubborn shrine to the David Lean rebellion saga" (so die Bewertung eines *TripAdvisor*-Nutzers).

Diese Beispiele zeigen, dass manche Destinationen die Chancen einer filmtouristischen Nutzung in der Vergangenheit falsch eingeschätzt haben bzw. dass die Initiative zur touristischen Inwertsetzung von Drehorten und Schauplätzen häufig von den Nachfragern ausgegangen ist.

In jüngerer Zeit ist allerdings weltweit ein Trend zur kalkulierten Positionierung von Städten und Landschaften in Spielfilmen und TV-Serien zu beobachten, um auf diese Weise touristische Effekte auszulösen – das sog. *Location Placement*.

3.1 *Location Placement* als Marketing-Strategie

„Year after year, twenty something women come to New York City in search for the two ‚L': Labels and love": Bereits im ersten Satz der Komödie „Sex and the City – Der Film" erfahren die Zuschauer, um was es in den folgenden 139 Minuten gehen wird – um Liebe und Beziehungen sowie um Marken und Luxusartikel. Der Film ist ein Beispiel für ein exzessives *Product Placement*: Insgesamt werden 60 Marken an mehr als 70 Produkten in die Handlung integriert; Kritikern haben ihn deshalb als „Dauerwerbesendung" bezeichnet (vgl. FRANK/ RENNHAK 2009, S. 11, 21).

Generell stellt das *Product Placement* – also die gezielte und entgeltliche Platzierung von Markenprodukten bzw. -symbolen als Requisiten in Spielfilmen – eine Reaktion der Werbewirtschaft auf den täglichen *Information Overload* dar: Schätzungsweise prasseln täglich zwischen 5.000 und 10.000 Werbebotschaften auf die Konsumenten ein (vgl. Wirtschaftswoche 18.04.2012). Angesicht einer zunehmenden Werbemüdigkeit der Verbraucher sind die Anbieter auf der Suche nach neuen Wegen, um die Nachfrager zu erreichen. Dabei bieten sich speziell Spielfilme als indirekte Werbeträger an, denn in TV-Serien, die von öffentlich-rechtlichen Sendern ausgestrahlt werden, ist die sog. Schleichwerbung unzulässig.

Abb. 23: Die „Daimler AG" nutzt regelmäßig Spielfilme, um im Rahmen eines *Product Placement* weltweit Aufmerksamkeit für ihre Fahrzeuge zu erzeugen. Im Jahr 1997 präsentierte sie z. B. das SUV-Modell ML 320 in dem Dinosaurier-Film „Vergessene Welt: Jurassic Park"; inzwischen gehört ein Exemplar zu den Exponaten des „Mercedes-Benz Museum" in Stuttgart.

Die Konsumgüterindustrie setzt das Instrument des *Product Placement* bereits seit langem ein – wie z. B. die „Daimler AG", die ihre M-Klasse im Jahr 1997 in dem *Blockbuster* „Vergessene Welt: Jurassic Park" von Steven Spielberg platzierte (vgl. Abb. 23).

Von den Destination Management Organisationen wurde die Chance, ein breites Publikum durch ein *Location Placement* auf sich aufmerksam zu machen, bis vor kurzem kaum genutzt. Es fand allenfalls ein passives *Location Placement* statt: Die touristischen Werbeeffekte von Spielfilmen und TV-Serien waren eher die Folge erfolgreicher Produktionen als einer gezielten Einflussnahme durch die Reisebranche (vgl. VIALKOWITSCH 2005, S. 18).

✳ Definition: *Location Placement*

„Das Location Placement, das synonym auch Country Placement genannt wird, beschreibt die Darstellung bestimmter Orte, Städte und Regionen im Film, um deren Attraktivität, Vorzüge und Reize speziell hervorzuheben und positiv darzustellen. Zielsetzung dabei ist, das Interesse der Zuschauer für diesen Ort zu steigern" (FRANK/RENNHAK 2009, S. 6–7).

Dabei bieten Spielfilme und TV-Serien den Vorteil, dass sie – aus Sicht der Zuschauer – trotz ihres fiktiven Charakters ein authentisches und ehrliches Bild der Destination vermitteln. Hingegen werden touristische Werbespots mit ihren durchschaubaren *„Book Me"*-Botschaften von den aufgeklärten Konsumenten weitaus skeptischer betrachtet (gemäß dem abgewandelten Zitat von Johann Wolfgang von Goethe: „Man merkt die Absicht und ist verstimmt").

Aufgrund seines indirekten Charakters gilt das *Location Placement* deshalb als besonders effiziente Form der PR-Arbeit für Destinationen und Organisationen: Es hat eine große Reichweite, kann zielgruppengerecht eingesetzt werden und wird vom Publikum in der Regel nicht als Werbung wahrgenommen (vgl. VAGIONIS/LOUMIOTI 2011, S. 355).

Speziell bei internationalen *Blockbusters* und TV-Serien, die in andere Länder exportiert werden, bietet das *Location Placement* den Zielgebieten außerdem die Chance, ihre besonders eindrucksvollen Kulturdenkmale als touristische Ikonen zu platzieren. Auf diese Weise können Destinationen die Zuschauer über die Besonderheiten der regionalen Kultur informieren und damit ihr Image schärfen sowie den Bekanntheitsgrad einzelner Sehenswürdigkeiten steigern.

Vor allem auf Fernmärkten spielt eine gewisse Vertrautheit mit der anderen Kultur eine wichtige Rolle, da Reisen in die „Fremde" aufgrund der großen räumlichen, sozialen und kulturellen Distanz von Urlaubern generell als relativ risikoreich betrachtet werden (vgl. IWASHITA/BUTLER 2007, S. 223; TASCI 2009, S. 494–495; SU u. a. 2011, S. 812).

Um diese Potenziale des *Location Placement* optimal nutzen zu können, ist allerdings eine professionelle Arbeitsweise erforderlich – wie das Beispiel des „National Trust Film Office" deutlich macht.

✷ *Location Placement* einer gemeinnützigen Organisation: „National Trust Film Office"

Der „National Trust" ist eine gemeinnützige Organisation, die in England, Wales und Nordirland ca. 300 historische Gebäude denkmalpflegerisch betreut und für touristische Zwecke erschließt; außerdem kümmert sie sich um Belange des Umweltschutzes im ländlichen Raum und an der Küste. Mit mehr als vier Millionen Mitgliedern ist sie die größte Organisation für Kultur- und Naturschutz in Europa.

Im Jahr 2003 wurde das „ National Trust Film Office" mit dem Ziel gegründet, die historischen Bauten und Ländereien professionell als Drehorte für Spielfilme und TV-Serien zu nutzen – um zusätzliche Einnahmen zu erzielen und auch Werbung für die Arbeit des „National Trust" zu machen.

Diese Abteilung arbeitet äußerst erfolgreich: In den Herrenhäusern, Landsitzen und Liegenschaften des „National Trust" halten sich im Durchschnitt jeden Tag drei Film- bzw. Fototeams auf, um Szenen zu drehen, Modefotos zu machen bzw. Dokumentationen zu erstellen.

Zu den bekannten Spielfilmen und TV-Serien, die in Einrichtungen des „National Trust" gedreht wurden, gehören u. a. „Stolz und Vorurteil", „Miss Potter", „Die Herzogin" sowie „Sinn und Sinnlichkeit". In der Folge konnten die *Locations* dieser Filme jeweils einen deutlichen – teilweise lang anhaltenden – Anstieg der Besucherzahlen verzeichnen; häufig gab es sogar Ausstrahlungseffekte auf andere historische Baudenkmale (→ 4.3.1.2).

Um das Interesse frühzeitig zu wecken, berichtet der „National Trust" in seinem Mitgliedermagazin regelmäßig über laufende Dreharbeiten. Außerdem hat er auf seiner *Website* einen speziellen Bereich zu „Film and TV Locations" eingerichtet. Bei seinen Kommunikationsmaßnahmen kann er u. a. auch auf Fotos der Produktionsfirmen zurückgreifen, da er sich diese speziellen Nutzungsrechte bei der Vergabe der Drehgenehmigung sichert (vgl. The National Trust 2010).

3.1.1   Ziele und Methoden des *Location Placement*

Generell verfolgen die Filmindustrie und die Destinationen hinsichtlich der Produktion von Spielfilmen und TV-Serien unterschiedliche Ziele (vgl. RILEY/ VAN DOREN 1992, S. 269; O'CONNOR/FLANAGAN/GILBERT 2008, S. 425; HEITMANN 2010, S. 33):

▢ Die Produktionsfirmen sind auf der Suche nach geeigneten *Locations* für ihre *Storyline*, mit der sie ein möglichst breites Publikum ansprechen können. Gleichzeitig geht es ihnen darum, einen Wettbewerbsvorteil gegenüber den Konkurrenten zu realisieren – z. B. durch kostengünstige sowie zeiteffiziente Produktionsbedingungen, vorteilhafte arbeitsrechtliche Bestimmungen sowie staatliche Fördermaßnahmen (vgl. CYNTHIA/BEETON 2009, S. 117–118; ALFRED 2012, S. 2; LOEDOLFF 2014, S. 150).

▢ Die Destination Management Organisationen sind hingegen daran interessiert, dass in den Spielfilmen ein positives Bild der Region gezeichnet wird; außerdem sollten die Kinobilder das bestehende touristische Image aufnehmen und stärken (z. B. als qualitätsvolle Destination für Kultur-, Wander-, Wintersport- oder Wellnessurlauber).

Um Filmproduzenten bzw. Regisseure als Partner zu gewinnen und einen gewissen Einfluss auf die Auswahl der Drehorte auszuüben, arbeiten inzwischen viele Länder, Regionen und Städte mit dem „Goldenen Zügel" – indem sie den Produktionsfirmen eine finanzielle, organisatorische bzw. logistische Unterstützung anbieten.

Allerdings herrscht auf diesem Markt bereits weltweit ein Wettbewerb der Anbieter: Aus diesem Grund stellen Filmfirmen inzwischen häufig entsprechende Forderungen, die sie zum einen mit den direkten ökonomischen Effekten durch die Dreharbeiten begründen, zum anderen mit dem indirekten filmtouristischen Nutzen in der *Post-Production*-Phase (vgl. HEITMANN 2010, S. 38).

Gegenwärtig betreiben ca. 30 Länder und alle US-amerikanischen Bundesstaaten eine professionelle (und teilweise aggressive) Filmpolitik, um sich mit Hilfe von Steuererleichterungen, Zuschüssen etc. als Drehorte zu positionieren; darüber hinaus gibt es zahlreiche regionale und lokale Filmfonds (HEDLING 2010, S. 71; HUDSON/TUNG 2010, S. 2):

▢ So hat z. B. die nationale Tourismusorganisation „Singapore Tourism Board" ein spezielles Förderprogramm aufgelegt, um internationale Produktionen in dem asiatischen Stadtstaat zu unterstützen; die Subventionen belaufen sich auf maximal 50 Prozent der Herstellungskosten. Dazu wurde ein Budget von insgesamt 6,3 Millionen US-Dollar zur Verfügung gestellt (⌘ www.filmproposals.com).

▓ In China hat das „Beijing Municipal Bureau of Tourism" die Dreharbeiten des Spielfilms „If You Are the One 2" logistisch und finanziell unterstützt. Im Vertrag mit der Produktionsfirma wurde vereinbart, dass die Handlung auch an mehreren touristischen Schauplätzen spielen sollte – u. a. im Kulturquartier „798 Art Area" in Beijing und auf der „Chinesischen Mauer" bei Mutianyu (vgl. LIN 2012, S. 472; Abb. 27).

▓ „It's to attract in the big boys. It costs more, but you get the benefit because you're getting in bigger and better projects" – so begründete die Regierung der Republik Irland im Jahr 2014 die Erweiterung ihrer staatlichen Förderbedingungen für Spielfilme: Mit der sog. „Tom Cruise Clause" wollte sie künftig auch Produktionen aus Nicht-EU-Staaten – vor allem aus Hollywood und Bollywood – für das Land gewinnen. Im britischen Nordirland wurden die Dreharbeiten der US-amerikanischen TV-Serie „Game of Thrones" mit 9,25 Millionen Pfund Sterling finanziell unterstützt (vgl. SHEAHAN 2013; TZANELLI 2016).

▓ Die fünfte Staffel der US-amerikanischen TV-Serie „Homeland" wurde im Jahr 2015 im Studio Babelsberg sowie an Schauplätzen in Berlin und Brandenburg gedreht, weil es für die Produktion öffentliche Mittel in Höhe von einer Million Euro gab – aus einem spezielles Förderprogramm für TV-Serien (vgl. FAZ. 05.06.2015).

▓ In Mittel- und Südosteuropa stehen z. B. Tschechien, Ungarn, Kroatien und Serbien in einem harten Wettbewerb um internationale Filmproduktionen. Dabei verfügte Serbien lange Zeit über die günstigsten Standortbedingungen: Aufgrund des besonders niedrigen Lohniveaus waren die Produktionskosten dort um bis zu 40 Prozent geringer. Durch finanzielle *Incentives* konnten die Konkurrenten Ungarn, Kroatien und Mazedonien ihre Marktposition seit 2011 jedoch erheblich verbessern (vgl. BERIĆ 2013).

Den Hintergrund für diese Subventionsmaßnahmen bildet die Tatsache, dass Filmproduktionen erhebliche Multiplikatoreffekte auf andere Wirtschaftszweige haben, deren Höhe von zahlreichen Faktoren beeinflusst wird – u. a. von der regionalen Wirtschaftskraft, den internen ökonomischen Verflechtungen sowie dem Know-how und den Erfahrungen bei der Unterstützung von Filmproduktionen (vgl. BEERMANN 2001, S. 18; CUCCO/RICHERI 2011, S. 6).

In den USA wird z. B. die Mehrzahl aller Teilleistungen einer Filmproduktion regional bezogen. Aus diesem Grund löst jeder US-Dollar, der für Löhne und Gehälter, Ausrüstung, Transport, Unterkunft, Verpflegung etc. ausgegeben wird, in der regionalen Wirtschaft weitere Ausgaben in Höhe von 2,2 bis 2,5 US-Dollar aus. Darüber hinaus kommt es bei einer professionellen touristischen Nutzung von Drehorten in der *Post-Production*-Phase zu weiteren Multiplikatoreffekten (vgl. CUFF 2015, S. 2).

Zu den Instrumenten des *Location Placements* zählen jedoch nicht nur finanzielle Anreize für Produktionsfirmen sowie die logistische Unterstützung von Filmcrews, sondern auch originelle Kommunikationsmaßnahmen im Umfeld von Spielfilmen – wie das folgende Beispiel aus Großbritannien deutlich macht.

✳ **Kreatives *Location Placement*: „Paddington"**

Abb. 24: „Paddington" als Werbeträger für Großbritannien

Eine ungewöhnliche Form des *Location Placement* hat die nationale Tourismusorganisation „VisitBritain" rund um die Filmkomödie „Paddington" praktiziert; der Film basiert auf der erfolgreichen Kinderbuchreihe von Michael Bond und schildert die Abenteuer, die der liebenswerte kleine Bär „aus dem finstersten Peru" in London erlebt (vgl. WILKINSON 2014):

■ Zum einen betrieb „VisitBritain" ein klassisches *Product Placement*, indem Plakate der aktuellen Werbekampagne „Britain is Great" in einigen Szenen des Films platziert wurden – z. B. an Wänden der Londoner U-Bahn bzw. an *Routemaster*-Bussen.

■ Zum anderen nutzte sie die beliebte Roman- und Filmfigur für die umfangreiche PR-Aktion „See Britain through Paddington's eyes" – u. a. mit Reisetipps zu *Locations* des Films sowie dem Hashtag #PaddingtonsBritain auf *Twitter*, *Instagram* etc. Die „Paddington"-*Website* verzeichnete 219.000 Klicks und 81.000 *Opt-ins*; dabei handelte es sich zu 99,4 Prozent um neue Kontakte.

■ Schließlich organisierte sie spezielle „Paddington Bär Bustouren" zu
   den Drehorten des Films und den Schauplätzen der Romane in London
   – und anlässlich der Premiere wurden überall im Stadtgebiet mehr als 50
   Figuren des Bären aufgestellt, die nach Ideen von prominenten Schauspielern, Sportlern, Politikern etc. gestaltet worden waren.

Mit diesen Maßnahmen, die auf den Quellmärkten Frankreich, Deutschland und den USA durchgeführt wurden, sollten vor allem Familien mit
Kindern zu einer Reise nach London bzw. Großbritannien angeregt werden. Aufgrund der positiven Reaktionen ging „VisitBritain" davon aus,
dass innerhalb von drei Monaten zusätzliche Einnahmen in Höhe von
1,175 Millionen britischen Pfund erzielt wurden.

Allerdings gibt es für das *Location Placement* (wie auch für andere touristische
Marketing-Maßnahmen) keine Erfolgsgarantie: In einigen Fällen steht der finanzielle Aufwand in keinem angemessenen Verhältnis zu den erzielten Wirkungen
– wie das folgende Beispiel des Melodrams „Australia" deutlich macht.

Anlässlich der Premiere startete die regionale Tourismusorganisation „Tourism
Western Australia" im Jahr 2008 eine internationale Werbekampagne (mit einem
Budget von einer Million US-Dollar): Unter dem Slogan „See the movie, see the
country" sollten die Kinobesucher dazu angeregt werden, die Filmschauplätze
zu besichtigen und dort reale Reiseabenteuer zu erleben. Außerdem hat die
nationale Tourismusorganisation „Tourism Australia" unter dem Motto „Come
Walkabout" eine breit angelegte PR-Kampagne durchgeführt: Allein für Werbespots stellte sie ein Budget von 50 Millionen US-Dollar zur Verfügung.

Die verschiedenen Kommunikationsmaßnahmen lösten eine enorme Resonanz
in den internationalen Medien aus (vgl. Tourism Australia 2009):

▓ Weltweit erschienen 1.739 Meldungen und Artikel, mit denen ca. 3,9 Milliarden Menschen erreicht wurden; die Inhalte waren zu 96 Prozent positiv bzw.
   neutral. Dabei beliefen sich die Kosten nur auf 0,28 australische Dollar pro
   1.000 Leser; für Werbeanzeigen mit gleicher Reichweite wären hingegen 150
   australische Dollar pro 1.000 Leser angefallen.

▓ Anlässlich des Films kamen mehr als 50 Journalisten aus 17 Ländern nach
   Australien, um vor Ort zu recherchieren und zu berichten. Allein durch diese
   Beiträge in den Printmedien und im Fernsehen wurden ca. 135 Millionen Le-
   ser und Zuschauer detailreich über den Film sowie das Land informiert.

■ Außerdem traten die Akteure in bekannten TV-Talkshows auf, um Werbung für den Film und Australien als Reiseziel zu machen (u. a. in „The Oprah Winfrey Show", „Good Morning America", „Letterman").

Erste Evaluationen ergaben, dass das Interesse von Fernreisenden an *Down under* durch diese umfangreiche PR-Arbeit deutlich gesteigert werden konnte: In Befragungen gaben 16 Prozent der *Long Haul Travellers* an, dass sie eine Reise nach Australien innerhalb der nächsten zwölf Monate in Erwägung ziehen. Doch offensichtlich gelang es der nationalen Tourismusorganisation nicht, dieses Nachfragepotenzial tatsächlich für einen Besuch des Landes zu aktivieren; stattdessen lag die Zahl der internationalen Ankünfte im Jahr 2009 sogar unter der des Vorjahres: „Wie der Film blieb auch die Kampagne hinter den hohen Erwartungen zurück, der Direktor von Tourism Australia musste seinen Sessel räumen" (ELLENBERGER 2010, S. 12).

3.1.2   *Film Commissions* als Förderinstitutionen

Angesichts des zunehmenden Wettbewerbs der Destinationen auf dem Filmmarkt haben immer mehr Ländern und Regionen *Film Commissions* gegründet; dabei handelt es sich überwiegend um öffentlich finanzierte Organisationen zur Unterstützung der Filmwirtschaft. Die ersten *Film Commissions* entstanden bereits in den 1940er-Jahren in den USA; seit den 1980er-Jahren sind auch in Europa und auf anderen Kontinenten entsprechende Institutionen geschaffen worden (vgl. CUCCO/RICHERI 2011, S. 4–5).

Das Ausmaß dieser staatlichen Einflussnahme spiegelt sich z. B. in der Tatsache wider, dass die „Association of Film Commissioners International" (AFCI) weltweit mehr als 300 *Film Commissions* zu ihren Mitgliedern zählt (www.afci. org). Auf europäischer bzw. asiatischer Ebene haben sich zahlreiche *Film Commissions* im „European Film Commission Network" (EUFCN) und dem „Asian Film Commission Network" (AFCNet) zusammengeschlossen.

Die Ziele und Aufgaben einer *Film Commission* sollen am Beispiel der „Cine Tirol Film Commission" erläutert werden. Unter den europäischen Destinationen gehören das österreichische Bundesland und speziell diese Organisation zu den Vorreitern bei der aktiven Nutzung von Film- und TV-Produktionen im Destinationsmanagement (vgl. Abb. 25).

Die „Cine Tirol Film Commission" wurde bereits im Jahr 1998 gegründet – mit Unterstützung der hawaiianischen „Kaua'i Film Commission", die bereits über umfangreiche Kompetenzen in der Filmförderung verfügte (vgl. AIGNER 2000). Außerdem konnte Tirol auf die Erfahrungen zurückgreifen, die in den Nachkriegsjahren im Dorf Thiersee („Klein-Hollywood") gesammelt worden waren. Dort hatten internationale Produktionsfirmen im Zeitraum 1947–1952 18 bekannte Filme gedreht – darunter „Das doppelte Lottchen", „Blaubart" und „Maria Chapdelaine". Bis in die Gegenwart wird diese Filmgeschichte auch touristisch genutzt – u. a. durch das „FilmMuseum Thiersee" und den Themenweg „Tiroler Traumfabrik".

Seit ihrer Gründung hat die „Cine Tirol Film Commission" mehr als 400 in- und ausländische Produktionen initiiert, unterstützt und gefördert. Durch die Ausstrahlungen dieser Filme wurden im Jahr 2014 allein im deutschsprachigen Raum mehr als 370 Millionen Zuschauer erreicht.

Abb. 25: Zu den Aufgaben der „Cine Tirol Film Commission" gehört u. a. die organisatorische und logistische Unterstützung von Filmcrews – wie hier bei Dreharbeiten in den Tiroler Alpen.

Darüber hinaus lösten die unterstützten Filmprojekte erhebliche direkte wirtschaftliche Wirkungen aus – u. a. durch Ausgaben für Unterkunft, Verpflegung, Transport der Crews etc., für die Anmietung von *Locations* sowie für die Gagen der heimischen Filmschaffenden. Die Höhe dieses ökonomischen Tirol-Effekts belief sich bereits in den ersten drei Jahren auf mehr als die vierfache Fördersumme (vgl. AIGNER/KÖCK 2000).

Inzwischen verfügen auch alle deutschen Bundesländer über *Film Commissions;* in einigen Fällen handelt es sich dabei um länderübergreifende Organisationen – z. B. bei der „Filmförderung Hamburg Schleswig-Holstein" (FFHSH) oder der „Mitteldeutschen Medienförderung" (Sachsen, Thüringen, Sachsen-Anhalt) (⌂ www.location-germany.de).

Ziel der *Film Commissions* ist es, eine möglichst filmfreundliche Atmosphäre zu schaffen. Der Schwerpunkt der Arbeit liegt deshalb auf filmischen Aspekten in der *Pre-Production-* und *Production*-Phase – z. B. der logistischen und organisatorischen Unterstützung von Filmproduzenten bei der Recherche und Projektentwicklung sowie bei der *Location*-Suche und den Dreharbeiten. Eine längerfristige touristische Nutzung der Drehorte zählt hingegen nicht zu ihren Aufgaben (vgl. HUDSON 2011, S. 165–166; BEETON/CAVICCHI 2015, S. 149).

Für die finanzielle Unterstützung von Produktionen sind in der Regel spezielle Filmförderungsfonds zuständig: In Deutschland stellt allein die Bundesregierung jährlich mehr als 30 Millionen Euro zur Förderung der nationalen Filmindustrie zur Verfügung; darüber hinaus gibt es entsprechende Fonds der Bundesländer. Einige dieser lokalen und regionalen Filmfonds arbeiten auf europäischer Ebene in dem Projekt „Cine Regio" zusammen (⌂ www.cine-regio.org).

Um die Schnittstelle zum Tourismus künftig besser zu nutzen, wurde im Jahr 2014 das Netzwerk „Filmkulisse Bayern" gegründet – gemeinsam von der „Bayern Tourismus Marketing GmbH" und dem „FilmFernsehFonds Bayern" (FFF). Die Initiative verfolgt das Ziel, „die Originalschauplätze der in Bayern gedrehten Kino- und Fernsehfilme für Gäste erlebbar und Bayern für nationale und internationale Produktionen noch attraktiver zu machen" (⌂ www.filmkulisse-bayern.de). Generell dient der Freistaat häufig als Drehort: Allein im Jahr 2013 entstanden dort 26 Spielfilme und 60 TV-Produktionen; dieses große filmtouristische Potenzial soll künftig stärker genutzt werden.

Eine solche enge Zusammenarbeit zwischen Filmproduzenten und Tourismusakteuren wird in Tirol bereits seit Ende der 1990er-Jahre praktiziert; dort hat die „Cine Tirol Film Commission" ein breites Spektrum an filmischen und touristischen Leistungen entwickelt (vgl. KÖCK/AIGNER 1999):

▪ Veranstaltung von *Location-* und *Scouting*-Touren, damit sich Produzenten, Regisseure und Drehbuchautoren vor Ort ein Bild von den Schauplätzen und Produktionsbedingungen machen können;

▪ Durchführung von *Location Management Workshops,* bei denen ortsansässige Bergführer, Volkskundler und Historiker zu *Location Managern* ausgebildet werden (die Filmcrews bei der Vorbereitung und Organisation der Dreharbeiten unterstützen);

- Herausgabe eines *Production Guide*, der neben allgemeinen landeskundlichen Informationen (Karten, Entfernungstabellen, Klimadaten etc.) auch die Daten von Ansprechpartnern und Unternehmen enthält, die filmbezogene Dienstleistungen und Produkte anbieten;
- Betreuung eines *Location*-Archivs, das Bilder und Informationen zu ausgewählten Typen von Drehorten umfasst (Berg- und Seenlandschaften, Ortsbilder, Bauernhäuser, Industriebauten, Brücken, Gärten etc.);
- organisatorische und logistische Unterstützung – z. B. bei der Buchung von Unterkünften für die Filmcrew, beim Einholen von Genehmigungen bei Behörden etc.

Als positives Beispiel einer Zusammenarbeit von Film- und Tourismusakteuren ist die Aktion „EuroScreen – European Screen Destinations Project" zu nennen, die im Zeitraum 2007–2013 von der Europäischen Union im Rahmen des INTERREG-Programms finanziell gefördert wurde. In diesem Projekt haben u. a. *Film Commissions*, Tourismusorganisationen und Regionalagenturen aus Großbritannien, Italien, Rumänien, Polen, Schweden, Slowenien und Spanien zusammengearbeitet, um Erfahrungen auszutauschen, die Kooperation zu verbessern und die filmtouristischen Potenziale besser zu nutzen (vgl. CESARE/ SALANDRA 2015, S. 9–10; [⌂] www.euroscreen.org.uk).

✱ Der Wettbewerb der Destinationen um die indische Filmindustrie

Weltweit gehört Indien zu den fünf umsatzstärksten Kinomärkten; jährlich werden dort mehr als 1.000 Spielfilme produziert – ungefähr doppelt so viele wie in den USA und Europa zusammen.

Gleichzeitig gilt das Land als touristischer Zukunftsmarkt, da sich die wachsende Mittelschicht an westlichen Konsummustern orientiert und ein großes Interesse an Auslandsreisen zeigt – speziell an Reisen nach Europa (vgl. SCHNEIDER 2014; STEINECKE 2014, S. 175).

Vor diesem Hintergrund versuchen mehrere Länder, sich als ausländische Drehorte von Bollywood-Produktionen zu positionieren (vgl. ANUL 2013, S. 15–16):

- Bereits in den 1990er-Jahren hat sich Schottland auf dem indischen Markt als *Location* präsentiert – zunächst für *Runaway Productions*, inzwischen aber auch als Drehort für Spielfilme mit einem deutlichen Bezug zu schottischen Schauplätzen; außerdem wurden Förderprogramme für indische Produzenten aufgelegt. Diese Maßnahmen führten zu einem deutlichen Anstieg der Zahl indischer Besucher, bei denen es sich zum einen um Bewohner des Subkontinents handelt, zum anderen um Mitglieder der großen indischen Diaspora, die in anderen Ländern leben (vgl. MARTIN-JONES 2006).

■ Im Jahr 2005 wurde zwischen Großbritannien und Indien eine bilateraler Vertrag geschlossen, um die Zusammenarbeit zwischen britischen und indischen Filmproduzenten zu intensivieren (*Bollywood Strategy*). Bereits in diesem Jahr fanden allein in London Dreharbeiten von mehr als 35 Filmen statt.

■ Auch Spanien, Tschechien und die Schweiz gewähren indischen Filmcrews eine besondere Unterstützung – z. B. durch die Erstattung der Kosten für eine Besichtigung potenzieller Drehorte (*Location Scouting*), die Gewährung von speziellen Rabatten bei Hotelbuchungen und Einkäufen sowie eine Erstattung der Mehrwertsteuer (vgl. AMBWANI 2011).

■ In Österreich verfügt das Bundesland Tirol über langjährige Erfahrungen in der Zusammenarbeit mit Produzenten aus Mumbai, Hyderabad, Chennai, Bangalore etc.: Seit 1999 sind dort mehr als 70 indische Filme gedreht worden. Nicht zuletzt aufgrund dieser Produktionen stieg die jährliche Übernachtungszahl indischer Touristen in Tirol von 1998 bis 2012 um mehr als 718 Prozent (vgl. KÖCK 2012).

■ Deutschland war Drehort der Bollywood-Produktion „Humrah – The Traitor" (2006): Erstmals wurden alle Szenen vor Ort gedreht und auch die Weltpremiere fand in Viernheim an der Bergstraße statt. Ein Jahr später wurden deutsche Schauplätze für „Aap Kaa Surroor" genutzt – einen der erfolgreichsten indischen Filme des Jahres. Dabei kümmerte sich die „Indo-German Film Agency" (IGFA) um die Unterstützung der indischen Crews (vgl. KERSCHREITER 2009).

3.2   Filmtouristisches Destinationsmanagement

Trotz seines Nischencharakters stellt der Filmtourismus ein Geschäftsfeld dar, das von den Destinationen nicht vernachlässigt werden sollte: Angesichts des harten Wettbewerbs auf dem internationalen Tourismusmarkt ist in jüngerer Zeit generell ein Trend zu einem *Special Interest Tourism* zu beobachten – unter diesem Begriff werden kleine Marktsegmente subsumiert, deren Nachfrager besondere kulturelle, kulinarische, sportliche bzw. soziale Interessen haben. Als Beispiele sind u. a. der Gartentourismus, der *Dark Tourism* (zu Orten des Leids, des Schreckens bzw. des Todes), der Gastrotourismus, der Extremtourismus in unwirtlichen Regionen und der *Volunteer Tourism* zu nennen (also die freiwillige Mitarbeit in sozialen und ökologischen Projekten).

Allerdings ist der Filmtourismus kein Selbstläufer: Um seine Potenziale ausschöpfen zu können, bedarf es eines professionellen Managements und Marketings – wie bei allen anderen touristischen Märkten (vgl. CROY 2010, S. 22). Zur Bearbeitung des filmtouristischen Marktsegments können Unternehmen und Tourismusorganisationen grundsätzlich das gesamte Handwerkszeug des Management und Marketing einsetzen:

▪ Zu Beginn ist eine SWOT-Analyse (*Strengths, Weaknesses, Opportunities, Threats*) erforderlich, in der folgende Fragen beantwortet werden müssen: Über welche besonderen *Stärken* verfügt die Destination (Szenerie, Know-how etc.)? Wo bestehen bislang noch Defizite, die durch gezielte Maßnahmen abgebaut werden können? Wie sind mittelfristig die Chancen und Risiken des Filmtourismus einzuschätzen (vgl. TANG 2014 zu einer Stärken-Schwächen-Analyse der chinesischen Provinz Heilongjiang)?

▪ Im Bereich des Marketing-Mix können die öffentlichen Tourismusorganisationen vor allem auf die Instrumente der Markenbildung (*Branding*) sowie der Produkt- und Kommunikationspolitik zurückgreifen. Hingegen sind ihre Handlungsmöglichkeiten in der Preis- und der Distributionspolitik beschränkt, da es sich bei ihnen um virtuelle Unternehmen handelt: In der Regel verfügen sie nicht über eigene Unterkunfts-, Verpflegungs- bzw. Transportkapazitäten, sondern koordinieren die Leistungen privater Anbieter (vgl. STEINECKE 2013, S. 78–79).

Als wesentliches Problem einer intensiven Nutzung des filmtouristischen Potenzials erweist sich allerdings das niedrige Marketing-Budget vieler Destination Management Organisationen – zu diesem Ergebnis kam eine weltweite Studie, in der die Erfahrungen von 490 Tourismusorganisationen mit dem Filmtourismus erfasst wurden (vgl. HUDSON/RITCHIE 2006, S. 393).

3.2.1   Filmtouristische Markenbildung

Generell handelt es sich beim internationalen Tourismus um einen Wachstumsmarkt: So stieg die Zahl der Ankünfte im Zeitraum 1950–2014 von 25 Millionen auf 1,1 Milliarden; für das Jahr 2030 werden 1,8 Milliarden Ankünfte prognostiziert. Gleichzeitig versuchen aber immer mehr Länder und Regionen, an den Einnahmen aus dem Tourismus zu partizipieren. Die Folge ist ein zunehmender Wettbewerb von Zielgebieten, die teilweise über ähnliche natur- und kulturräumliche Standortfaktoren verfügen (vgl. STEINECKE 2014, S. 182–183).

Vor diesem Hintergrund kommt es für die Destinationen darauf an, ein attraktives Profil zu entwickeln und sich von den Konkurrenten zu unterscheiden: Sie müssen sich auf der *Mental Map* bzw. im *Evoked Set* der potenziellen Nachfrager positionieren und ihnen einen klaren, berechenbaren Nutzen signalisieren (generell ist die Buchung einer Reise für die Kunden mit einem hohen Risiko verbunden, da sie zunächst nur ein Leistungsversprechen erwerben).

✳ Definition: Mental Map und Evoked Map

Mental Map │ „subjektive Vorstellung einer räumlichen Situation (Ort, Land, Standortmuster, Distanz) bei einer Person oder Gruppe. [...] Mental Maps sind deshalb so bedeutsam, weil das räumliche Handeln von Menschen durch subjektive Wahrnehmungen, die in Mental Maps zum Ausdruck kommen, stark beeinflusst und strukturiert wird" (⌖ www.wirtschaftslexikon.gabler.de/Archiv/10074/mental-map-v8.html).

Evoked Set │ „Begriff aus dem Konsumentenverhalten, unter dem eine begrenzte Zahl akzeptierter Produktalternativen innerhalb einer Produktkategorie verstanden wird, über die der Konsument ein klar profiliertes Meinungsbild besitzt und die bei einer anstehenden Kaufentscheidung berücksichtigt werden" (⌖ www.wirtschaftslexikon.gabler.de/Archiv/7631 /evoked-set-v6.html).

Neben den „harten" Attraktionen einer Destinationen – der Natur und Kultur sowie der allgemeinen und der touristischen Infrastruktur – spielt deshalb das Image des Zielgebiets als „weicher" Standortfaktor eine immer wichtigere Rolle. Diese Vorstellungen der (potenziellen) Besucher sind eine Melange aus Bildern, Kenntnissen, Gefühlen und Stimmungen, die durch zwei unterschiedliche Einflussfaktoren geprägt wird (vgl. CROY 2010, S. 24; ARAÚJO 2013a, S. 13–15):

▨ Allgemeine Informationen und Medien (*Organic Agents*): Hier zählen u. a. länderkundliche Zeitungsberichte, Reportagen und TV-Sendungen, Sachbücher, Romane und Erzählungen (die in einer Destination spielen bzw. von einem Autor aus der Region verfasst worden sind), Reiseführer, *Blogs* im Internet sowie die Mund-zu-Mund-Propaganda durch Freunde, Bekannte und Verwandte. Da die *Organic Agents* keine persönlichen bzw. ökonomischen Interessen verfolgen, gelten sie als besonders glaubwürdig und zuverlässig (gleichzeitig entziehen sie sich aber weitgehend einer Einflussnahme durch die Tourismusorganisationen). Darüber hinaus haben sie eine lang anhaltende Wirkung – im Gegensatz zu Werbespots und Anzeigen, die zumeist in der täglichen Informationsflut untergehen.

▪ Spezifische touristische Informationen (*Induced Agents*): Das Spektrum reicht von der klassischen Werbung in Printmedien, TV und Radio über Prospekte und *Websites* der Zielgebiete bis hin zu Maßnahmen der Verkaufsförderung (*Roadshows,* Aktionen in Reisebüros etc.). In vielen Fällen bieten Destination Management Organisationen auch Informationsreisen für Journalisten an, um Artikel auf den Reiseseiten von Tages- und Wochenzeitungen zu initiieren (dabei handelt es sich um eine besonders kostengünstige Form der Werbung). Diese *Induced Agents* können zwar von den Tourismusorganisationen kontrolliert werden; allerdings stehen ihnen die Konsumenten weitaus kritischer gegenüber als den Informationen der *Organic Agents*.

Zweifellos haben Spielfilme und TV-Serien einen großen Einfluss auf das Image einer Destination, der bislang auf eine indirekte und ungeplante Weise stattgefunden hat (diese Medien haben also als *Organic Agents* fungiert): Im allgemeinen Verständnis gelten sie hinsichtlich der Schauplätze als authentische und glaubwürdige Informationsquellen; sie werden weitaus unvoreingenommener rezipiert als klassische Werbebotschaften. Bei den Zuschauern können sie ein spontanes Interesse an den Drehorten, den Geschichten und den Stars wecken – und teilweise auch den Wunsch, die *Locations* zu besichtigen (vgl. ESCHER/ZIMMERMANN 2001, S. 230).

In jüngerer Zeit hat allerdings ein Wandel stattgefunden: Durch das *Location Placement*, das von einigen Destination Management Organisationen inzwischen betrieben wird, sind Spielfilme und TV-Serien zunehmend auch zu *Induced Agents* geworden: In Zusammenarbeit mit Produktionsfirmen und *Film Commissions* versuchen die Tourismusakteure, die Reiseentscheidung der Nachfrager zu *beeinflussen* – und zwar ohne dass es den Konsumenten bewusst wird (die Technik des *Product Placement* ist ihnen hingegen bereits geläufig).

Eine solche aktive Beeinflussung des Images durch *Induced Agents* ist zentraler Bestandteil der Markenbildung (*Branding*); sie wird von immer mehr Destinationen als Instrument benutzt, um sich mit einem klaren und unverwechselbaren Profil auf dem internationalen Tourismusmarkt zu positionieren. Diese Technik ist den Nachfragern aus dem Konsumgüterbereich hinlänglich vertraut, denn dort gib es kaum noch Produkte, die nicht mit einem Logo bzw. Slogan versehen sind („Tempo"-Taschentücher, „Persil"-Waschmittel, „Ralph Lauren"-Kleidung etc.).

✳ Definition: Marke

„Eine Marke ist ein Name, ein Begriff, ein Zeichen, ein Symbol, eine Ge-staltungsform oder eine Kombination aus diesen Bestandteilen, die bei den relevanten Nachfragern bekannt ist und im Vergleich zu Konkurrenz-angeboten eine differenzierendes Image aufweist, das zu Präferenzen beim Konsumenten führt" (SCHERHAG 2003, S. 45).

Die Markenbildung *(Branding)* kann auch von Destinationen dazu genutzt wer-den (vgl. STEINECKE 2013, S. 74),

▫ sich in gesättigten Marktsegmenten von anderen Wettbewerbern zu unter-scheiden (Differenzierungsfunktion),

▫ ein hohes Leistungsniveau zu kommunizieren (Qualitätsverdeutlichungsfunk-tion),

▫ den Nachfragern in einem Zielgebiet einen besonderen Status zu verleihen (Image-Übertragungsfunktion),

▫ ein aussagekräftiges Symbol und damit einen ästhetischen Bezugspunkt für die Bildung von *Communities* zu schaffen (Gruppenzugehörigkeitsfunktion).

Bislang stehen Drehorte und Schauplätze von Spielfilmen und TV-Serien jedoch nur in Einzelfällen im Mittelpunkt einer touristischen Markenbildung; zumeist wird der Filmtourismus von den Destinationen nur dazu genutzt, die endogenen kulturellen Ressourcen besser zu erschließen, ungewöhnliche Produkte zu ent-wickeln und damit neue Zielgruppen anzusprechen.

Als viel beachtetes Beispiel einer filmtouristischen Markenbildung ist Neusee-land zu nennen: Auf dem internationalen Tourismusmarkt verfügte es lange Zeit nur über ein vages und auch schwach ausgeprägtes Image, das im Wesentlichen aus der Natur sowie aktiven und passiven Formen von Naturerlebnissen be-stand. Das Land hat dann den weltweiten Erfolg der *Fantasy*-Bücher von J. R. R. Tolkien und vor allem der beiden Filmtrilogien „Der Herr der Ringe" und „Der Hobbit" als Chance begriffen, sein Profil zu schärfen. Mit Hilfe einer professionellen Kommunikationskampagne konnte es die einzigartige Destinati-onsmarke „Middle-Earth" entwickeln und sich damit erfolgreich von anderen Wettbewerbern abgrenzen, die eine vergleichbare naturräumliche Ausstattung aufweisen (→ 3.2.3.1).

Da die Zielgruppe der Drehorttouristen (die sich speziell für die Filmschauplät-ze interessieren) relativ klein ist, ging es bei diesem *Branding* nicht darum, Neu-seeland ausschließlich als filmtouristische Destination darzustellen; vielmehr sollte durch die Verknüpfung mit der Geschichte und den Bildern der Filme vor allem der Bekanntheitsgrad des Landes auf internationaler Ebene gesteigert und die Neugier der potenziellen Besucher geweckt werden. Ein wichtiges Instrument war dabei die *Website* der nationalen Tourismusorganisation „Tourism New Zealand", die neben Informationen zu den Filmen und Drehorten auch zahlreiche Hinweise auf andere touristische Produkte enthielt. Diese kommunikationspolitische Strategie war äußerst erfolgreich: 93 Prozent der internationalen Besucher kennen einen der Filme und 87 Prozent wissen, dass sie in Neuseeland gedreht wurden – aber nur für 8,3 Prozent war „Der Herr der Ringe" u. a. auch ein Grund, das Land zu bereisen; der Marktanteil der Drehorttouristen belief sich sogar nur auf 0,3 Prozent (vgl. CROY 2004, S. 15–16).

Als europäisches Beispiel für eine filmtouristische Markenbildung ist die ostschweizerische Region zwischen Walensee, Sarganserland und Bündner Herrschaft zu nennen, die seit 1997 von der Destination Management Organisation „Heidiland Tourismus AG" als Zielgebiet vermarktet wird (vgl. FILK/SCHATZMANN/HERZIG GAINSFORD 2011). Ausschlaggebend für die Entwicklung dieser thematischen Dachmarke war zum einen die Heterogenität der Region, die eine klassische geographische Namensgebung erschwerte – wie sie in nahezu allen Destinationen üblich ist (z. B. Berner Oberland, Eifel, Harz); darüber hinaus fehlte es den traditionellen Landschaftsbezeichnungen an Emotionalität und Attraktivität.

Zum anderen verfügte die Region über ein großes literatur- und filmtouristisches Potenzial, da sie Schauplatz der „Heidi"-Romane von Johanna Spyri (1827–1901) ist. Diese literarischen Werke wurden in 50 Sprachen übersetzt; weltweit beläuft sich die Gesamtauflage auf ca. 50 Millionen Exemplare. Außerdem diente der idyllische „Heidi"-Stoff als Vorlage für zahlreiche Realfilme, Zeichentrickfilme, TV-Serien, Comics, Musicals etc. (vgl. Abb. 26).

Bei ihrer Markenbildung konnte die „Heidiland Tourismus AG" diesen hohen internationalen Bekanntheitsgrad nutzen, um ein unverwechselbares Profil zu kreieren (*Unique Selling Proposition*) und sich damit von anderen alpinen Destinationen zu unterscheiden – speziell auch auf asiatischen Quellmärkten (so kennen z. B. 60 Prozent der Japaner die „Heidi"-Geschichten aus einer populären Zeichentrickserie).

Allerdings stieß die Entwicklung konkreter touristischer Produkte („Heidi"-Wanderwege, „Heidi"-Feuerstellen, „Geissentrekking" etc.) auf erhebliche Probleme: Einerseits basierten sie nicht auf den tatsächlichen touristischen Stärken der Region (Kultur, Wein, Wellness, Kulinarik etc.), andererseits wurden sie von den Besuchern, deren hohe Erwartungen durch die Romane und Filme geprägt waren, nicht als authentisch genug empfunden.

Aus diesem Grund versucht die Destination Management Organisation inzwischen, die „Heidi"-Figur vor allem als symbolische Sympathieträgerin zu nutzen und die emotionalen Grundwerte der „Heidi"-Romane zu vermitteln (vgl. FILK/ SCHATZMANN/HERZIG GAINSFORD 2011, S. 146–147):

- Heimat, Vertrautheit und Geborgenheit,
- Natürlichkeit und Echtheit,
- Gesundheit und Schönheit,
- Glück und Freundschaft,
- pure Lebensfreude.

Abb. 26: Die Schweizer Bergregion zwischen Walensee, Sarganserland und Bündner Herrschaft ist Schauplatz der „Heidi"-Romane sowie zahlreicher Filme und TV-Serien, die weltweit ein Millionenpublikum begeistert haben. Seit 1997 nutzt die Destination Management Organisation „Heidiland Tourismus AG" das kleine Mädchen nicht nur als Namensgeberin, sondern auch als symbolische Sympathieträgerin.

In Deutschland vermarktet sich das sächsische Görlitz zwar als „Görliwood©", doch das filmtouristische Potenzial wird bislang noch nicht umfassend in Wert gesetzt: So sind z. B. auf der touristischen *Website* keine Informationen zu Drehorten und Schauplätzen zu finden; filminteressierte Urlauber (und Produzenten) müssen eine spezielle Film-*Website* benutzen, um entsprechende Informationen zu erhalten (vgl. RETSCHKE 2014; ⏏ www.goerlitz-filmstadt.de).

Dabei kann die Stadt auf eine lange Filmgeschichte zurückblicken: Bereits zu DDR-Zeiten wurden dort zahlreiche Spielfilme gedreht. Nach der Wiedervereinigung hat Görlitz einen wahren Boom als *Location* von deutschen und internationalen Produktionen erlebt – wie z. B. „In 80 Tagen um die Welt", „Inglourious Basterds", „Der Turm" und „Grand Budapest Hotel".

Da die Stadt im Zweiten Weltkrieg kaum zerstört wurde, verfügt sie über einen eindrucksvollen Bestand an Baudenkmalen – mit gut erhaltenen Gebäuden aus der Spätgotik, der Renaissance, dem Barock, dem Jugendstil und der Gründerzeit. Die Regisseure haben dieses städtebauliche Ensemble bislang als Schauplatz für Filmhandlungen genutzt, die in New York, Berlin, Frankfurt, Paris, Heidelberg, München etc. spielen (also für *Runaway Productions*).

Um Filmfirmen anzusprechen, nennt Görlitz auf seiner *Website* weitere Gründe dafür, dass die Stadt eine „coole Filmlocation" ist – u. a. eine freundliche Unterstützung durch die Stadt (z. B. bei der Absperrung von *Sets*, keine Belästigung der Schauspieler), kurze Wege und eine gute Infrastruktur, Erfahrungen mit internationalen Produktionen und die Mitwirkung von Einwohnern als Komparsen.

Anhand der drei Beispiele – Neuseeland, Walensee/Sarganserland/Bündner Herrschaft und Görlitz – wird deutlich, dass eine filmbezogene Markenbildung offensichtlich am besten in Destinationen funktioniert, die bislang auf dem nationalen bzw. internationalen Tourismusmarkt nur einen geringen Bekanntheitsgrad aufweisen bzw. über ein unklares Profil verfügen – also nicht über einzigartige natürliche bzw. kulturelle Attraktionen und damit über endogene *Unique Selling Propositions* (vgl. CROY 2011, S. 162).

3.2.2 Filmtouristische Produktpolitik

Angesichts seines Nischencharakters wird der Filmtourismus von der Mehrzahl der Destinationen nicht zur Markenbildung genutzt, sondern vielmehr zur Erweiterung der bestehenden Produktpalette um ein neuartiges und lukratives Geschäftsfeld. Von den Tourismusorganisationen und -unternehmen sind dabei bislang folgende filmtouristische Angebote entwickelt worden, um das touristische Potenzial von Spielfilmen sowie TV-Serien in Wert zu setzen und *Post-Production*-Effekte zu erzielen:

▥ *Marker*, *Movie Maps* und *Apps*,
▥ *On Location*-Touren und Pauschalreisen zu Drehorten,
▥ Erhalt und Nachbau von Filmsets,
▥ *Merchandising*-Produkte und Souvenirs,
▥ themenspezifische Unterkunfts- und Pauschalangebote in Destinationen.

Diese Maßnahmen sollen im Folgenden anhand von Beispielen aus der touristischen Praxis erläutert werden.

3.2.2.1   *Marker, Movie Maps* und *Apps*

Als Ortsfremde sind Touristen immer auf Informationen angewiesen, um sich generell in der Destination zu orientieren, die Sehenswürdigkeiten zu finden und mehr darüber zu erfahren. Dazu werden im Filmtourismus – wie im Besichtigungs- und Kulturtourismus – schriftliche und elektronische Informationssysteme eingesetzt: Hinweisschilder, Informationstafeln, Karten und *Applications* für Smartphones (vgl. STEINECKE 2013a, S. 98).

Die einfachste Form der Information sind *Marker* – also Hinweistafeln an den Drehorten. Diese Art der Beschilderung kann zum einen in Form von klassischen Wegweisern erfolgen – wie z. B. bei dem *Marker* zum Film „If You Are the One 2" auf der „Chinesischen Mauer" bei Mutianyu (vgl. Abb. 27).

Abb. 27: Hinweisschilder auf Drehorte zählen zu den typischen Formen der filmtouristischen Produkt- bzw. Kommunikationspolitik – wie z. B. dieser *Marker* auf der „Chinesischen Mauer" bei Mutianyu, der auf einen Schauplatz der erfolgreichen romantischen Liebeskomödie „If You Are the One 2" verweist.

Zum anderen kommen aufwändig gestaltete Plaketten zum Einsatz, um *Locations* zu markieren und weitere Informationen zu vermitteln: In North Wales wurden z. B. solche *Marker* an zahlreichen Gebäuden angebracht, wo sie an die reiche Filmgeschichte der Region erinnern. Auf der Grundlage dieser Drehorte ist der „North Wales Film & Television Trail" konzipiert worden – eine *Self-Guided-Tour* für Filmtouristen (⌁ www.caemawr.com).

Ein weitere Möglichkeit der filmtouristischen Information sind *Movie Maps,* auf denen Drehorte und Schauplätze verzeichnet sind; häufig enthalten die Karten auch weitere Angaben – z. B. zur Entstehungsgeschichte der Filme sowie zur Handlung und zu den Mitwirkenden (vgl. IRSARA 2011 zur exemplarischen Konzeption einer *Movie Map).*

Vorreiter bei der Konzeption von *Movie Maps* war die nationale Tourismusorganisation „VisitBritain", die bereits im Jahr 1996 – in Zusammenarbeit mit „Vauxhall Motors" – eine entsprechende Karte mit Hinweisen auf 200 Drehorte von Spielfilmen bzw. TV-Serien herausgegeben hat; diese Publikation stieß auf eine unerwartet große öffentliche Resonanz (vgl. BUSBY/KLUG 2001, S. 323–324; HUDSON/RITCHIE 2006a, S. 259).

In Deutschland hat z. B. die „Hunsrück-Touristik GmbH" hat eine üppig illustrierte Broschüre zu den *Locations* und Schauplätzen der „Heimat"-Spielfilme von Edgar Reitz herausgegeben (vgl. Abb. 28). Auch von der städtischen Tourismusorganisation „Münster Marketing" wurde ein Krimiführer mit einem Stadtplan sowie Bildern und kurzen Texten zu den Schauplätzen der beiden Krimireihen „Wilsberg" und „Tatort" veröffentlicht (⌁ www.muenster.de/stadt/tourismus/pdf/krimifuehrer.pdf).

Abb. 28: Der Regisseur Edgar Reitz hat seine berühmte Filmtrilogie „Heimat" (1984–2004) und den Film „Die andere Heimat – Chronik einer Sehnsucht" (2012) an Schauplätzen im Hunsrück gedreht. Von der „Hunsrück-Touristik GmbH" wird dieses filmtouristische Potenzial auf vielfältige Weise genutzt – u. a. durch eine spezielle „Heimat"-Fanpage und eine Broschüre mit Informationen zu den *Locations*.

Mit der massenhaften Verbreitung von Smartphones nutzen immer mehr Destinationen und Unternehmen auch *Applications*, um Filmtouristen über Drehorte und Schauplätze zu informieren. Dabei handelt es sich um mobile elektronische Formen von *Movie Maps,* mit deren Hilfe sich die Filmtouristen im Zielgebiet orientieren können.

✻ Regionale und lokale *Movie Maps*

Movie Maps gehören (in analogen bzw. digitalen Versionen) inzwischen zum Standardrepertoire der filmtouristischen Produktpolitik – wie die folgende exemplarische Zusammenstellung deutlich macht:

- Bayern: ↺ www.bayern.by/filmkulisse-bayern,
- Tirol: ↺ www.cinetirol.com/de/cinetirol-moviemap,
- Bath: ↺ www. visitbath.co.uk [Film Trail],
- Großbritannien: ↺ www.bbc.co.uk/arts/filmmap,
- London: ↺ filmlondon.org.uk/maps/movie_maps,
- Nordirland: ↺ www.discovernorthernireland.com/gameofthrones,
- North Wales: ↺ www.moviemapnorthwales.co.uk,
- Schottland: ↺ www.scotlandthemovie.com,
- Andalusien (Spanien): ↺ www.andaluciafilm.com [Great Route Film],
- Irland: ↺ www.madeinireland.irishfilmboard.ie,
- Stockholm: ↺ www.visitstockholm.com [Millenium Movie Map],
- Vicenza (Italien): ↺ www.vicenzae.org/de/film-tourismus/cinemap,
- Ystad (Schweden): ↺ www.wallander.ystad.se,
- New Mexico (USA): ↺ www.newmexico.org/true-film.

Experten gehen davon aus, dass künftig *visuelle Wearable Electronics* eine immer größere Bedeutung erlangen werden (z. B. Datenbrillen wie *Google Glass*); damit haben Filmtouristen die Möglichkeit, an den Drehorten noch einmal einzelne Szenen der Filme anzuschauen und erneut in die fiktive Handlung einzutauchen (vgl. CESARE/SALANDRA 2015, S. 13; LAVARONE u. a. 2015).

✳ *Applications* zum Filmtourismus

Neben *Markern* und *Movie Maps* können Destinationen auch *Apps* als filmtouristische Informationsmittel für Besucher (aber auch Produzenten) einsetzen – wie die folgenden Beispiele zeigen:

- „Planet Film" (Obsidian Arts Limited),
- „Bollywood in Britain" (Hungama Digital Media Entertainment Pvt.
  Ltd.),
- „Iceland Film Locations" (Locatify),
- „London Movie Guide" (hcetech),
- „Poland Film Location and Production Guide" (Polish Tourist
  Organisation),
- „Filmtourismus – Touren auf den Spuren von Drehorten und
  Filmkulissen in Friaul-Julisch Venetien" (Divulgando Srl),
- „Movies Filmed in Chicago" (Sagamore Apps, Inc.),
- „Movie Tours: Portland Oregon" (Audama Software, Inc.),
- „SantaFeFilms Guide – Movie & Book Lovers Guide to
  NM Locations" (Sutro Media).

3.2.2.2   *On Location*-Touren und Pauschalreisen zu Drehorten

Um das Orientierungs- und Wissensbedürfnis der Filmtouristen zu befriedigen,
wird das Angebot der schriftlichen und elektronischen Informationen in den
Destinationen zumeist noch um themenspezifische Gästeführungen bzw. Stadtrundfahrten ergänzt. Das breite Spektrum entsprechender Touren soll im Folgenden anhand einiger Beispiele erläutert werden:

▓ Die weitläufige Hotelanlage „Terranea Resort" in Rancho Palos Verdes (Kalifornien) war Drehort zahlreicher Spielfilme und TV-Serien – u. a. „Con Air",
„Baywatch", „Pearl Harbour" und „Aviator". Für filminteressierte Gäste bietet das Hotel regelmäßig eine „Looking at Tinseltown Walking Tour" an (vgl.
BECKER 2014).

▓ In Tunesien organisieren lokale Reiseagenturen Ausflüge zu den Drehorten
und Kulissen der „Star Wars"-Filme. Um den Teilnehmern das Gefühl der
Fremde und Ferne zu vermitteln, werden die Touren mit Geländefahrzeugen
durchgeführt. Angesichts der großen Nachfrage musste die Fahrzeugflotte im
Zeitraum 1989–1999 erheblich erweitert werden – von neun auf 150 Jeeps
(vgl. ZIMMERMANN 2003, S. 77).

■ In Neuseeland haben ca. 35 lokale Reiseveranstalter auf die wachsende filmtouristische Nachfrage reagiert, die nach den Filmtrilogien „Der Herr der Ringe"
sowie „Der Hobbit" einsetzte – und den damit verbundenen PR- und Werbemaßnahmen der öffentlichen und privaten Tourismusakteure (→ 3.2.3.1). Das
Spektrum der Touren reicht dabei von kurzen Ausflugsfahrten bis hin zu
zweiwöchigen Reisen; dabei umfasst das Angebot ca. 150 *Locations* (vgl. TZA-
NELLI 2004, S. 31–34; BUCHMANN 2010, S. 78).

✳ Filmtouristische Stadtführungen/-rundfahrten

An zahlreichen Drehorten und Filmschauplatzen werden organisierte Führungen bzw. Rundfahrten angeboten; als Beispiele sind u. a. zu nennen:

■ Berlin: ⌢⌢ www.filmstadt-berlin.de,
■ Kempten: ⌢⌢ www.kempten.de [„Kommissar Kluftinger"],
■ Konstanz: ⌢⌢ www.konstanz-tourismus.de [„Tatort"],
■ Münster: ⌢⌢ www.stadtfuehrungen-in-muenster.de
  [„Wilsberg", „Tatort"],
■ Cong (Irland): ⌢⌢ www.quietman-cong.com/tours,
■ Liverpool: ⌢⌢ www.liverpoolfilmtours.com,
■ London: ⌢⌢ www.britmovietours.com,
■ Paris: ⌢⌢ www.setinparis.com,
■ Söll (Österreich): ⌢⌢ www.wilderkaiser.info [„Bergdoktor"],
■ Ystad (Schweden): ⌢⌢ www2.visitystadosterlen.se,
■ Wien: ⌢⌢ www.viennawalks.com,
■ Albuquerque: ⌢⌢ www.visitalbuquerque.org [„Breaking Bad"],
■ Atlanta: ⌢⌢ www.atlantamovietours.com,
■ Chicago: ⌢⌢ www.chicagofilmtour.com,
■ Hawaii: ⌢⌢ www.robertshawaii.com/kauai/hawaiimovietour.php,
■ Los Angeles: ⌢⌢ hollywoodmovietours.com,
■ New York: ⌢⌢ www.onlocationtours.com,
■ New Orleans: ⌢⌢ www.nolamovies.com,
■ Philadelphia: ⌢⌢ www.moviesitestour.com,
■ San Francisco: ⌢⌢ www.sanfranciscomovietours.com,
■ Savannah: ⌢⌢ www.savannahmovietours.com,
■ Wellington (Neuseeland): ⌢⌢ www.hobbitontours.com.

Um ihre Erfahrungen auszutauschen und ihre Interessen in der Öffentlichkeit zu vertreten, haben sich einige lokale Reiseveranstalter – u. a. auch aus Deutschland – zur „Association of Tours for TV and Movies" (ATTAM) zusammengeschlossen (🖰 www.qa.screentours.com).

Die Motive, Reaktionen und Verhaltensweisen der Teilnehmer an filmtouristischen Stadtrundfahrten und Rundreisen sind in mehreren empirischen Untersuchungen analysiert untersucht worden (zumeist in Form einer teilnehmenden Beobachtung); dazu zählen u. a.:

- eine „Hollywood of the North"-Stadtrundfahrt in Manchester zur Filmgeschichte der Stadt (vgl. SCHOFIELD 1996),
- eine „Manhattan Television Tour" zu *Locations* in New York (vgl. TORCHIN 2002),
- mehrere „Der Herr der Ringe"-Führungen und -Rundreisen in Neuseeland (vgl. CARL/KINDON/SMITH 2007),
- eine „Halloween in Transylvania"-Reise durch Rumänien zum Thema „Dracula" (vgl. LIGHT 2009),
- eine „Harry Potter"-Tour zu Drehorten und Schauplätzen in Großbritannien (vgl. LEE 2012).

Die Ergebnisse dieser Studien machen vor allem deutlich, dass bei der Konzeption und Durchführung derartiger filmtouristischer Angebote die heterogene Struktur der Zielgruppe zu berücksichtigen ist: So sind z. B. die zufälligen und generellen Filmtouristen (wie alle Besichtigungstouristen) vor allem an einer unterhaltsamen und anschaulichen Wissensvermittlung interessiert. Die *Tour Guides* sollten deshalb eine Mischung aus *Hard Facts* (Zahlen, Daten etc.) und *Soft Facts* (Stories, Anekdoten etc.) bieten; außerdem ist der Einsatz von Medien (Karten, Fotos etc.) sinnvoll, um den Teilnehmern einzelne Szenen in Erinnerung zu rufen (vgl. Abb. 29).

Hingegen stellen die speziellen Filmtouristen höhere Anforderung an eine Führung, da sie bereits über detaillierte Kenntnisse des Films verfügen; so haben sie häufig die „*Making of*"-Beiträge gesehen und sich auch anderweitig informiert. Für sie hat der Besuch der Drehorte einen quasi-spirituellen Charakter: Sie wollen dort ihre visuellen Eindrücke verorten und wieder in die fiktive Filmwelt eintauchen. Deshalb müssen die *Tour Guides* nicht nur über ein umfassendes Wissen verfügen, sondern auch als engagierte und aufrichtige *Cultural Broker* zwischen der Realität und dem Narrativ fungieren; dabei können Emotionen eine weitaus wichtigere Rolle spielen als Fakten (vgl. BUCHMANN 2010, S. 83).

Da viele Urlauber über eine breite – auch internationale – Reiseerfahrung verfügen, steigen die Anforderungen an das Angebot ständig. Neben klassischen Formen der Informations- und Wissensvermittlung sollten deshalb künftig auch im Filmtourismus animative Methoden der Gästeführung stärker zum Einsatz kommen, mit denen die Teilnehmer selbst aktiviert und in das Geschehen einbezogen werden (Kostümführungen, Rallyes etc.). Auf diese Weise können die Anbieter speziell jüngere filminteressierte Zielgruppen ansprechen (vgl. OVIEDO-GARCÍA u. a. 2014, S. 15; BAKIEWICZ/LEASK 2014, S. 17–18).

Abb. 29: Führungen zu den Drehorten gehören zu den klassischen Methoden der Informationsvermittlung im Filmtourismus. Um den Teilnehmern die Handlung und die Schauplätze anschaulich in Erinnerung zu rufen, ist dabei der Einsatz von Fotos, Plakaten, Karten etc. erforderlich – wie z. B. bei einer Führung in Meersburg am Bodensee, wo u. a. der Film „Schwabenkinder" gedreht wurde.

Diese methodisch-didaktischen Anforderungen gelten auch für die Pauschalreisen zu Drehorten, die von einigen Reiseveranstaltern angeboten werden:

▪ Bereits in den Jahren 1960 und 1961 hat z. B. die israelische Fluggesellschaft „El Al" zweiwöchige „Exodus Tours" veranstaltet, die zu den Drehorten des Monumentalfilms „Exodus" führten; als *Gimmick* erhielten die Teilnehmer ein Exemplar des gleichnamigen Romans von Leon Uris, der als Vorlage für den Film diente.

- Nach diesem Vorbild sind auch große Reiseveranstalter für einige Jahre in das filmtouristische Geschäft eingestiegen (vgl. PRACHT 2009): So haben z. B. „Dertour" und „TUI" Pauschalangebote mit Drehortbesuchen entwickelt (u. a. zu „Pretty Woman", „James Bond 007: Casino Royal" und „Illuminati"). Bereits vor dem Kinostart von „John Rabe" hat „Thomas Cook" im Jahr 2008 Sonderreisen zu den Originalschauplätzen des Films in Shanghai und Nanjing veranstaltet.

- Gegenwärtig bieten zahlreiche deutsche Busveranstalter mehrtägige Touren an, die zu Schauplätzen der Romane und Filme von Rosamunde Pilcher und Inga Lindström führen, und über die *Website* des Konsumgüter- und Einzelhandelsunternehmen „Tchibo" können Filmfans mehrere Reisen zu Drehorten in London, München, Münster etc. online buchen (⌂ reisen.tchibo.de).

- In Großbritannien organisiert der Reiseveranstalter „P and P Tours" Reisen zu *Locations* der Romanverfilmungen von Jane Austen („Stolz und Vorurteil", „Persuasion", „Sinn und Sinnlichkeit" etc.) und auch zu Drehorten der TV-Serie „Downton Abbey" (⌂ www.pandptours.co.uk).

✳ Eine Luxusreise zu Filmdrehorten

„Eine britische Firma bietet Menschen, die es sich leisten können, eine einmalige Weltreise zu 20 Drehorten in zehn Ländern. [...]

Drei Monate muss man sich für den 198.000 Pfund teuren Trip rund um die Welt des Films und der Stars Zeit nehmen, denn so lange sind die Reisenden unterwegs. [...]

Die Tour startet in New York bei Katz's Deli, wo Sally einen mehr oder weniger überzeugenden Orgasmus vorgespielt hat. Ein weiterer Fixpunkt in New York ist Tiffany's aus dem Film mit Audrey Hepburn in der Hauptrolle aus dem Jahr 1961.

Es geht weiter nach Italien, Peru, Jordanien und Thailand, wo die Reisenden die Insel Ko Phi Phi Leh aus dem Film „The Beach" mit Leonardo DiCaprio aus dem Jahr 2000 besuchen.

Nach Abstechern nach London, Frankreich, Japan und China endet der Trip nach drei Monaten in Sydney, Australien, wo die Reisenden in die Matrix eintauchen" (⌂ www.derstandard.at; 02.06.2014).

3.2.2.3   Erhalt und Nachbau von Filmsets

An den Drehorten spielen die Original-*Sets* für die Besucher eine besonders wichtige Rolle – nicht nur als reale filmtouristische Sehenswürdigkeiten, sondern auch als potenzielle Schauplätze für ein *Reenactment* eindrucksvoller Szenen.

Anhand einiger Beispiele sollen die unterschiedlichen Formen des touristischen Umgangs mit Kulissen und Drehorten verdeutlich werden; sie reichen vom einfachen Erhalt über eine nachträgliche Rekonstruktion bis hin zu einer umfassenden Erweiterung – z. B. durch den Bau von Restaurants, Unterhaltungseinrichtungen etc. sowie durch Veranstaltungen, Events etc.

Abb. 30: Am bayerischen Walchensee wurden die beiden Spielfilme „Wickie und die starken Männer" sowie „Wickie auf großer Fahrt" gedreht. Mit dem Kulissendorf „Flake" hat die Gemeinde Kochel am See eine dauerhafte Attraktion geschaffen – speziell für Tagesausflügler und Urlauber mit Kindern.

▪ Ein Beispiel für den Erhalt einer Filmkulisse ist das Wikingerdorf „Flake", das im Sommer 2008 bzw. im Sommer 2010 für die beiden Filme „Wickie und die starken Männer" bzw. „Wickie auf großer Fahrt" errichtet wurde. Bereits die Dreharbeiten stießen in der Region auf enormes Interesse: An Wochentagen kamen 400 bis 800 Schaulustige, an den Wochenenden sogar mehr als 2.000 Filmfans. Die Gemeinde Kochel am See nutzt diese große

Popularität: Nach dem Ende der Produktion erwarb sie einige der zwölf Holzhäuser mit den charakteristischen Drachenköpfen und ließ sie an anderer Stelle als (kostenlose) Besucherattraktion wieder errichten. In dem Filmkulissendorf werden in den Sommermonaten regelmäßig Erlebnisführungen angeboten; außerdem findet dort einmal jährlich ein Wikingermarkt statt (⌂ www.bullybase.de; Abb. 30).

▪ Als Beispiel für die Rekonstruktion (und behutsame Erweiterung) von Filmkulissen ist das fiktive Dorf Hobbiton zu nennen, das ursprünglich für die Dreharbeiten der beiden Filmtrilogien „Der Herr der Ringe" und „Der Hobbit" auf dem Gelände einer neuseeländischen Farm errichtet wurde. Inzwischen dienen die rekonstruierten Gebäude als Sehenswürdigkeit, die jährlich von mehr als 250.000 Gästen besichtigt wird: „Bis auf einige Kleinigkeiten, oder besser gesagt, Jackson-Besonderheiten, ist alles filmecht nachgemacht," erklärt der Manager [...]. „Ein paar der Apfelbäume wurden für den Film zu Pflaumenbäumen umfunktioniert und die knorrige Eiche auf Bilbo Beutlins-Hobbit-Hügel ist ‚Made in Korea', d. h. der gesamte Baum ist einer Original-Eiche nachempfunden, inklusive tausender grüner Plastik-Blätter". Um die Attraktivität zu erhöhen, wurde das Dorf außerdem um eine funktionsfähige Wassermühle und das Gasthaus „Zum Grünen Drachen" erweitert, in dem selbstgebrautes „Hobbit"-Bier, Apfel-Wein und hausgemachte Speisen serviert werden (vgl. RAUCHHAUPT 2013; SINGH/BEST 2004 mit einer Studie zu den Merkmalen und Motiven der Besucher; ⌂ www.neuseeland-news.com).

▪ Beispiele für die Integration von Filmkulissen in thematische Besucherattraktionen sind in der Wüste von Tabernas (Andalusien) zu finden; dort entstanden bereits in den 1960er-Jahren mehrere Monumentalfilme – u. a. „König der Könige", „Lawrence von Arabien" und „Cleopatra". Außerdem nutzte der italienische Regisseur Sergio Leone die karge Landschaft für Dreharbeiten von *Spaghetti Western* wie z. B. „Für eine Handvoll Dollar", „Für ein paar Dollar mehr", „Zwei glorreiche Halunken" sowie „Spiel mir das Lied vom Tod". Speziell die Kulissen dieser Westernfilme dienen bis in die Gegenwart als Attraktionen kleiner Themenparks, die darüber hinaus ein themenspezifisches Programm mit *Stunt Shows*, Kutschfahrten, Ausritten etc. anbieten: In der Nähe von Almería gibt es u. a. „Oasys MiniHollywood", „Fort Bravo/Texas Hollywood" und den „Western Leone"-Park. Allerdings wird das filmtouristische Potenzial von den Betreibern bislang nur unzureichend genutzt: So beschweren sich z. B. die ausländischen *User* der Bewertungsplattform *TripAdvisor* darüber, dass die Protagonisten der *Stunt Shows* ausschließlich Spanisch sprechen; auch die *Websites* der Parks enthalten keine fremdsprachigen Informationen (vgl. MEYER 2011a).

✴ Filmkulissen als archäologisches Forschungsobjekt

Während sich zahlreiche Destinationen darum bemühen, Filmkulissen zu erhalten und touristisch zu erschließen, sind sie in Kalifornien sogar zum Gegenstand archäologischer Forschungen geworden. In den weitläufigen Dünen von Nipomo (nördlich von Los Angeles) drehte Cecil B. DeMille im Jahr 1923 den Monumentalfilm „Die zehn Gebote", der als erster *Blockbuster* der Filmgeschichte gilt.

Dazu ließ er von 1.600 Handwerkern eine gewaltige Kulissenstadt errichten – u. a. mit Stadttoren und einer gigantischen Tempelanlage. Angesichts der hohen Kosten für diese Bauten, aber auch für 2.500 Darsteller und 3.000 Tiere stand am Ende der Dreharbeiten kein Budget mehr für den Abriss der Kulissen zur Verfügung. Aus Angst, dass andere Regisseure die *Location* für billigere Produktionen nutzen würden, wurde die „altägyptische Scheinstadt" von Bulldozern unter dem Dünensand begraben.

Abb. 31: Ausstellung von Kulissenrelikten des Films „Die zehn Gebote" im „Guadalupe-Nipomo Dunes Center" (Kalifornien)

In seiner Autobiographie schrieb DeMille: „Wenn in 1000 Jahren Archäologen im Sand von Guadalupe graben, dann – hoffe ich – publizieren sie nicht überstürzt die erstaunlichen Neuigkeiten, dass die ägyptische Zivilisation sich bis an die Pazifikküste Nordamerikas erstreckte." Diese Befürchtung erwies sich als unberechtigt, doch die Archäologen interessierten sich weitaus früher für die Kulissen: Bereits in den 1990er-Jahren unternahmen historisch interessierte Gruppen erste Grabungen, die später von professionellen Unternehmen fortgesetzt wurden.

Inzwischen gibt es im „Guadalupe-Nipomo Dunes Center" eine umfangreiche Ausstellung, in der neben fragilen Filmrelikten (z. B. dem Körper und Kopf einer Sphinx) auch Exponate aus der Zeltstadt präsentiert werden, in der die Handwerker während der Bauarbeiten gewohnt haben (vgl. FRANZ 2010; LESLIE 2015; ⌐⊕ www.lostcitydemille.com).

Abb. 32: Mit der aufwändigen Multimedia-Einrichtung „Bond World 007" erinnert die schweizerische „Schilthornbahn AG" an die Dreharbeiten des James Bond-Films „Im Geheimdienst Ihrer Majestät" im Winter 1968/69. Zu den Attraktionen gehören u. a. ein Hubschrauber- und ein Bob-Simulator, in denen die Besucher einige Szenen des Films hautnah nacherleben können.

▦ Eine umfassende Erweiterung einer Filmkulisse hat auf dem schweizerischen Schilthorn in 2.970 Meter Höhe stattgefunden: In dem 360°-Drehrestaurant „Piz Gloria" der Bergstation wurde im Winter 1968/69 eine Szene des James Bond-Films „Im Geheimdienst Ihrer Majestät" gedreht (vgl. SIEHL 2010, S. 230–241). „Dieses Thema wollen wir spürbar beleben und ausbauen" – so beschrieb Christoph Eggert, der Chef der „Schilthornbahn", seine Zielsetzung beim Bau der interaktiven Erlebniswelt „Bond World 007". Bereits in den ersten zwölf Monaten nach der Eröffnung im Jahr 2013 konnte die

High-Tech-Attraktion mehr als 200.000 Besucher verzeichnen. Auf einem Rundgang erhalten die Gäste Informationen über die Dreharbeiten (u. a. wird das Originaldrehbuch präsentiert), in einem Kino werden Filmausschnitte gezeigt und ein Hubschrauber- sowie ein Bob-Simulator bieten den Gästen die Möglichkeit, einige Filmszenen hautnah nachzuerleben. Zur thematischen Inszenierung gehören auch ein „James Bond 007"-Frühstücksbüffet und ein speziell kreierter „007-Burger", die im Gipfelrestaurant serviert werden. Aufgrund ihres professionellen Marketings wurden die „Bond World 007" und der gläserne *Sky Walk* im Jahr 2014 für den schweizerischen „Milestone-Tourismuspreis" nominiert (⌁ www.schilthorn.ch; Abb. 32).

3.2.2.4   *Merchandising*-Produkte und Souvenirs

Geschäfte ansehen und einen Einkaufsbummel machen – diese Beschäftigungen gehören bei den Bundesbürgern zu den beliebtesten Urlaubsaktivitäten (nach Ausflügen in die Umgebung und dem Genuss landestypischer Spezialitäten). Speziell der Kauf von Souvenirs bietet ihnen die Möglichkeit, den flüchtigen Eindrücken und Erlebnissen während der „schönsten Wochen des Jahres" eine Dauerhaftigkeit zu verschaffen: Ein solches Mitbringsel ist „Symbol von Urlaub und Reise, Symbol eines temporären Eskapismus, Symbol eigener Er-Fahrung der Welt, Dokument eigener Geschichtlichkeit" (THURNER 1995, S. 118).

Durch die Produktion und den Verkauf themenspezifischer *Merchandising*-Produkte und Souvenirs können Unternehmen und Tourismusorganisation nicht nur diese Wünsche der Nachfrager erfüllen, sondern auch für Erinnerungsstücke sorgen, die in der Heimat der Urlauber für Gesprächsstoff sorgen und bei Freunden, Bekannten, Verwandten etc. das Interesse an der Destination wecken. Für die Konzeption und Gestaltung solcher Artikel gelten einige allgemeine Rahmenbedingungen des touristischen Konsums (vgl. GURKE 2004):

▦ Unmittelbarer Bedarf der Konsumenten: Nach der Besichtigung von Drehorten und Schauplätzen besteht bei vielen Besuchern der direkte Wunsch, ein typisches Produkt zu erwerben, das sie an den erlebnisreichen Tag erinnert bzw. das sie als Geschenk mit nach Hause nehmen können.

▦ Impulscharakter des Konsums: In der Regel handelt es sich um spontane Kaufentscheidungen, da die filmtouristischen Attraktionen nicht mit der Absicht aufgesucht werden, dort einzukaufen. Die Artikel sollten deshalb einen besonderen und unverwechselbaren Charakter haben, der einen inhaltlichen Bezug zum Drehort bzw. Schauplatz aufweist.

▦ Emotionaler Nutzen für die Käufer: Die Produkte werden in einer Freizeit- bzw. Urlaubssituation erworben, die emotional positiv besetzt ist; deshalb sollten sie Spaß, Freude, Qualität, Prestige etc. symbolisch vermitteln (Design, Materialien etc.).

Positive Beispiele für eine solche kreative (und teilweise ironische) Gestaltung von *Merchandising*-Artikeln und Souvenirs sind vor allem in US-amerikanischen Destinationen zu finden – u. a. in Albuquerque (New Mexico), dem Schauplatz der TV-Serie „Breaking Bad". Findige Unternehmer haben dort eine breite Palette an Produkten entwickelt; dabei nutzen sie zum einen die Popularität der Hauptfiguren Walter „Walt" White und Jesse Pinkman, zum anderen beziehen sie sich in Form bzw. Farbe auf die blauen Kristalle der Droge „Crystal Meth", die von den beiden Protagonisten hergestellt und vertrieben wird (🖰 www.visit-albuquerque.org):

▦ So produziert der „Great Face & Body Eco-Urban Lifestyle Market" eine entsprechende Linie an Badezusätzen; außerdem bietet er eine „Breaking Bad Cooking Class" an, in der die Teilnehmer gemeinsam blaue Bonbons und blaues Badesalz herstellen.

▦ Die örtliche „Marble Brewery" braut zwei themenspezifische Biersorten: „Walt's White Lie" und „Heisenberg's Dark Ale" (in der TV-Serie nutzt Walter White den Namen des Physikers Werner Heisenberg als Decknamen).

▦ Der Süßigkeiten-Shop „The Candy Lady" verkauft „blue ice candy for $ 1 per bag" (vgl. Abb. 33).

Abb. 33: In Albuquerque (New Mexico) haben sich mehrere Geschäftsleute auf die steigende Nachfrage der „Breaking Bad"-Fans nach Souvenirs eingestellt. So bietet z. B. ein Süßwarengeschäft seinen Kunden „Blue Ice Candy" an – eine offensichtlich harmlose Variante der illegalen und gefährlichen Droge „Crystal Meth", um deren Herstellung und Vertrieb es in der TV-Serie geht.

- Der „O'Niell's Pub" bietet einen „Breaking Bad Cocktail" an, der aus Smirnoff Raspberry Vodka, Zitronenlimonade und Blue Curaçao besteht – „finished with a crystal blue sugar rim".

Als besonders erfolgreiches *Merchandising*-Projekt gilt das *„Expanded Universe"*, das der Regisseur George Lucas rund um die sechs „Star Wars"-Filme (1977–2005) konzipiert hat. Bei diesem „Erweiterten Universum" handelt es sich um mehrere Dutzend Video- und Computerspiele, nahezu 300 Romane und 900 Comics. Für die Lizenzierung der Produkte mussten sich die Hersteller an einen vorgegebenen Kanon von Inhalten halten; auf diese Weise sollte die konzeptionelle Stringenz der „Star Wars"-Saga gewährleistet werden (erst im Jahr 2014 kam es zu einer Lockerung dieser Regel).

Von den Produktionsfirmen war das enorme Marktpotenzial der „Star Wars"-Filme zunächst falsch eingeschätzt worden: Sie vergaben sämtliche *Merchandising*-Rechte an den Regisseur, der als Gegenleistung auf seine Gage beim ersten „Star Wars"-Film verzichtete. Insgesamt erwirtschafteten die Filme durch die Einspielergebnisse und das *Merchandising* Gesamteinnahmen in Höhe von ca. 22 Milliarden Euro; damit gilt die „Star Wars"-Geschichte weltweit als bislang erfolgreichstes Filmprojekt (vgl. ESCHER/RIEMPP/WÜST 2008, S. 45; SCHERING 2014; → 2.2.3).

3.2.2.5   Filmtouristische Angebote in Destinationen

Ein einzelner Filmschauplatz mag zwar für Drehorttouristen von großem Interesse sein; für die weitaus größere Gruppe der Filmtouristen (bzw. der Urlauber generell) bedarf es aber einer kritischen Masse an Sehenswürdigkeiten, um die Reiseentscheidung für eine Destination zu beeinflussen bzw. die Aufenthaltsdauer vor Ort zu erhöhen.

Generell erwarten die reiseerfahrenen und anspruchsvollen Konsumenten im Urlaub eine Büfett-Situation mit einem breiten Spektrum an Produkten, aus dem sie sich ihr eigenes Programm zusammenstellen können. Aus diesem Grund sollte eine Destination Management Organisation – gemeinsam mit den Partnern der Tourismusbranche – eine vielfältige filmtouristische Produktpalette entwickeln und die einzelnen Attraktionen durch entsprechende Kommunikationsmaßnahmen bündeln. Auf diese Weise können die lokalen und regionalen Akteure attraktive „Filmwelten" schaffen – und sich damit auch im Wettbewerb mit den kommerziellen Themenparks behaupten (→ 5.3).

Anhand einiger Beispiele soll diese Strategie der Bildung filmtouristischer *Cluster* im Folgenden erläutert werden.

Die Stadt Salzburg und das Salzburger Land waren Schauplätze des US-amerikanischen Spielfilms „Sound of Music", der im Jahr 1965 auf der Basis des gleichnamigen Musicals von Richard Rodgers und Oscar Hammerstein gedreht wurde. Der mehrfach Oscar-prämierte Film erreichte weltweit ein Publikum von ca. 1,2 Milliarden Zuschauern – speziell in englischsprachigen und asiatischen Ländern, in denen er bis in die Gegenwart das touristische Image Österreichs prägt (viele ausländische Besucher halten z. B. das Lied „Edelweiß" für die österreichische Nationalhymne).

Abb. 34: In der Stadt Salzburg wird die Popularität des Musicals und Films „Sound of Music" auch fünfzig Jahre nach der Premiere noch auf vielfältige Weise touristisch genutzt – u. a. mit Busrundfahrten, bei denen die Teilnehmer zum Mitsingen der bekannten Melodien aufgefordert werden.

Trotz gewisser Vorbehalte hinsichtlich der klischeeartigen Darstellung hat sich in der Stadt Salzburg inzwischen ein umfangreiches Angebot zum Film „Sound of Music" entwickelt; es umfasst u. a. (vgl. IM/CHON 2008):

- eine *Movie Map* für eine *Self-Guided-Tour* – mit Informationen zu den *Locations* und ihrer Rolle im Film,
- zahlreiche „Sound of Music"-Rundfahrten zu den Originalfilmschauplätzen (vgl. Abb. 34),
- regelmäßige Aufführungen des Musicals „Sound of Music" im Salzburger Landestheater sowie im Salzburger Marionettentheater.

Die österreichische Tourismusdestination Wilder Kaiser (mit den Orten Ellmau, Going, Scheffau und Söll) nutzt die Popularität der TV-Serie „Der Bergdoktor", die in der Region gedreht wurde und vom „Zweiten Deutschen Fernsehen" (ZDF) sowie dem „Österreichischen Rundfunk" (ORF 2) ausgestrahlt wird.

Aus Sicht von Kritikern gelten die Geschichten als „alpenidyllisch, klischeehaft, kitschig, unfreiwillig komisch" (HIEBER 2011); zugleich scheinen sie damit jedoch ein grundsätzliches „Sentimentalitätsbedürfnis" des TV-Publikums zu erfüllen: Mit mehr als fünf Millionen Zuschauern pro Episode und einem Marktanteil von über 17 Prozent (im ZDF) hat sich die Serie inzwischen zu einem Quotenhit entwickelt. Seit 2008 sind 91 Episoden in sieben Staffeln gezeigt worden; gegenwärtig wird die achte Staffel gedreht.

Inzwischen hat der „Tourismusverband Wilder Kaiser" die alpine Destination als „Bergdoktor-Region" positioniert: Unter dem Motto „Urlaubswoche wie im Film" werden z. B. im Frühling und Herbst die „Bergdoktor-Wochen" organisiert – mit Rundfahrten und Wanderungen zu den Schauplätzen sowie einem „Bergdoktor-Fantag", an dem auch Schauspieler der TV-Serie teilnehmen (vgl. MOSER/HASELSBERGER 2014, S. 87; Abb. 35).

Abb. 35: Rund um die erfolgreiche TV-Serie „Der Bergdoktor" hat der österreichische „Tourismusverband Wilder Kaiser" ein breites Spektrum von filmtouristischen Angeboten entwickelt; dazu zählt u. a. der „Bergdoktor-Fantag", zu dem der Hauptdarsteller Hans Sigl im Juni 2014 Hunderte von Fans in Ellmau (Tirol) begrüßen konnte.

Aufgrund seiner innovativen Projekte wurde der „Tourismusverband Wilder Kaiser" im Jahr 2013 mit dem Tourismuspreis „Tirol Touristica" ausgezeichnet. Die Jury bezeichnete sie als perfekte Beispiele einer „gelungenen filmtouristischen Nutzung in hoher Qualität und einzigartig in Tirol"; außerdem würdigte sie die Tatsache, dass die „Bergdoktor-Wochen", an der jeweils Hunderte von Fans teilnehmen, in der Region zu einer deutlichen Belebung der Nebensaison führen (⌒ www.tirol.orf.at/news/stories/2589179).

✳ Schaffung filmtouristischer *Cluster* – Peter Pan in London

Die kommunale Tourismusorganisation „VisitLondon" hat vor einigen Jahren ein „Peter Pan Concept" entwickelt, mit dem sie vor allem Familienurlauber anspricht. Für diese Zielgruppe wurde eine Reihe von Angeboten konzipiert, bei denen Peter Pan – die berühmte Hauptfigur der Romane von James Matthew Barrie (1860–1937) – im Mittelpunkt steht (die Geschichten waren auch Gegenstand zahlreicher Trick- und Realfilme).

Zu den Attraktionen dieses filmtouristischen *Clusters* gehören u. a. (vgl. FilmFyn 2011, S. 17):

- das „Peter Pan Café" im Great Ormond Street Hospital, in dem Memorabilien des Films ausgestellt sind; vor dem Eingang stehen Bronzestatuen von Peter Pan und Tinkerbell (das Kinderkrankenhaus hatte im Jahr 1929 von dem Schriftsteller das Copyright aller Peter Pan-Werke erhalten);

- ein Peter Pan-Theaterstück, das regelmäßig im „Regent's Park Open Air Theatre" aufgeführt wird;

- der „London Zoo" generell und speziell die Krokodile, die in den Peter Pan-Geschichten eine zentrale Rolle spielen;

- eine Führung zu den Schauplätzen des Films „Wenn Träume fliegen lernen" in Kensington Gardens, der sich mit der Entstehungsgeschichte der Peter Pan-Romane beschäftigt (durch den Besuch der Parkanlage war J. M. Barrie zu den Romanen inspiriert worden);

- der „Peter Pan Cup" – ein Schwimmwettbewerb, der alljährlich im Dezember (!) unter den Mitgliedern des „Serpentine Swimming Club" im Hyde Park ausgetragen wird (der Schriftsteller hatte diesen Preis gestiftet).

3.2.2.6   Filmtouristische Angebote des Gastgewerbes

Generell zählen Hotels und Restaurants zu den zentralen Leistungsträgern der Tourismusbranche. In manchen Fällen verfügen sie auch über ein filmtouristisches Potenzial – entweder als Drehorte von Spielfilmen und TV-Serien oder als Übernachtungs- bzw. Verpflegungseinrichtungen, in denen Filmstars zu Gast waren (→ 5.1).

Weltweit haben zahlreiche gastgewerbliche Betriebe diese Chance genutzt und kreative filmtouristische Angebote entwickelt – wie die folgenden Beispiele deutlich machen:

▦ Die „Leading Hotels of the World" – eine internationale Allianz von Luxushotels, Resorts und Spas mit mehr als 400 Mitgliedern – stellen auf ihrer *Website* 85 Hotels vor, die in den letzten Jahrzehnten Schauplätze berühmter Filme waren. Die *User* erhalten Informationen zur Story des Films, zur Rolle des Hotels im Film sowie Besuchertipps und Angaben zum Hotel (↺ www.lhw.com/InTheMovies).

▦ Im luxuriösen „Isle of Eriska Hotel" in Schottland gibt es seit 2013 ein „James Bond Package" – inklusive eines Aston Martin DB9 als Mietwagen, einer Besichtigung von Drehorten, einer „Martini Cocktail Masterclass" und eines privaten *Speed Boat*, mit dem Ausflugsfahrten zur Isle of Mull unternommen werden können – „guaranteed to leave the guest shaken, not stirred" (SHEARING 2013).

▦ Highclere Castle (Hampshire) war u. a. einer der Schauplätze des Films „Eyes Wide Shut" und der populären britischen TV-Serie „Downton Abbey", deren (bislang) fünf Staffeln weltweit von ca. 120 Millionen Zuschauern gesehen wurden. Die Besitzer nutzen diese enorme Popularität zum einen in Form von Führungen und speziellen Events; zum anderen haben sie das eindrucksvolle Eingangsgebäude – die London Lodge – in zwei Ferienwohnungen umgewandelt. Die Nachfrage nach diesem Angebot ist so groß, dass die Lodge bereits im Frühjahr 2015 für das gesamte Jahr ausgebucht war (↺ www.highclerecastle.co.uk).

✳ **Pauschalangebot „Rote Rosen" im Hotel „Bergström"**
in Lüneburg

Das Hotel „Bergström" in Lüneburg ist einer der Schauplätze der beliebten Telenovela „Rote Rosen", die seit 2006 werktags um 14.10 Uhr in der ARD ausgestrahlt wird; gegenwärtig werden die Folgen 1.000–1.400 produziert. Die tägliche Zuschauerzahl beläuft sich auf ca. 1,7 Millionen (↺ www.rote-rosen.tv).

Die *Locations* in Lüneburg haben sich inzwischen zu populären Besucher-attraktionen entwickelt: So bietet z. B. der „Verein der Lüneburger Stadt-führer" regelmäßig die Erlebnisführung „Rote Rosen in Lüneburg" an.

Darüber hinaus hat das Hotel „Bergström" (im Film als „Drei Könige" bezeichnet) ein spezielles Pauschalangebot für Filmtouristen entwickelt, das folgende Leistungen umfasst (⌂ www.bergstroem.de):

- Champagner zur Begrüßung,
- zwei Nächte im Superior-Zimmer (inkl. großes Frühstücksbuffet),
- ein „Rote Rosen"-Präsent,
- ein dreigängiges Menü am Anreisetag,
- einen geführten Stadtrundgang bzw. einen Museumsbesuch,
- die Nutzung des Spa- und Wellnessbereiches.

3.2.3   Filmtouristische Kommunikationspolitik

Im Wettbewerb um die Aufmerksamkeit der Konsumenten spielt die Kommu-nikationspolitik für die Destination Management Organisationen eine zentrale Rolle. Das Spektrum der entsprechenden Marketing-Instrumente reicht von der allgemeinen PR-Arbeit über die Werbung und die Verkaufsförderung bis hin zur Information vor Ort (vgl. STEINECKE 2013, S. 80–85).

Im Folgenden sollen zwei Bereiche der filmtouristischen Kommunikationspoli-tik exemplarisch dargestellt werden – die Presse- und Öffentlichkeitsarbeit sowie die Werbung.

3.2.3.1   Presse- und Öffentlichkeitsarbeit

Angesichts knapper eigener Budgets können Destination Management Organi-sationen vor allem internationale *Blockbuster* im Rahmen einer *Piggyback*-Strategie dazu nutzen, den Scheinwerfer der weltweiten Aufmerksamkeit auch auf das eigene Zielgebiet zu lenken – denn für diese Filme betreiben bereits die Produk-tionsfirmen einen enormen Marketing-Aufwand (für den *Science Fiction*-Film „Star Wars: Episode VII – Das Erwachen der Macht" beliefen sich z. B. die Marketing-Ausgaben im Jahr 2015 auf ca. 225 Millionen US-Dollar, die Herstel-lungskosten hingegen nur auf 200 Millionen US-Dollar).

In der Vergangenheit haben Neuseeland und speziell die neuseeländische Flug-gesellschaft „Air New Zealand" ein wahres Feuerwerk an Kommunikations-maßnahmen veranstaltet, um das touristische Potenzial der „Der Herr der Ringe"- und der „Der Hobbit"-Filme zu nutzen, die von dem Regisseur Peter Jackson auf der Grundlage der Romane von J. R. R. Tolkien gedreht wurde:

░ Kurz vor der Premiere von „Der Herr der Ringe: Die Gefährten" im Jahr 2001 wurde Pete Hodgson, der im neuseeländischen Kabinett für Energie, Wissenschaft, Forschung und Technologie zuständig war, außerdem zum „Minister for Lord of the Rings" ernannt – „with special responsibility for milking every conceivable economic benefit from it" (BRADDOCK 2002).

Abb. 36: Um weltweit Werbung für Neuseeland als Reiseziel zu machen, hat „Air New Zealand" mehrere Langstreckenflugzeuge mit Motiven aus den „Der Herr der Ringe"- bzw. „Der Hobbit"-Filmen gestalten lassen. Die erfolgreichen Produktionen des Regisseurs Peter Jackson wurden an mehreren Schauplätzen innerhalb des Landes gedreht.

░ Seit dem Erscheinen des ersten Films firmiert „Air New Zealand" in der Werbung als „Official Airline of Middle-Earth". Um Werbung für die Filme zu machen und zugleich an deren Erfolg zu partizipieren, wurden einige Langstreckenmaschinen großflächig mit Filmmotiven lackiert (vgl. Abb. 36). Für die Filmfans hat „Air New Zealand" eine spezielle „Hobbit"-*Website* eingerichtet – mit zahlreichen Videos, Fotos, Pressemitteilungen und aktuellen Informationen (⌂ www.airnzhobbitmedia.com).

░ Außerdem zeigt die Fluggesellschaft in ihren Maschinen originelle und vielbeachtete Sicherheitsvideos, in denen einige Darsteller, aber auch bekannte Filmfiguren wie Zauberer, Elben und Orks den Gebrauch des Sicherheitsgurts und der Rettungswesten auf humorvolle Weise erläutern. Der erste Clip „An Unexpected Briefing" wurde nicht nur an Bord, sondern auch im Internet ein Hit: Bei *YouTube* verzeichnete er mehr als zwölf Millionen Nutzer (vgl. WARNHOLTZ 2014).

░ Die nationale Tourismusorganisation „New Zealand Tourism" vermarktet das Land auf ihrer deutschsprachigen *Website* als „Heimat von Mittelerde":

Filminteressierte Urlauber finden dort u. a. auch ein steuerbares Live-Panorama des Drehorts Hobbiton, Hinweise auf Filmschauplätze sowie Tipps für Reiserouten und Aktivitäten (⌂ www.newzealand.com; www.neuseeland-panorama.de).

▓ Anlässlich der Premiere von „Der Hobbit: Eine unerwartete Reise" (2012) beschloss der Stadtrat von Wellington, die neuseeländische Hauptstadt für eine Woche offiziell in „Middle of Middle-Earth" umzubenennen: „Es ist wichtig, dass wir an diesem Tag nicht nur eine großartige Feier veranstalten, wir wollen Wellington der ganzen Welt auch als Metropole von Kunst und Technologie präsentieren – immerhin werden über hundert Medienunternehmen vor Ort sein", erklärte die Bürgermeisterin Celia Wade-Brown. Darüber hinaus wurde der Pass der ausländischen Besucher bei der Ankunft mit einem speziellen „Hobbit"-Stempel versehen und bei der Abreise erhielten sie am Flughafen einen „Hobbit"-Kofferanhänger (SUNJIC 2012).

An diesem Erfolgsmodell haben sich inzwischen auch andere Länder orientiert – wie z. B. Beispiel Indien, das im Jahr 2013 versucht hat, den weltweiten Erfolg des Abenteuer-Dramas „Life of Pi" im Rahmen der Kommunikationskampagne „Land of Pi" touristisch zu nutzen. Zu den Maßnahmen gehörten u. a. (vgl. SCHWERTFEGER 2013):

▓ Plakatwerbung in den Auslandsvertretungen der nationalen Tourismusorganisation und auf der *Website* „Incredible !ndia";

▓ *Road Shows* in den Quellmärkten China und Taiwan, in denen der Film auf ein besonders großes Interesse stieß;

▓ Führungen an den Drehorten des Films in Puducherry und Munar;

▓ Luxusbusse, die zwischen Chennai, Puducherry, Kochi und Munar verkehrten und mit Motiven des Films lackiert wurden;

▓ ein breites Sortiment an themenspezifischen *Merchandising*-Artikeln.

3.2.3.2   Werbemaßnahmen

Darüber hinaus können Destination Management Organisationen auch auf das klassische Instrumentarium der Werbung zurückgreifen, um das filmtouristische Marktsegment zu bearbeiten – z. B. durch folgende Maßnahmen:

▓ Einsatz von Testimonials: Im Bundesland Oberösterreich wird seit 2005 die TV-Krimiserie „SOKO Donau" bzw. „SOKO Wien" gedreht, die von zahlreichen europäischen Sendern ausgestrahlt wird – u. a. vom „Österreichischen Rundfunk" (ORF) und vom „Zweiten Deutschen Fernsehen" (ZDF). Die einzelnen Folgen der bislang zehn Staffeln erreichen in Österreich ca. 500.000 Zuschauer, im deutschen Vorabendprogramm sogar ca. vier Millionen. Die zuständige Destination Management Organisation „Oberösterreich Tourismus" versucht, an der großen Popularität des Schauspielers Stefan Jürgens zu partizipieren, der in der Serie – als Ermittler Major Carl Ribarski – einer der Hauptakteure ist (vgl. Abb. 37).

Abb. 37: Der Schauspieler Stefan Jürgens spielt eine der Hauptrollen in der erfolgreichen TV-Serie „SOKO Donau" bzw. „SOKO Wien", die u. a. an Schauplätzen in Oberösterreich gedreht wird. Angesichts seines hohen Bekanntheitsgrades ist er auch ein idealer touristischer Werbeträger: In Zusammenarbeit mit der Tourismusorganisation des Bundeslandes tritt er als glaubwürdiger Testimonial für die Destination auf.

Auf ihrer *Website* finden sich zahlreiche Fotos des Darstellers und in Pressemitteilungen werden seine begeisterten Aussagen über die Region als Beleg für die Attraktivität der Drehorte zitiert: „Ob mit der SOKO Donau auf Verbrecherjagd oder mit dem Motorrad am Wochenende durch die herrliche Landschaft [...]. Ich bin oft und gern in Oberösterreich". Außerdem können sich die Akteure auf einer interaktiven *Movie Map* über die Schauplätze der Serien sowie anderer Film- und TV-Produktionen informieren (Oberösterreich Tourismus 2015, S. 2; ⁂ www.oberoesterreich.at/film-land.html).

Fanpostkarten: Die Tiroler Gemeinde Kitzbühel ist Schauplatz der erfolgreichen österreichischen TV-Krimiserie „SOKO Kitzbühel", die seit 2001 im „Österreichischen Rundfunk" (ORF 1) bzw. seit 2003 im „Zweiten Deutschen Fernsehen" (ZDF) gezeigt wird; inzwischen sind 183 Episoden in 14

Staffeln ausgestrahlt worden. Die lokale Tourismusorganisation „Kitzbühel Tourismus" nutzt dieses filmtouristische Potenzial in Form von „SOKO Kitzbühel-Filmtouren". Zur Erinnerung erhalten die Teilnehmer signierte Fanpostkarten der Hauptdarsteller – als persönliches Souvenir sowie als Werbemittel für die Serie und die Destination. Außerdem berichten Mitarbeiter der Tourismusorganisation in einem *Blog* über laufende Dreharbeiten für weitere Folgen der Serie (vgl. Abb. 38; ᐟᵔ blog.kitzbuehel.com).

Abb. 38: In den Sommermonaten veranstaltet die Tiroler Gemeinde Kitzbühel spezielle Gästeführungen zu den Drehorten der populären TV-Serie „SOKO Kitzbühel". Als *Gimmick* erhalten die Teilnehmer signierte Postkarten der Hauptdarsteller; auf diese Weise werden sie nicht nur an dieses besondere Urlaubserlebnis erinnert, sondern dienen auch als (kostenlose) Werbeträger für die Führungen, die Serie und das Zielgebiet.

Social Media: Anlässlich der Premiere des Films „James Bond 007: Spectre" hat der Tourismusort Sölden als eine der *Locations* im Herbst 2015 eine umfangreiche virtuelle Kommunikations- und Werbekampagne gestartet – u. a. via Twitter (#JamesBondSoelden) und mit einer speziellen *Website*, die neben Fotos von den Dreharbeiten auch eine *Social Wall* enthält, auf der die Nutzer ihre Eindrücke und Erlebnisse miteinander teilen können (ᐟᵔ www.andaction.soelden.com/de).

✷ Zusammenfassung

- Destination Management Organisationen steht generell ein breites Spektrum an Marketing-Instrumenten zur Verfügung, um den filmtouristischen Markt zu bearbeiten. Angesichts der großen Reichweite von Spielfilmen erweist sich dabei das *Location Placement* als sinnvolle Maßnahme – also die gezielte Platzierung und Einbindung touristischer Zielgebiete in die Handlung (analog zum bekannten *Product Placement*). Hinsichtlich einer Beeinflussung der Zuschauer ist diese Methode besonders erfolgreich, da Spielfilme vom Publikum als glaubwürdige Informationsquellen wahrgenommen werden.

- Inzwischen versuchen immer mehr Städte, Regionen und Länder, sich als Drehorte von Spielfilmen und TV-Serien zu positionieren. Die finanzielle Förderung und logische Unterstützung der Produktionsfirmen erfolgt mit Hilfe von Filmförderungsfonds und *Film Commissions*; allerdings sollte die Zusammenarbeit mit den Tourismusakteuren künftig intensiviert werden.

- Von den Tourismusorganisationen wird der Filmtourismus zumeist als eine Form des *Special Interest Tourism* betrachtet, mit dem die Produktpalette erweitert werden kann. Nur in wenigen Fällen dienen Drehorte und Schauplätze als zentrale inhaltliche Ankerpunkte einer Markenbildung (*Branding*).

- Da es sich bei Destination Management Organisationen um virtuelle Unternehmen handelt (die überwiegend Leistungen anderer Betriebe koordinieren), konzentrieren sie sich weitgehend auf produkt- und kommunikationspolitische Marketing-Maßnahmen.

- Zentrale Bestandteile der filmtouristischen Produktpolitik sind *Marker*, *Movie Maps* und *Apps*, *On Location*-Touren und Pauschalreisen zu Drehorten, der Erhalt und Nachbau von Filmsets, *Merchandising*-Produkte sowie themenspezifische Unterkunfts-, Verpflegungs- und Pauschalangebote.

- Im Mittelpunkt einer filmtouristischen Kommunikationspolitik steht zum einen eine breite Presse- und Öffentlichkeitsarbeit – bereits während der Dreharbeiten und vor allem nach dem Erscheinen des Films. Zum anderen können Tourismusorganisationen die große Popularität der Schauspieler nutzen (*Testimonials*, Fanpostkarten etc.). Darüber hinaus müssen sie gezielt neue Kommunikationskanäle erschließen; speziell die *Social Media* bieten zahlreiche Möglichkeiten, ein virales Marketing zu betreiben, um den Bekanntheitsgrad von Zielgebieten durch die freiwillige (und damit authentische sowie kostengünstige) Kommunikation der *User* zu steigern.

✳ Weiterführende Lesetipps

BEETON, S. (2006): Film-Induced Tourism, Clevedon/Buffalo/Toronto, S. 67–96 (Aspects of Tourism; 25)

Im vierten Kapitel dieses Studienbuches werden filmtouristische Marketing-Maßnahmen von Destination Management Organisationen anhand von Fallstudien aus Australien, Neuseeland und Großbritannien detailliert erläutert.

CUCCO, M./RICHERI, M. (2011): Film Commissions as a Driver for Economic and Cultural Development. Paper presented at the Fourth Euro-Mediterranean Dialogue on Public Management, Rabat

Auf anschauliche Weise beschreiben die Autoren zunächst die Entstehungsgeschichte und das Aufgabenspektrum von Film Commissions; außerdem analysieren sie die regionalen Effekte öffentlich unterstützter und geförderter Filmproduktionen anhand von zwei italienischen Beispielen (Friaul-Julisch Venetien und Apulien).

4 Welche Wirkungen hat der Filmtourismus?

✳ **Das Kapitel im Überblick**

In diesem Kapitel werden folgende Fragen beantwortet:

- Welche direkten und indirekten touristischen Effekte löst die filmtouristische Nachfrage in einer Destination aus?
- Welche wirtschaftlichen, sozialen und ökologischen Wirkungen hat der Filmtourismus in einer Region?
- Welche besonderen Chancen bietet der Filmtourismus?
- Welche Risiken sind mit dem Filmtourismus verbunden?
- Was sind die Erfolgsfaktoren des Filmtourismus?

Hinsichtlich seiner Wirkungen auf die Zielgebiete wird der Tourismus häufig mit einem Feuer verglichen, das sich sinnvoll zum Wärmen und zum Kochen nutzen lässt – das aber auch außer Kontrolle geraten kann und dann zu einem verheerenden Brand führt. Diese allgemeine Charakterisierung gilt auch für den Filmtourismus: Einerseits löst er positive Effekte aus (z. B. auf die Tourismusbranche und die regionale Wirtschaft), andererseits kann es an stark besuchten Drehorten zu sozialen und ökologischen Belastungen kommen (vgl. Tab. 3).

Bevor diese ambivalenten Wirkungen im Weiteren erläutert werden, ist es sinnvoll, sich zunächst noch einmal die enorme Reichweite und damit auch das touristische Potenzial von Spielfilmen bewusst zu machen: Ein typischer *Blockbuster*, der international gezeigt wird, verzeichnet ca. 100 Millionen Zuschauer – von der Vorführung in den Kinos über den Vertrieb von DVD und *Online Streaming*-Dienste bis hin zur Ausstrahlung im TV. Mit diesem populären Medium wird also ein massenhaftes Publikum erreicht, das bei seiner Reiseentscheidung durch die Bilder der Schauplätze, die Handlung und die Schauspieler beeinflusst werden kann (vgl. HUDSON/RITCHIE 2006a, S. 257).

4.1 Touristische Effekte

Hinsichtlich der Wirkungen des Filmtourismus auf die touristische Entwicklung einer Region lassen sich zwei unterschiedliche Typen von Einflüssen unterscheiden:

positive Effekte des Filmtourismus	negative Effekte des Filmtourismus
steigende Zahl von Tagesausflüglern und Übernachtungsgästen	Verkehrsprobleme (Sperrungen während der Dreharbeiten, Staus, unzureichende Zahl von Parkplätzen etc.)
steigende Einnahmen in Gastronomie, Dienstleistungsbranche, Einzelhandel, Handwerk etc.	generelle Überlastungserscheinungen durch einen unerwarteten Besucher-ansturm (speziell in Dörfern und Kleinstädten)
Wandel bzw. Verbesserung des touristischen Images	sinkende Lebensqualität der Einwohner (u. a. mangelnde Respektierung ihrer Privatsphäre)
wachsendes Interesse der Zuschauer an anderen Ländern und Kulturen	steigende Immobilienpreise und Mieten an den Drehorten und Schauplätzen
Erhalt von historisch bedeutsamen *Locations*	Umweltzerstörungen durch die Dreharbeiten bzw. die Filmtouristen

Tab. 3: In den Zielgebieten löst der Filmtourismus – wie alle anderen Formen der massenhaften touristischen Nachfrage – sowohl positive als auch negative Wirkungen aus. Um seine Stärken zu nutzen und mögliche Belastungen zu minimieren, müssen Tourismusorganisationen dieses Marktsegment mit Hilfe eines strategischen Managements und eines professionellen Marketings bearbeiten.

▨ zum einen tangible (direkte und messbare) wirtschaftliche Effekte – also eine Steigerung der Besucher- und Übernachtungszahl bzw. des Umsatzes in Hotellerie, Gastronomie, Sehenswürdigkeiten etc.;

▨ zum anderen intangible (indirekte) Effekte, die nur mit Hilfe aufwändiger Untersuchungen erfasst werden können – z. B. eine Verbesserung des Images, die Bildung von Netzwerken (Film-*Cluster*) bzw. eine Qualitätssteigerung durch die Zusammenarbeit von Partnern aus unterschiedlichen Branchen.

4.1.1   Steigerung der touristischen Nachfrage

Im langen Vor- bzw. Abspann von Spielfilmen wird deutlich, dass jeweils eine große Zahl von Mitwirkenden an der Produktion beteiligt ist. Bereits während der Dreharbeiten können die *Locations* deshalb touristische Wirkungen verzeichnen: Speziell bei der „*Above-the-line*"-Crew (Produzenten, Regisseur, Kameramann, Toningenieur, Schauspieler etc.) handelt es sich um Ortsfremde, die auf das lokale Übernachtungs- sowie Verpflegungsangebot angewiesen sind. Sie tragen zu einer erheblichen Umsatzsteigerung der Tourismusbranche bei, da sie sich – im Gegensatz zu typischen Geschäftsreisenden – zumeist für einen längeren Zeitraum in der Destination aufhalten (vgl. WARD/O'REGAN 2009, S. 224–225).

Diese Effekte können sogar in der *Pre-Production*-Phase erzielt werden – wie das Beispiel Bregenz deutlich macht: Für den Film „James Bond 007: Ein Quantum Trost", der u. a. auf der spektakulären Seebühne der „Bregenzer Festspiele" spielt, wurden 1.500 Statisten gesucht. Aus aller Welt reisten ca. 5.000 Filmfans an, um an dem dreitägigen *Casting* teilzunehmen; die Aktion sorgte für ausgebuchte Hotels und eine breite Berichterstattung in den Medien (vgl. FELIX 2010, S. 66).

Bei den *Runaway Productions*, in denen die Drehorte und die Schauplätze des Films nicht identisch sind, beschränken sich die touristischen Wirkungen auf die *Production*-Phase: In Budapest werden z. B. jährlich ca. 15 bis 20 internationale Film- und TV-Produktionen gedreht. Allerdings dient die ungarische Hauptstadt zumeist nur als Realkulisse für andere Metropolen – wie in dem *Action*-Film „Stirb langsam – Ein guter Tag zum Sterben", dessen Handlung in Moskau spielt. Aufgrund dieser visuellen Austauschbarkeit haben die lokalen Tourismusakteure keine Möglichkeiten, ein eigenständiges filmtouristisches Profil und Angebotsspektrum zu entwickeln (vgl. IRIMIAS 2015, S. 43).

Hingegen können sich die typischen *On Locations* in der *Post-Production*-Phase als neue filmtouristische Attraktionen positionieren – wie das Beispiel des Films „Crocodile Dundee – Ein Krokodil zum Küssen" deutlich macht: „Her articles are going to put us on the map ... [As a result of her] overseas press coverage we could have thousands of American tourists here and they haven't got anything like this over there." Mit diesen Worten versucht Walter Riley, seinen Freund Michael Dundee in der Komödie davon zu überzeugen, eine amerikanische Journalistin bei ihren Recherchen im australischen Outback zu unterstützen. Diese optimistische Prognose über die touristischen Effekte der Medien traf in der Realität auch für den Abenteuerfilm zu: Er löste einen massiven Ansturm amerikanischer Urlauber in Australien aus (vgl. FROST 2010, S. 707; Abb. 39).

Dabei ist „Crocodile Dundee" nur *ein* Beispiel für die positiven Wirkungen von Spielfilmen und TV-Serien auf die Entwicklung der touristischen Nachfrage. In zahlreichen lokalen, regionalen und nationalen Fallstudien sind diese Effekte umfassend dokumentiert worden (vgl. Tab. 4).

4.1.2   Imageeffekte

Die Prognosen der Welttourismusorganisation (United Nations World Tourism Organization/UNWTO) machen deutlich, dass die Nachfrage im internationalen Tourismus in den kommenden Jahrzehnten weiter steigen wird.

Film	Effekte auf die Drehorte
TV-Serie „Miami Vice" (1984–1989)	Anstieg der Zahl deutscher Besucher in Florida um 150 Prozent (1985–1989)
„Gorillas im Nebel" (Michael Apted; 1988)	Ruanda: Anstieg der Zahl internationaler Ankünfte um 20 Prozent (1988)
„Der mit dem Wolf tanzt" (Kevin Costner; 1990)	Fort Hay (Kansas): Anstieg der Besucherzahl um 25 Prozent (vor der Premiere hingegen nur um sieben Prozent)
„Der letzte Mohikaner" (Michael Mann; 1993)	Chimney Rock Park (North Carolina). Anstieg der Besucherzahl nach der Premiere um 25 Prozent
„Vier Hochzeiten und ein Todesfall" (Mike Newell; 1994)	nach der Premiere war das „Crown Hotel" in Amersham (Buckinghamshire) für drei Jahre ständig ausgebucht
TV-Serie „Stolz und Vorurteil" (Simon Langton; 1995)	Lyme Park (Cheshire): Anstieg der Besucherzahl von 32.852 (1994) auf 91.437 (1995)
„Sinn und Sinnlichkeit" (Ang Lee; 1995)	Saltram House (Devon): Anstieg der Besucherzahl um 39 Prozent
„Der Soldat James Ryan" (Steven Spielberg; 1998)	sprunghafter Anstieg der Zahl von US-amerikanischen Touristen in der Normandie (+ 40 Prozent)
„Troja" (Wolfgang Petersen; 2004)	Çanakkale (Türkei): Anstieg der Besucherzahl um 73 Prozent
„Stolz und Vorurteil" (Joe Wright; 2005)	Steigerung der Besucherzahl an den Drehorten (2006): • Basildon Park Manor House (Berkshire) um 10.000 • Burghley House (Lincolnshire) um 20 Prozent
„The Da Vinci Code – Sakrileg" (Ron Howard; 2006)	Rosslyn Chapel (Schottland): Anstieg der Besucher von 9.500 (2003) auf 139.000 (2006)

Tab. 4: Anhand ausgewählter Beispiele wird deutlich, dass historische Gebäude und eindrucksvolle Landschaften, die als Drehorte von Filmen dienen, häufig eine erhebliche Steigerung der Besucherzahlen verzeichnen können.

Abb. 39: Die international erfolgreiche Filmkomödie „Crocodile Dundee – Ein Krokodil zum Küssen" führte zu einer Steigerung der touristischen Nachfrage im australischen Outback. Ein Hotelier in McKinlay (Queensland) nutzte und förderte diese Popularität, indem er sein Haus nach dem fiktiven Heimatort des Filmhelden in „Walkabout Creek Hotel" umbenannte.

Trotz dieser positiven Perspektiven stehen viele Zielgebiete vor dem Problem, dass sie ein ähnliches (und damit austauschbares) Produktportfolio aufweisen (Baden, Wandern, Radfahren etc.). Deshalb kommt dem Image der Destinationen eine immer größere Bedeutung zu: Sie müssen über ein attraktives Profil verfügen, sich von anderen Anbietern unterscheiden und den Nachfragern ein berechenbares Nutzenversprechen geben (vgl. VIALKOWITSCH 2007, S. 406).

Neben eindrucksvollen Naturdenkmalen wurde bislang vor allem die endogene Kultur als Instrument der Profilbildung benutzt – z. B. in Form historischer Baudenkmale (Kirchen, Klöster, Burgen, Schlösser etc.) und kultureller Events (Musik-, Theater-, Literaturfestivals etc.). Diese Imageelemente sprechen aber nur ein gebildetes Publikum und damit eine relativ kleine Zielgruppe an (Hochkultur bzw. *Elitist oder Fringe Culture*).

Spielfilme und TV-Serien sind hingegen wesentliche Bestandteile der Populärkultur, die für breite – speziell auch untere und mittlere – Schichten der Bevölkerung von Interesse sind und deshalb einen weitaus größeren Einfluss auf das Reiseverhalten haben als die traditionelle Hochkultur (vgl. KIM/RICHARDSON 2003, S. 219; HUDSON/RITCHIE 2006, S. 388; VAGIONIS/LOUMIOTI 2011, S. 355).

In einem Interview hat die britische Erfolgsautorin Rosamunde Pilcher diese Wirkungen und auch ihr Lese- und TV-Publikum zutreffend beschrieben: „Dass sich ein derartiger Pilcher-Tourismus entwickelt, damit hätte ich nicht gerechnet, aber ich freue mich darüber. Er hat einen positiven Effekt auf die örtliche Wirtschaft – auch wenn diese Leute nicht unbedingt zu den mondansten Kreisen gehören mögen" (JAKAT 2012).

✳ Definition: Image

„Gesamtheit aller subjektiven Ansichten und Vorstellungen einer Person von einem Gegenstand, also das ‚Bild', das sich ein Konsument von einem Beurteilungsgegenstand macht. Es entwickelt und verfestigt sich im Zeitablauf durch eigene oder fremde Erfahrungen sowie die Imagewerbung teils bewusst, teils unbewusst und steuert dann selbst die Wahrnehmung und Interpretation der Umwelt (‚Orientierungsfunktion'). Wegen der Subjektivität und Verzerrtheit der menschlichen Wahrnehmung weicht dieses Bild z. T. erheblich von der objektiven Realität ab, bestimmt aber das Denken und Handeln der Marktteilnehmer" (⌣ www.wirtschaftslexikon 24.com/d/image/image.htm).

Durch die Darstellung von Destinationen in Spielfilmen und TV-Serien kommt es zunächst zu einer Steigerung des Bekanntheitsgrades: Erfahrungsgemäß richtet sich die öffentliche Aufmerksamkeit generell auf Orte, die in das Scheinwerferlicht der Massenmedien geraten. Speziell für die touristischen Zielgebiete erweisen sich die Bilder und Informationen in Filmen sowie die Berichterstattung über die Dreharbeiten, die Schauspieler und die *Storyline* als „*free ink*" (TUNSTILL 2010, S. 2): So wird z. B. allein die ökonomische Bedeutung der internetbasierten Meldungen über die „Wallander"-Filme für die schwedische Stadt Ystad auf elf Millionen Euro geschätzt; einen derart hohen Betrag hätte die kommunale Tourismusorganisation nie zur Verfügung gehabt, um eine entsprechend aufwändige PR-Arbeit zu betreiben (vgl. CUFF 2013).

Darüber hinaus können Spielfilme, TV-Serien und sogar die *Trailer* zur Konstruktion von Images beitragen: Sie sind wichtige Bestandteile eines breiten

Spektrums an Medien, die einen Einfluss auf die Vorstellung potenzieller Touristen von einem Land bzw. einer Destination haben (vgl. PRUSEVICIUTE 2014).

In einer empirischen Untersuchung des England-Bildes von Japanern gaben z. B. 70,1 Prozent der Befragten an, dass ihr Interesse an einer Reise nach Großbritannien durch Filme geweckt worden sei; andere Informationsquellen spielten eine geringere Rolle – wie z. B. Bücher (64,2 Prozent), Reiseführer (57,7 Prozent) sowie Prospekte, Reisekataloge etc. (47,5 Prozent). Besonders gut konnten sich die Probanden dabei an die TV-Serien „The Adventures of Sherlock Holmes" und „Agatha Christie's Poirot" erinnern sowie an die Spielfilme „Harry Potter und der Stein der Weisen" und „Notting Hill". Aufgrund dieser selektiven medialen Erfahrungen hatten die Befragten die stereotype Vorstellung, dass es sich bei Großbritannien um ein besonders traditionsreiches und geschichtsträchtiges Land handelt – mit einem reichen kulturellen Erbe (*Heritage*) und szenisch reizvollen Naturlandschaften, in dem höfliche Menschen in idyllischen Dörfern und Kleinstädten leben (vgl. IWASHITA 2006).

In der Fachliteratur werden solche Images, die durch populäre Medien erzeugt werden, als dauerhaft und sogar selbstverstärkend beschrieben; dennoch gibt es auch mehrere Studien zum Imagewandel durch Spielfilme (vgl. MESTRE/DEL REY/STANISHEVSKI 2008; HAHM/WANG 2011; HUDSON/WANG/MORENO GIL 2010; SOLIMAN 2011).

Als besonders eindrucksvolles Beispiel ist die Komödie „Willkommen bei den Sch'tis" zu nennen, die überwiegend in der nordfranzösischen Stadt Bergues spielt. Mit mehr als 20 Millionen Besuchern war sie in Frankreich – nach „Titanic" – der am zweithäufigsten besuchte Film: „Nicht nur die Einwohner von Bergues erfüllt diese unerwartete Popularität mit Stolz. Die gesamte Region Nord-Pas-de-Calais fühlt sich wegen des Rummels um ihren zur Filmkulisse erkorenen Landstrich geschmeichelt. Ganz Frankreich scheint sich auf einmal für seinen bisher nicht sonderlich geliebten, mit frostigen Klischees behafteten Norden zu erwärmen. Ein beseelter Kinoschwank hat unerwartet in Rekordzeit fertiggebracht, was kostspielige, langjährige Tourismuskampagnen nie hätten bewirken können" (KIEFFER 2008; Abb. 40).

Neben der großen Außenwirkung (in vielen europäischen Ländern) löste die Komödie auch erhebliche Binnenwirkungen aus: In Bergues „ist nichts mehr so, wie es war, seit ‚Bienvenue chez les Ch'tis' die Bürger wie Obélix in einen Glückstrank tauchte". Nach Einschätzung des Regisseurs hat der Film einen „Trend hin zur regionalen Identitätsvergewisserung im zentralistischen Frankreich" aufgenommen und verstärkt (WIEGEL 2008, S. 3).

Ein weiteres Beispiel für den Imagewandel einer Destination durch einen Film ist die Komödie „Vicky Cristina Barcelona", für deren Produktion die katalanische Hauptstadt Fördermittel in Höhe von einer Million Euro zur Verfügung gestellt hat – speziell um Barcelona auch auf dem US-amerikanischen Markt mit einem klaren Profil als attraktive Destination zu positionieren.

In einer empirischen Untersuchung wurde das Kinopublikum in einigen spanischen Städten *vor* und *nach* dem Besuch des Films zum Image Barcelonas als Reiseziel befragt – und zwar in Form spontaner Nennungen (vgl. CAMPO/ BREA/MUÑIZ 2011; Abb. 41).

Abb. 40: Der Glockenturm im nordfranzösischen Bergues spielt in der Komödie „Willkommen bei der Sch'tis" eine zentrale Rolle. Durch den Film erlebte die Kleinstadt (und die gesamte Region Nord-Pas-de-Calais, die einst als „Französisch-Sibirien" verschrien war) einen erheblichen Imagewandel – und einen enormen Anstieg der Besucherzahlen.

Eine vergleichende Betrachtung macht deutlich, dass das Bild Barcelonas durch den Film sowohl präzisiert als auch um neue Elemente erweitert worden ist:

- Zum einen werden einzelne Drehorte (z. B. der Parque Güell) und einflussreiche Persönlichkeiten (z. B. der Architekt Antoni Gaudí) nach dem Kinobesuch weitaus häufiger mit Barcelona assoziiert als vorher.

- Zum anderen sind den Probanden einige *Lifestyle*-Attraktionen der Stadt bewusst geworden, die sie in der ersten Befragung überhaupt nicht erwähnt haben – z. B. das gastronomische Angebot und das lebendige Nachtleben.

- Schließlich spielen bereits bekannte Sehenswürdigkeiten Barcelonas, die jedoch nicht als *Locations* genutzt wurden, in der zweiten Befragung eine deutlich geringere Rolle – z. B. die Promenade Las Ramblas, die Basilika Sagrada Família, der Hafen und der Montjuic.

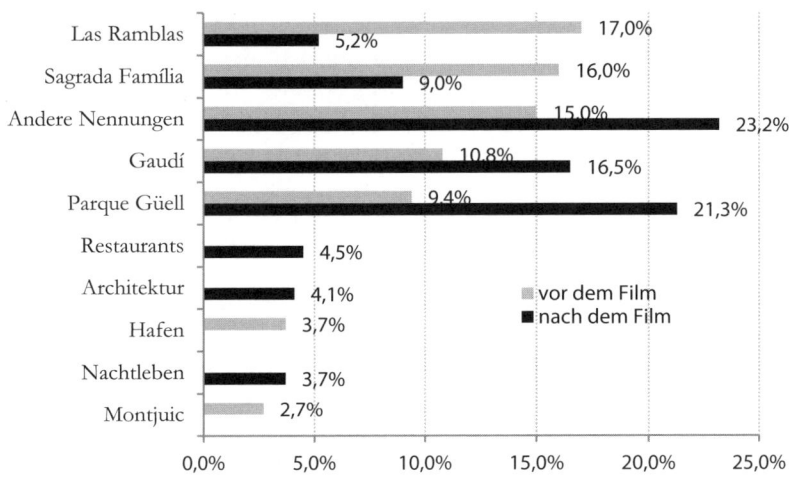

Abb. 41: Die Komödie „Vicky Cristina Barcelona" hat dazu beigetragen, das touristische Profil der katalanischen Hauptstadt zu schärfen und zu erweitern. In den Fokus der Zuschauer sind nun Sehenswürdigkeiten gerückt, die als Drehorte gedient haben (Parque Güell etc.); zu den neuen Imageelementen gehören allgemeine Attraktionen, die das Publikum zuvor nicht mit Barcelona assoziiert hat – z. B. das gastronomische Angebot und das lebendige Nachtleben.

Weit über solche touristischen Imageeffekte hinaus können Spielfilme und TV-Serien aber auch das Interesse an einer fremden Kultur wecken und sogar Spannungen zwischen Nationen abbauen:

▨ So haben die beiden chinesischen *Martial Arts*-Filme „The Shaolin Temple" und „Shaolin" einen weltweiten Boom der Kampfsportart Wushu ausgelöst; sie sollen z. B. auch dafür verantwortlich sein, dass die Tochter des russischen Präsidenten Wladimir Putin in das Land der Mitte gereist ist, um dort die chinesische Kultur zu studieren (vgl. LIN 2012, S. 475).

▨ Durch die Filme „City of God" und „Slumdog Millionär", die in einem brasilianischen bzw. indischen Armutsviertel spielen, ist das Interesse der Urlauber an den Wohn- und Lebensbedingungen marginalisierter Bevölkerungsgruppen gestiegen. In Rio de Janeiro nehmen z. B. jährlich ca. 50.000 Touristen an *Favela*-Touren teil und der Schweizer Reiseveranstalter „Kuoni" konnte eine wachsende Nachfrage nach Slum Touren in Mumbai verzeichnen. Diese Neugier hat nichts mit Voyeurismus zu tun; vielmehr sind die Gäste von den Filmen so berührt, dass sie selbst helfen und etwas Gutes bewirken wollen: „Das taten sie unter anderem mit dem Besuch der Touren. Denn: Zum einen brachten diese Arbeit und Auskommen für die lokalen Guides, zum anderen Beiträge durch Kuoni für örtliche Entwicklungsprojekte" (ELLENBERGER 2010, S. 15; PRIVITERA 2015, S. 274).

▨ Die Ausstrahlung der erfolgreichen südkoreanischen TV-Serie „Winter Sonata" in Japan hat dazu beigetragen, das historisch stark belastete Verhältnis der beiden Staaten zu verbessern – zumindest im zwischenmenschlichen Bereich: In einer empirischen Untersuchung gaben 26 Prozent der befragten Japaner an, dass sich ihr Korea-Bild verändert habe und jeder Fünfte äußerte ein großes Interesse an der traditionellen Kultur und Lebensweise. Speziell die zahlreichen japanischen Filmtouristen haben das Land und die Bevölkerung als besonders attraktiv, freundlich und fortschrittlich wahrgenommen. Aus diesem Grund betrachten die Autoren der Studie den Filmtourismus sogar als „part of a world peace industry" (KIM u. a. 2007, S. 1351; KIM/LEE/CHON 2010, S. 344). Zu vergleichbaren Ergebnissen kam auch eine Studie über den Einfluss japanischer TV-Serien auf das Japan-Bild der Taiwanesen (vgl. LIOU 2010).

4.2   Effekte auf die Drehorte

Der Filmtourismus hat jedoch nicht nur positive Wirkungen auf die Tourismusbranche und das Image einer Destination, sondern auch auf weitere Bereiche der regionalen Wirtschaft – z. B. das Handwerk, den Einzelhandel bzw. die Verkehrsbetriebe. Generell stellen diese Effekte eine neue Form der Glokalisierung dar (vgl. ZIGNALE 2011, S. 121):

▨ Lokale Besonderheiten – speziell das natürliche und kulturelle Erbe – dienen als filmische Ressource.

▨ Durch das internationale Marketing für Spielfilme (speziell *Blockbuster*) rücken die Regionen in den Fokus der öffentlichen Aufmerksamkeit.

▨ Schließlich können die Akteure vor Ort dann von der steigenden Nachfrage ausländischer Urlauber nach Dienstleistungen und Produkten profitieren.

4.2.1   Ökonomische Effekte des Filmtourismus

Die Produktionsfirmen lösen bereits durch die Dreharbeiten vielfältige volks- bzw. regionalwirtschaftliche Wirkungen aus, an denen zahlreiche Unternehmen partizipieren: So hat z. B. die nationale Tourismusorganisation „Tourism New Zealand" auf ihrer *Website* die diversen ökonomischen Effekte des *Fantasy*-Films „Der Hobbit" zusammengestellt (⌂ www.tourismusnewzealand.com):

▨ 6.750 Flüge der Filmcrew innerhalb Neuseelands,

▨ langfristige Anmietung von 19 gewerblichen Immobilien,

▨ 93.000 Hotelübernachtungen für die Filmcrew,

▨ Anmietung von 1.800 Mietwagen und 1.650 Lastwagen,

▨ Ausgaben für Kaffee in Höhe von 380.000 neuseeländischen Dollar (= 228.000 Euro),

▨ Ausgaben für das Material von 99 Filmsets in Höhe von 9,2 Millionen neu- seeländischen Dollar (= 5,5 Millionen Euro), die überwiegend an lokale Un- ternehmen flossen,

▨ Ausgaben für die Verpflegung der Filmcrew in Höhe von 1,5 Millionen neu- seeländischen Dollar (= 900.281 Euro),

▨ ca. 16.000 Beschäftigtentage für neuseeländische Schauspieler.

Darüber hinaus können Länder, Regionen und Orte bei der touristischen Nut- zung der Drehorte in der *Post-Production*-Phase mittelfristig einen erheblichen wirtschaftlichen Nutzen aus dem Filmtourismus ziehen – wie die folgenden Beispiele deutlich machen:

▨ In Großbritannien belief sich die filmtouristische Nachfrage im Jahr 2011 schätzungsweise auf 2,1 Milliarden englische Pfund – und damit auf ca. zwölf Prozent des Gesamtumsatzes, der durch internationale Touristen ausgelöst wurde. Offensichtlich handelt es sich bei den Filmtouristen um eine recht ausgabefreudige Zielgruppe, denn ihr Anteil an den Ankünften betrug nur 2,3 Prozent (vgl. Oxford Economics 2012, S. 72; → 1.4).

▨ Ähnliche positive Effekte sind auch in Cornwall zu beobachten, wo zahlrei- che Verfilmungen der Liebesromane von Rosamunde Pilcher gedreht wurden. Aus diesem Grund ist die Region für viele deutsche Urlauber „zum Sehnsuchtsziel geworden: wilde Natur, pittoreske Fischerdörfer und attraktive Menschen, die in offenen Oldtimern herumknattern". Dieses paradiesische Bild steht jedoch in krassem Gegensatz zur Realität: Bei Cornwall handelt es sich um eine besonders strukturschwache Region, die als einziges englisches County Sondermittel aus dem Sozialfonds der Europäischen Region erhält; das Lohnniveau liegt 17 Prozent unter dem Durchschnittswert des Landes. Vor diesem Hintergrund sorgt die filmtouristische Nachfrage für erhebliche wirtschaftliche Impulse: Der Tourismus ist einer der wenigen erfolgreichen Wirtschaftszweige; jeder vierte Beschäftigte findet dort einen Arbeitsplatz und die Einnahmen machen ca. ein Fünftel des regionalen Bruttoinlandsprodukts aus (vgl. JAKAT 2012; → 2.1.3).

Im Jahr 2008 hat die Tourismusorganisation des US-amerikanischen Bundesstaates New Mexico eine empirische Untersuchung zur wirtschaftlichen Bedeutung des Filmtourismus in Auftrag gegeben. Auf der Grundlage von Besucherbefragungen und bereits vorliegenden Daten zum Gesamtumfang der touristischen Nachfrage wurden drei Szenarien entwickelt. Bei der mittleren Schätzung beliefen sich die Gesamtausgaben der Filmtouristen auf 279 Millionen US-Dollar und die zusätzlichen Steuereinnahmen des Bundesstaates bzw. der Kommunen auf 17,7 Millionen bzw. 4,3 Millionen US-Dollar; außerdem sicherte der Filmtourismus mehr als 3.000 Arbeitsplätze (vgl. New Mexico Tourism Department 2008, S. 5–6; → 1.4).

Um diese volks- bzw. regionalwirtschaftlichen Effekte zu erzielen, bedarf es aber eines professionellen Managements. Diese Anforderung wurde im österreichischen Bregenz offensichtlich nicht erfüllt: Dort haben sich die Werbe- und PR-Maßnahmen im Umfeld der Dreharbeiten für den Film „James Bond 007 – Ein Quantum Trost" sowie der „ZDF-Arena" anlässlich der Fußball-Europameisterschaft im Jahr 2008 für die Stadt als „finanzielles Desaster" erwiesen. Aus den beiden Großprojekten (und dem Weihnachtsmarkt) resultierte ein Verlust von ca. 500.000 Euro.

Eine Medienagentur hatte den PR- bzw. Promotionswert dieser Events auf ca. 109 Millionen Euro beziffert; in einem Prüfbericht kam der Rechnungshof jedoch zu einer skeptischen Einschätzung: „Ob die Großprojekte des Jahres 2008 den Werbeeffekt nachhaltig beeinflussten, war noch nicht feststellbar" (Die Presse, 21.12.2010).

✳ Die Wiederbelebung eines Ortes durch den Filmtourismus – Juliette (Georgia)

Ein extremes Beispiel für die umfassenden wirtschaftlichen Effekte von Dreharbeiten und eines später einsetzenden Filmtourismus ist der kleine Ort Juliette im US-amerikanischen Bundesstaat Georgia.

In den frühen 1990er-Jahren drehte der Regisseur Jon Avnet dort seinen erfolgreichen Film „Grüne Tomaten/Fried Green Tomatoes", der diverse Auszeichnungen erhielt. Zum damaligen Zeitpunkt war Juliette eine Geisterstadt, in der nur noch vier Menschen lebten und in der es keine Geschäfte, Betriebe etc. mehr gab (vgl. RILEY/BAKER/VAN DOREN 1998).

Der Film löste einen enormen Besucherstrom aus: Jährlich kommen ca. 100.000 Ausflügler und Touristen, um den bekannten Schauplatz zu besichtigen. Diese Nachfrage führte zu einer Renaissance des Ortes: Die Bevölkerungszahl stieg auf mehr als 2.800 Einwohner und es siedelten sich neue Unternehmen an: „all of the businesses in the small town of Juliette capitalize on the success of the movie" (THOMAS 2013, S. 7).

Zum Flaggschiff dieser Entwicklung ist das „Whistle Blow Café" geworden, das im Film eine zentrale Rolle spielt. Es war bereits im Jahr 1972 geschlossen worden; aufgrund des großen Interesses der Besucher wurde es in den 1990er-Jahren wieder eröffnet und firmiert seitdem als „Home of the Fried Green Tomatoes". Die Speisekarte hat sich offensichtlich zu einem begehrten Souvenir entwickelt, denn der Besitzer bittet seine Gäste ausdrücklich: „Please, do not steal the menu" (⌖ www.thewhistlestopcafe. com).

4.2.2 Soziale Effekte des Filmtourismus

Wie andere Bereiche der Wirtschaft und Gesellschaft besteht auch der Filmtourismus aus einem Geflecht divergierender Interessen: In einer Destination agieren u. a. die Produktionsfirmen, die *Film Commissions*, die Tourismusorganisationen, die touristischen Unternehmen, die Urlauber und die lokale Bevölkerung als *Stakeholder* (vgl. CROY/KERSTEN 2010, S. 3; O'CONNOR 2011, S. 112–114; MACIONIS/O'CONNOR 2011, S. 17–174; Abb. 42).

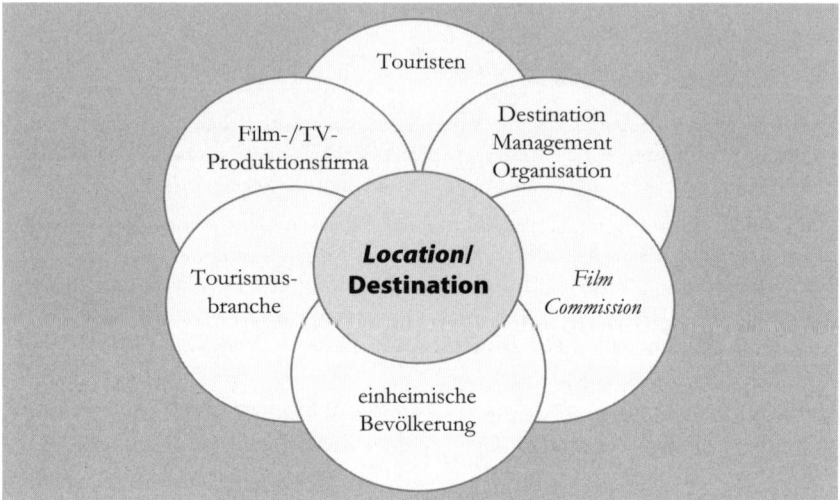

Abb. 42: In einer Destination gibt es mehrere filmtouristische Interessengruppen – von der Film- bzw. TV-Produktionsfirma über die Destination Management Organisation und die Urlauber bis hin zur einheimischen Bevölkerung. Im Sinne einer nachhaltigen und harmonischen Entwicklung sind die unterschiedlichen Erwartungen dieser *Stakeholder* miteinander in Einklang zu bringen.

Dabei erweisen sich die Einheimischen als wichtige, aber uneinheitliche und vor allem schwache Interessengruppe: Sie haben keinen Einfluss auf die Produktion von Filmen und TV-Serien sowie die Auswahl der *Locations;* stattdessen müssen sie sich aber mit den Konsequenzen auseinandersetzen – z. B. einem überraschenden Ansturm von Urlaubern: In dem kleinen Dorf Goathland in North Yorkshire (mit 450 Einwohnern) stieg die Zahl der Besucher z. B. von 200.000 auf 1,2 Millionen, nachdem es als Schauplatz der beliebten englischen TV-Serie „Heartbeat" nationale Berühmtheit erlangte. Traditionell war die Region ein beliebtes Zielgebiet von Wanderern, Natururlaubern etc. gewesen, die dort als Übernachtungsgäste für einen recht hohen Umsatz im Gastgewerbe und Einzelhandel gesorgt hatten. Nun kamen vor allem Tagesausflügler, die sich nur wenige Stunden im Ort aufhielten, recht geringe Ausgaben tätigten und außerdem erhebliche Verkehrsprobleme verursachten (vgl. MORDUE 1999, S. 637–638; 2009, S. 3).

Ein solcher Boom kann bei den „Bereisten" unterschiedliche Reaktionen auslösen – von der Begeisterung über die Toleranz und Anpassung bis hin zum Rückzug und sogar zum Widerstand (vgl. CONNELL 2005, S. 246–247). Anhand ausgewählter Beispiele sollen diese Verhaltensweisen und die generellen sozialen Effekte des Filmtourismus im Folgenden erläutert werden.

4.2.2.1   Ambivalente Reaktionen der Bevölkerung

Empirische Fallstudien zur Bewertung des Filmtourismus durch die einheimische Bevölkerung sind zu recht unterschiedlichen Ergebnissen gekommen: Überwiegend positiv waren z. B. die Reaktionen in der Küstenregion im Südwesten Englands, die als „Agatha Christie Country" vermarktet wird – aufgrund zahlreicher Bezüge zum Leben und Wirken der Krimiautorin; außerdem sind dort zahlreiche andere Spielfilme und TV-Serien gedreht worden (vgl. BUSBY/ BRUNT/LUND 2003, S. 297; → 5. 1):

- Zwei von drei Befragten gaben an, dass sie die Störungen durch die Urlauber angesichts der wirtschaftlichen Vorteile für die lokale Wirtschaft akzeptieren.
- 60,9 Prozent der Befragten begrüßten die touristische Entwicklung und hofften, dass die Urlauber auch künftig wiederkommen würden.
- Jeder Vierte fühlte sich beeinträchtigt und versuchte, den Kontakt mit Urlaubern zu vermeiden.
- Nur 8,2 Prozent wollten während der Hauptsaison am liebsten woanders wohnen.

Weitaus widersprüchlicher waren die Reaktionen in dem kleinen Küstenort Barwon Heads im australischen Bundesstaat Victoria; er war einer der Drehorte der erfolgreichen TV-Serie „SeaChange", die von 1998 bis 2000 in 39 Folgen von dem Sender „ABC" ausgestrahlt wurde. Die Serie stieß auf eine enorme öffentliche Resonanz – u. a. in Form zahlreicher Berichte in den Medien und der Einrichtung von Fanseiten im Internet.

In der Folge wollten immer mehr Australier diesen Schauplatz besichtigen. Die wachsende touristische Nachfrage führte zu einer Belebung der lokalen Wirtschaft: In den Jahren zuvor hatte die Hauptstraße einen desolaten Eindruck gemacht, da immer mehr Einzelhandelsgeschäfte geschlossen wurden und Ladenlokale leer standen; nun wurden dort zahlreiche neue Cafés, Schnellrestaurants, Galerien und Souvenirläden eröffnet.

Bei der einheimischen Bevölkerung stieß diese Entwicklung auf unterschiedliche Reaktionen (vgl. Abb. 43). Als positiv wurden u. a. folgende Wirkungen betrachtet: das wirtschaftliche und touristische Wachstum, der Anstieg der Immobilienpreise [!], die Verbesserung des touristischen Images sowie der wachsende Stolz der Bewohner auf den Ort. Die negativen Antworten bezogen sich vor allem auf die Überfüllung und die Belastungen durch den zunehmenden Verkehr; außerdem äußerten einige Bewohner die Befürchtung, dass das Interesse nicht lange anhalten würde („Flash in the pan"). Schließlich wurden die höheren Immobilienpreise auch als problematisch empfunden. Am häufigsten kam aber der Wunsch zum Ausdruck, den traditionellen Charakter des Ortes als „Village by the Sea" unbedingt zu bewahren; hierzu sei eine sensible Planung erforderlich (vgl. BEETON 2010a).

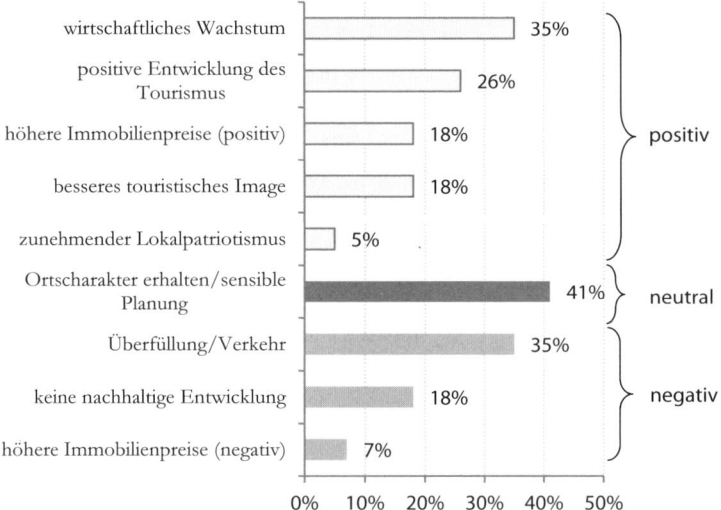

Abb. 43: Als Schauplatz der TV-Serie „SeaChange" erlebte der australische Küstenort Barwon Heads einen enormen Anstieg der Besucherzahlen. Bei der lokalen Bevölkerung löste dieser touristische Boom nicht nur positive, sondern auch kritische Reaktionen aus. Ein großer Teil der Bewohner plädierte dafür, den traditionellen Charakter des Ortes durch eine sensible Planung zu erhalten.

4.2.2.2   Wachsende soziale Ungleichheit

Darüber hinaus kann der Filmtourismus dazu führen, dass die bereits bestehende soziale Ungleichheit zwischen einzelnen Bevölkerungsgruppen noch weiter verstärkt wird – wie das in der kleinen Gemeinde Forks im US-amerikanischen Bundesstaat Washington der Fall war. Der Ort diente als *Location* und Schauplatz der mehrteiligen Kino-Saga „Twilight", die von 2008 bis 2012 auf der Grundlage der romantischen Vampirromane von Stephenie Meyer entstanden. Zum Zeitpunkt der Dreharbeiten befand sich die Stadt in einer schwierigen Situation, da die Forstwirtschaft – als wichtiger regionaler Wirtschaftszweig – aufgrund der weltweiten Konkurrenz und ökologisch bedingter Einschränkungen als Arbeitgeber und Einkommensquelle immer mehr an Bedeutung verlor (vgl. CROWE 2013).

Die lokalen Unternehmer und Tourismusverantwortlichen haben das enorme touristische Potenzial dieser Filme erkannt und rasch ein breites Spektrum an filmtouristischen Maßnahmen entwickelt – von der Ortstafel mit den Angaben „Population: 3.175, Vampires: 8,5" und der Herausgabe einer *Movie Map* über die Zusammenarbeit mit Journalisten und Reiseveranstaltern bis hin zur Organisation von Führungen, Events etc. (vgl. FELIX 2010, S. 60–61; LEIGH SMITH 2010, S. 1–2).

Um den Erwartungen der Besucher gerecht zu werden, hat die örtliche Industrie- und Handelskammer sogar fiktive *Locations* geschaffen: Während der Stadtführung wird den Teilnehmern u. a. „Bella Swan's House" präsentiert, in dem die Protagonistin angeblich mit ihrer Familie gelebt hat – dabei handelt es sich um das Wohnhaus eines Lehrer-Ehepaares, denn die entsprechenden Szenen sind überhaupt nicht in Forks gedreht worden (vgl. Abb. 44).

Abb. 44: Die Kleinstadt Forks im US-amerikanischen Bundesstaat Washington war eine der *Locations* der erfolgreichen „Twilight"-Vampirfilme – und sie aktiviert dieses touristische Potenzial auf vielfältige Weise. Während der „Twilight-Tour" wird den Besuchern u. a. „Bella Swan's House" (das angebliche Wohnhaus der Protagonistin) präsentiert, obwohl die entsprechenden Szenen anderswo gedreht worden sind.

Diese professionelle Bearbeitung des filmtouristischen Marktsegments hat zu einer spürbaren Belebung des Tourismus und der lokalen Wirtschaft geführt; außerdem verzeichnete die Stadt höhere Steuereinnahmen (speziell aus der Hotellerie und dem Einzelhandel).

Allerdings konnten nicht alle Teile der Bevölkerung in gleicher Weise an diesem ökonomischen Nutzen partizipieren: Unter den weißen Einheimischen ist z. B. die Arbeitslosenquote und auch die Armutsrate im Zeitraum 2000 bis 2010 deutlich zurückgegangen, unter den Hispanoamerikanern (*Latinos*) und der endogenen Bevölkerung (*Native Americans*) hingegen weiter gestiegen.

Bei diesen beiden Gruppen handelte es sich zumeist um ungelernte bzw. einfache Arbeiter, die nicht über ein entsprechendes Know-how bzw. finanzielle Ressourcen verfügten; deshalb waren sie nicht in der Lage, als Angestellte, Manager bzw. Unternehmer in dem neuen Geschäftsfeld tätig zu werden und diese beruflichen Chancen für sich zu nutzen (vgl. CROWE 2013, S. 17–19).

4.2.2.3   Anstieg von Immobilienpreisen und Mieten

Zu den problematischen Wirkungen von Filmproduktionen gehört auch der Anstieg von Immobilienpreisen und Mieten – wie im Fall der Komödie „Notting Hill", die zur Gentrifizierung des gleichnamigen Londoner Stadtteils beigetragen hat. Bis in die 1980er-Jahre war Notting Hill ein heruntergekommenes Quartier, in dem viele Einwanderer aus Westindien zu unwürdigen Bedingungen lebten und das vor allem durch Drogen, Kriminalität und Rassenunruhen Schlagzeilen machte.

Dann setzte ein langsamer Strukturwandel ein: Zunehmend zogen Studenten, Künstler und Hippies in das Viertel; bald siedelten sich auch Cafés, Boutiquen und Filialgeschäfte großer Einzelhandelsketten dort an.

Durch den Film wurde dieser Prozess erheblich beschleunigt, denn in den folgenden Jahren stieg das Interesse an dem Quartier: Zum einen wollten Touristen unbedingt die berühmte blaue Tür fotografieren – die inzwischen schwarz lackiert wurde (vgl. Abb. 45); zum anderen erwarteten Investoren (zu Recht) einen weiteren Anstieg der Immobilienpreise.

Inzwischen leben viele Investmentbanker, Modedesigner, Werbeleute etc. in dem populär gewordenen Viertel, das nun einen völlig anderen Charakter hat als früher: „Wenn sich die alten Bewohner der Gegend auch nicht in die Zeiten von Christie und Rachman [eines Mörders und eines Immobilienhaies] zurücksehnen, so wünschten sie sich doch etwas weniger von dem Glamour, der in ihrem Viertel eingezogen ist" (THOMAS 1999).

Abb. 45: Für unkundige Besucher des Londoner Stadtteils Notting Hill ist diese Botschaft auf einer Schiefertafel ziemlich kryptisch, für Filmtouristen aber völlig klar: Die berühmte blaue Tür aus der Komödie „Notting Hill" ist nun schwarz lackiert worden. Generell hat der Film einen starken Anstieg der Besucherzahl ausgelöst und erheblich zur Gentrifizierung des Viertels beigetragen.

4.2.2.4   Unterschiedliche Sichtweise der Betroffenen und der Öffentlichkeit

Bei Spielfilmen, die eine problematische, „dunkle" *Storyline* und ungewöhnliche Schauplätze haben, kann es hinsichtlich der gesellschaftlichen Effekte auch zu erbitterten Diskussionen zwischen den direkt betroffenen Einheimischen und der Bevölkerung generell kommen: So hat der Film „Slumdog Millionär", der in einem überbevölkerten Elendsviertel im indischen Mumbai spielt, dort einen florierenden Filmtourismus ausgelöst. Lokale Reiseveranstalter bieten Touren an und sichern damit die Arbeitsplätze von Fahrern, *Tour Guides* etc.; mit einem Teil ihres Gewinns unterstützen sie in Dharavi – einem der größten Slums weltweit – soziale Projekte (vgl. PRIVITERA 2015, S. 275).

Die indische Öffentlichkeit reagierte hingegen weitaus kritischer auf den Film, da er die weltweite Aufmerksamkeit auf die gesellschaftliche Ungleichheit und die sozialen sowie infrastrukturellen Probleme des Landes gelenkt hat: Die Kritiker „stört der ‚typisch westliche Blickwinkel' [...], sie sprechen von ‚Armuts-Porno' und ‚Slum-Voyeurismus'" (FERNANDES 2009).

4.2.2.5   Konflikte mit Film- und Tourismusakteuren

Bei einer unzureichenden Partizipation der einheimischen Bevölkerung kann es zu Konflikten mit den Film- und Tourismusakteuren kommen – bis hin zum offenen Widerstand gegen Filmproduktionen:

- In Port Isaac (Cornwall) fühlten sich die Einwohner in ihrem Alltag durch die Dreharbeiten so beeinträchtigt, dass sie regelrechte Boykott-Maßnahmen durchführten. Der idyllische Fischerort wird häufig als *Location* genutzt – u. a. für die populäre britische TV-Serie „Doc Martin", die dort seit 2004 gedreht wird (vgl. BUSBY/HAINES 2013, S. 105). Genervte Geschäftsleute störten die Aufnahmen durch Hupkonzerte und ähnliche Provokationen; auf diese Weise protestierten sie gegen die ständige Anwesenheit auswärtiger Filmteams, die täglichen Einschränkungen in Form von Straßensperrungen und die dadurch verursachten Umsatzeinbußen (vgl. ALDERSON 2001). In Deutschland gilt z. B. die rheinische Metropole Köln bei Filmproduzenten bereits seit langem als „verbrannte Erde" – nicht nur weil die typischen städtischen Motive (Dom, Hohenzollernbrücke etc.) bereits in vielen Filmen gezeigt worden sind, sondern vor allem weil sich die Anwohner dort mit rechtlichen Mitteln gegen Dreharbeiten wehren bzw. Filmcrews in einigen Stadtteilen von den Anwohnern beschimpft und ihre Fahrzeuge mutwillig beschädigt werden (vgl. BEERMANN 2001, S. 12; BOLLHÖFER 2007, S. 185–186).
- Die Produktionsfirma der TV-Serie „Baywatch", die weltweit in 144 Ländern ausgestrahlt wird und nahezu eine Milliarde Zuschauer erreicht, wollte in dem

australischen Küstenort Avalon weitere Folgen drehen. Die lokale Bevölkerung stand dieser Idee allerdings skeptisch gegenüber: Bereits während kurzer Dreharbeiten war der Strand für einige Zeit gesperrt worden, obwohl Strände in Australien als *„Sacred Public Places"* gelten. Es kam zur Gründung einer „Anti-Baywatch Action Group", die mit Plakaten, Graffiti etc. gegen die Pläne der „Fox Studios Australia" mobil machte. In einer Bürgerversammlung sprachen sich die Teilnehmer mehrheitlich gegen längere Dreharbeiten an „ihrem" Strand aus. Bei den Vertretern von Politik, Wirtschaft und Verwaltung stieß diese Entscheidung auf Unverständnis: Sie hatten gehofft, von den Ausgaben der Filmcrew zu profitieren und ein wenig am Hollywood-Glamour teilzuhaben; den Gegnern warfen sie vor, *„self-interested NIMBYs"* (not-in-my-backyarders) zu sein. Aufgrund dieser Proteste änderte die Firma ihre Pläne und drehte die Folgen an der Gold Coast im Bundesstaat Queensland (vgl. RICHMOND 1999).

Zu einem ungewöhnlichen Konflikt um eine *Location* kam es in der Kleinstadt Altusried im Allgäu: Auf dem örtlichen Friedhof war im Herbst 2011 das Begräbnis von Philipp Wachter gedreht worden – einer fiktiven Figur aus dem „Kluftinger"-Kriminalfilm „Milchgeld". Da die Teilnehmer an örtlichen Krimi- bzw. Filmführungen immer wieder nach diesem Schauplatz fragten, hatte ein lokaler Bestattungsunternehmer die Idee, dort eine Grabstätte mit Kranz, Holzkreuz und Sterbebildchen zu errichten – für einen Toten, der nicht existierte. Mit Genehmigung der Gemeinde legte er das Grab an und pflegte es auch. Zunächst erhielt er zahlreiche positive Rückmeldungen, doch dann mehrten sich die Anrufe, die aus seiner Sicht „unter der Gürtellinie waren": Immer mehr Einwohner bezeichneten das Pseudograb als geschmack- und pietätlos. Angesichts der massiven Proteste wurde die Grabstätte im Sommer 2012 wieder abgebaut (vgl. Süddeutsche Zeitung, 01.08.2012).

✱ Filmfans als *Volunteer Tourists*

Spielfilme und TV-Serien können an den Drehorten jedoch auch positive soziale Effekte auslösen – wie das folgende Beispiel aus der chinesischen Provinz Yunnan deutlich macht (vgl. SHAO/SCARPINO/GRETZEL 2010).

Diese Region war *Location* und Schauplatz von zwei beliebten TV-Serien („Soldier Sortie" und „My Chief and My Regiment"), in denen es um die missliche Lage der Landbevölkerung bzw. um militärische Auseinandersetzungen mit der japanischen Armee während des Zweiten Weltkriegs ging.

Viele Fans waren von der Handlung so beeindruckt, dass sie zunächst *On-line*-Foren bildeten, um ihre Begeisterung zu teilen. Dort entstand dann auch die Idee, sich persönlich vor Ort zu engagieren:

- Sie sammelten z. B. Geld und veranstalteten *Charity Sales*, um dringend benötigte Grundschulen zu bauen und schlecht versorgten Kriegsveteranen zu helfen.

- Sie organisierten *Charity Tours*, um die Schüler persönlich zu treffen, und machten Werbung für die Drehorte, um dort die touristische Nachfrage zu steigern und damit die lokale Wirtschaft zu unterstützen.

4.2.2.6 Einbeziehung der lokalen Bevölkerung

Um Irritationen und Proteste zu vermeiden, besteht für die Produktionsfirmen und speziell für die Destination Management Organisationen die Notwendigkeit, die einheimische Bevölkerung frühzeitig über geplante Dreharbeiten und mögliche Einschränkungen zu informieren.

Die südschwedische Stadt Ystad ist noch einen Schritt weitergegangen: Sie hat alle kommunalen Mitarbeiter darum gebeten, die Produktionsfirma der „Wallander"-Krimis in jeder Hinsicht zu unterstützen – von Straßensperrungen bis hin zum zeitweiligen Ausschalten der nächtlichen Straßenbeleuchtung. Darüber hinaus setzt sie auch auf eine Einbindung der örtlichen Bevölkerung: „In addition, we try to be as open as possible in regards the Ystad citizens, as it is important that they too are proud of and positive towards our identity as a film town" (Filmby Aarhus 2012, S. 10).

Darüber hinaus gibt es auch Fälle, in denen sich die lokale Bevölkerung mit Filmprojekten identifiziert und sogar aktiv für die Produktion einsetzt: Als die neuseeländische Schauspielergewerkschaft vor Beginn der Dreharbeiten des ersten „Hobbit"-Films im Jahr 2010 höhere Löhne forderte und Streiks ankündigte, drohte die Produktionsfirma damit, die Verfilmung aus Neuseeland abzuziehen und stattdessen in London sowie in Osteuropa zu drehen. In dieser kritischen Situation schaltete sich nicht nur der Premierminister John Key persönlich in die Verhandlungen ein, um die Produktion im Land zu behalten; in mehreren Städten gingen Tausende auf die Straße. Mit „We love Middle-Earth"-Plakaten brachten sie ihre Sympathie für den geplanten Film zum Ausdruck – sicherlich in der Hoffnung, dass dieses Projekt ebenso große wirtschaftliche Effekte auslösen würde wie die „Der Herr der Ringe"-Trilogie, von der Neuseeland enorm profitiert hatte (vgl. HOFMANN 2010).

✱ **Knigge für Drehorttouristen**

Um die gesellschaftlichen und ökologischen Belastungen durch den Filmtourismus (speziell den Drehorttourismus) zu minimieren, hat Andrea David, die Herausgeberin der informativen *Website* „www.filmtourismus. de", einige Verhaltensregeln formuliert (⌖ www.filmtourismus.de/p/film-tourismus-knigge.html):

■   Bei ihren Besichtigungen sollten die Touristen die Privatsphäre der Besitzer bzw. Bewohner respektieren und speziell auch Fotos von Personen nur mit deren Einverständnis machen.

■   Zum Schutz der Landschaft und Umwelt sollten sie auf ausgeschilderten Wegen bleiben, keine Schäden anrichten, keine Pflanzen mitnehmen und keinen Müll hinterlassen.

■   Sofern noch Filmkulissen vorhanden sind, sollten diese nicht verändert bzw. beschädigt werden – z. B. durch das Entfernen von Material und Teilen (als Souvenirs) bzw. durch das Einritzen von Graffiti; stattdessen sollten sich Drehorttouristen darauf beschränken, Fotos zu machen (nach dem bekannten Motto „Take nothing than Memories").

■   Bei der Teilnahme an Studiotouren sollten sie sich an die Bestimmung des jeweiligen Studios halten, gegebenenfalls das Fotografierverbot befolgen und die laufenden Dreharbeiten nicht stören.

4.2.3   Ökologische Effekte des Filmtourismus

Zu den allgemeinen ökologischen Belastungen, die durch einen massenhaften Filmtourismus ausgelöst werden, zählen sicherlich die großen Reise- und vor allem Verkehrsströme der Urlauber; sie lösen an den Drehorten und auf den Transitrouten typische touristische Umweltsünden aus – wie z. B. eine hohe Luftverschmutzung und Lärmbelästigung (vgl. STEINECKE 2013, S. 144).

Darüber hinaus können aber auch die Dreharbeiten mit erheblichen Eingriffen in Natur und Landschaft verbunden sein: Ein weltweit beachtetes Beispiel war der Film „The Beach", der nach dem gleichnamigen Bestseller von Alex Garland entstand (vgl. Abb. 46). Um die *Location* – Maya Bay auf der Insel Phi Phi Leh – der „Hollywood-Vision eines unberührten thailändischen Strandes" anzupassen, wurden Dünen mit Bulldozern abgetragen und an anderer Stelle aufgeschüttet. Außerdem ließ die Produktionsfirma die Strandgräser (den natürlichen Erosionsschutz) beseitigen und 60 ausgewachsene Kokospalmen einpflanzen – und das alles in einem Naturschutzgebiet und ohne die gesetzlich vorge-

schriebene Umweltverträglichkeitsprüfung. Mit der Genehmigung der Dreharbeiten verstieß das thailändische „Royal Forestry Department" (RFD) eindeutig gegen die Bestimmung des „National Park Act" (1961). Darüber hinaus hielt sich die Produktionsfirma „20th Century Fox" nicht an die Vereinbarung, den Strand nach dem Ende der Dreharbeiten wieder in seinen ursprünglichen Zustand zurückzuversetzen; stattdessen erklärte sie sich bereit, die Arbeit der thailändischen Umweltbehörde mit einer Spende zu unterstützen (vgl. OEHMANN 2000; TZANELLI 2006, S. 135).

Abb. 46: Für die Dreharbeiten des Spielfilms „The Beach" wurde ein Strand der thailändischen Insel Phi Phi Leh gravierend umgestaltet – u. a. durch die Planierung von Dünen und die Entfernung der ursprünglichen Vegetation. Diese Maßnahmen lösten erhebliche Proteste aus; zugleich verhalfen sie dem Strand zu einer enormen Popularität als Ausflugsziel.

Auf die Kritik von Umweltschützern gegen diese Vorgehensweise reagierte der Hauptdarsteller Leonardo DiCaprio mit Unverständnis; stattdessen verwies er auf die positiven touristischen Effekte: „Ich glaube, dass ein Film wie dieser junge Leute motivieren wird, die Schönheit Thailands zu entdecken, und mehr Rucksacktouristen anlocken wird. Dieser Film wird auch mehr Leute motivieren, die Landschaft Thailands zu erkunden und entlegene Dörfer zu besuchen, die sonst nichts am Tourismus verdienen würden" (FUTTER o. J.). Als Reaktion auf diese (aus ihrer Sicht) ignorante Haltung protestierten Umweltschutzgruppen bei der Premiere in Thailand, riefen zum Boykott des Films auf und reichten eine 2,6-Millionen-Dollar-Klage gegen die Produktionsfirma ein (vgl. SAAL 2000).

Für neutrale Beobachter war die Kampagne vor allem ein Ausdruck grundlegender gesellschaftlicher Konflikte in Thailand: Nach ihrer Einschätzung wurden die tatsächlichen ökologischen Belastungen von den Umweltaktivisten maßlos übertrieben. Den *Pressure Groups* ging es weniger um Dünen, Strandpflanzen und Palmen, sondern vielmehr um eine grundsätzliche Kritik an den staatlichen Behörden, denen Korruption und Inkompetenz vorgeworfen wurde. Dabei erwies sich der Film als geeignetes Instrument, um diese Missstände auf nationaler sowie internationaler Ebene anzuprangern und den eigenen Forderungen nach mehr Umweltschutz, Transparenz und Partizipation eine größere Aufmerksamkeit zu verschaffen (vgl. FORSYTH 2002).

Zu den problematischen ökologischen Effekten, die (zumindest teilweise) durch Spielfilme verursacht worden sind, gehört auch der internationale Boom der Wal- und Delfinbeobachtung bzw. die Haltung von Walen und Delfinen in Themenparks und Aquarien. Bereits in den frühen 1960er-Jahren lösten der Film „Flipper" und die gleichnamige TV-Serie einen weltweiten Handel mit Delfinen und deren massenhafte Präsentation in Freizeit- und Unterhaltungseinrichtungen aus. In den 1990er-Jahren führten die „Free Willy"-Filme zwar dazu, dass sich die Öffentlichkeit intensiv mit der umstrittenen Haltung und Vorführung von dressierten Orcas auseinandersetzte; zugleich wuchs beim Publikum aber auch das Interesse, die Schwertwale in freier Natur und vor allem aus nächster Nähe zu beobachten.

Nach Schätzung des „International Fund for Animal Welfare" (IFAW) stieg die Zahl der Teilnehmer an Wal- und Delfinbeobachtungen im Zeitraum 1991–2008 von ca. vier auf 13 Millionen. Ein eindrucksvolles Beispiel für diese rasante Entwicklung ist die Inselgruppe der San Juan Islands im US-amerikanischen Bundesstaat Washington: Vor dem Erscheinen der „Free Willy"-Filme gab es dort nur ein Boot, mit dem Fahrten zur Walbeobachtung unternommen wurden – wenige Jahre später mehr als 50 Ausflugsschiffe. Untersuchungen von Biologen und Meeresforschern sind zu dem Ergebnis gekommen, dass die Tiere in ihrem Habitat durch die Motorengeräusche erheblich beeinträchtigt werden – speziell wenn kein ausreichender Abstand eingehalten wird (vgl. WEARING/BUCHMANN/JOBBERNS 2011, S. 128–129; Abb. 47).

In Einzelfällen können Spielfilme allerdings auch positive ökologische Effekte haben – wie das Beispiel des Films „Echoes of the Rainbow" deutlich macht:

Die Handlung spielt im Hongkong der 1960er-Jahre in einem traditionellen „Tong lau"-Haus in der Wing Lee Street (dabei handelt es sich um zwei- bis viergeschossige Gebäude mit Geschäften im Erdgeschoss und Wohnungen in den oberen Etagen).

Abb. 47: In den vergangenen Jahrzehnten haben organisierte Bootstouren zur Wal- und Delfinbeobachtung weltweit einen enormen Boom erlebt. Als eine der Ursachen gelten die populären „Free Willy"-Filme, durch die das Interesse an der unmittelbaren Begegnung mit den Meeresbewohnern gestiegen ist. Von Wissenschaftlern wird diese Form des Ökotourismus kritisiert, da er die Tiere in ihrem natürlichen Lebensraum beeinträchtigt.

Die Straße liegt in einem kleinteilig bebauten historischen Quartier, das im Rahmen der Stadterneuerung in ein Viertel mit hohen Wohnblöcken und großen Einkaufszentren umgewandelt werden sollte.

Bei den 60. „Internationalen Filmfestspielen Berlin (Berlinale)" wurde der Film im Jahr 2010 mit dem „Gläsernen Bären für den Besten Film (Kplus)" ausgezeichnet. Dadurch rückte die Wing Lee Street in den Fokus der Öffentlichkeit – und wurde nun aus einer völlig anderen Perspektive betrachtet: Während die lokalen Medien vorher ausschließlich über die Immobilienprojekte berichtet hatten, ging es nun um den angemessenen Umgang mit dem städtebaulichen

Erbe und die Möglichkeiten einer langfristigen Nutzung dieses filmtouristischen Potenzials.

Aufgrund der breiten Diskussion fand schließlich ein planerischer Paradigmenwechsel statt: Die zuständige „Urban Renewal Authority" (URA) verzichtete auf die ursprünglich vorgesehene Hochhausbebauung; stattdessen stellte sie den Eigentümern finanzielle Mittel für die Renovierung der alten Gebäude zur Verfügung (vgl. PAN/RYAN 2011, S. 136).

Die Darstellung der unterschiedlichen wirtschaftlichen, gesellschaftlichen und ökologischen Effekte des Filmtourismus hat deutlich gemacht, dass er für eine Region sowohl Vor- als auch Nachteile mit sich bringen kann; diese Chancen und Risiken sowie die Erfolgsfaktoren sollen im Folgenden zusammenfassend erläutert werden.

4.3   Chancen, Risiken und Erfolgsfaktoren des Filmtourismus

Auf den ersten Blick scheint der Filmtourismus für die Destinationen ein „Feld der Träume" zu sein – ein lukratives, bislang wenig erschlossenes Geschäftsfeld mit positiven Wachstumsperspektiven. Bei genauem Hinsehen wird jedoch deutlich, dass sich der Weg dorthin auch als eine „Road to Perdition" erweisen kann. Nur wenn die Tourismusakteure die spezifischen Möglichkeiten und Gefahren dieses Marktsegments kennen, sind sie in der Lage, die Erwartungen der Kunden angemessen zu erfüllen, die vorhandenen Human- und Finanzressourcen zielgerichtet einzusetzen sowie die potenziellen gesellschaftlichen und ökologischen Belastungen zu minimieren (vgl. Tab. 5).

4.3.1   Chancen des Filmtourismus

Generell bietet der Filmtourismus einer Destination Management Organisation zahlreiche Vorteile: Sie kann die große Popularität von Filmen nutzen, ein attraktives Alleinstellungsmerkmal im Wettbewerb kreieren, ihre Produktpalette erweitern, neue Einnahmenquellen für lokale Unternehmen erschließen und auch für eine bessere Auslastung des touristischen Angebots im Jahresverlauf sorgen.

4.3.1.1   Hoher Aufmerksamkeitswert aufgrund der großen Popularität von Filmen

Spielfilme und TV-Serien erreichen häufig ein Millionenpublikum und steigern damit – zumindest indirekt – auch das Interesse an den Schauplätzen. Die positiven Wirkungen beschränken sich jedoch nicht auf diesen quantitativen Effekt; vielmehr besitzen Bilder eine enorme Überzeugungskraft. Im allgemeinen *Information Overload* werden sie von den Medienkonsumenten weitaus intensiver wahrgenommen, als Werbebotschaften in Zeitschriften, Magazinen, Prospekten etc. (vgl. REWTRAKUNPHAIBOON 2009, S. 6).

Bereits in der *Production*-Phase kann der Scheinwerfer der öffentlichen Aufmerksamkeit auf eine Destination gelenkt werden – z. B. durch Berichte über die Dreharbeiten (vgl. WARD/O'REGAN 2009, S. 219). Nach dem Erscheinen des Films kommt es in der *Post-Production*-Phase häufig zu einer zeitlich begrenzten Belebung der Nachfrage.

Chancen	Risiken
hoher Aufmerksamkeitswert aufgrund der großen Popularität von Filmen	sinkende Attraktivität mit zunehmender zeitlicher Distanz zum Erscheinungsjahr
Schaffung eines Alleinstellungsmerkmals (*Unique Selling Proposition*)	begrenzte Reichweite einiger Themen (nationale Märkte, kleine Zielgruppen)
Erweiterung der touristischen Produktpalette einer Destination	unkalkulierbarer Erfolg von Filmproduktionen
lukratives Geschäftsfeld für lokale Unternehmen	selektive, klischeeartige bzw. negative Wahrnehmung von Destinationen
Verlängerung der Saison/ Erschließung neuer Destinationen	Unzufriedenheit der Gäste aufgrund des Widerspruchs zwischen Erwartungen und Realität

Tab. 5: Zu den wichtigen Grundlagen eines professionellen Marketing und Management gehört – neben einer kritischen Stärken-Schwächen-Analyse – auch eine realistische Chancen-Risiken-Analyse. Nur bei genauer Kenntnis der Möglichkeiten und Gefahren des Filmtourismus können Fehlentwicklungen und Belastungen vermieden werden.

Aufgrund dieser Wirkungen werden Filme auch mit Mega-Events verglichen; zu solchen sog. *Hallmark Events* zählen u. a. (vgl. RITCHIE 1984, S. 2; STEINECKE 2011, S. 137):

- wirtschaftliche Events (Ausstellungen, Messen, Kongresse etc.),
- Kultur-Events (Festivals, Festspiele, Open-Air-Konzerte etc.),

- Sport-Events (Olympische Spiele, Formel-1-Rennen etc.),
- politische Events (Parteitage, Staatsbesuche, Gedenkfeiern etc.),
- religiöse Events (Wallfahrten, Kirchentage etc.),
- natürliche Events (Frühlingsblüte, Vulkanausbrüche etc.).

Im Gegensatz zu solchen Veranstaltungen bieten Filme als *Hallmark Events* mehrere Vorteile: Zum einen müssen die Destination Management Organisationen (zunächst) keine eigenen Anstrengungen unternehmen, um an den positiven Effekten zu partizipieren (Budget, Personal etc.); zum anderen halten sich die Besucher relativ lange an den Drehorten bzw. Schauplätzen auf und entwickeln deshalb eine starke Bindung an die Destination – aufgrund ihres emotionalen *Involvements* in die Handlung und ihrer Empathie für die Protagonisten. Allerdings können die Tourismusverantwortlichen diese Effekte nicht in gleicher Weise steuern wie bei typischen Kultur-, Sport- bzw. Unterhaltungs-Events, da sie keinen direkten Einfluss auf das Drehbuch und die Auswahl von *Locations* haben (vgl. RILEY/VAN DOREN 1992, S. 268–269; RILEY/BAKER/VAN DOREN 1998, S. 922; CROY 2011, S. 161).

4.3.1.2   Schaffung eines Alleinstellungsmerkmals (*Unique Selling Proposition*)

Speziell historische Baudenkmale wie Burgen, Schlösser, Landsitze, Klöster etc. erfahren durch ihre Funktion als *Locations* von Spielfilmen eine zusätzliche Aufmerksamkeit, durch die sie aus der Masse vergleichbarer Kultureinrichtungen deutlich hervorgehoben werden (vgl. BUSBY/KLUG 2001, S. 321; TUCLEA/ NISTOREANU 2011). So präsentiert sich z. B. das Kloster Eberbach im Rheingau auf seiner *Website* als „weltbekannter Drehort" und verweist u. a. auf die Filme „Der Name der Rose" und „Vision – Aus dem Leben der Hildegard von Bingen", die in der ehemaligen Zisterzienserabtei produziert worden sind (⌂ www. kloster-eberbach.de).

✳ **Der *Darcy*-Effekt**

Obwohl sich das filmtouristische Interesse vor allem auf *die* Baudenkmale richtet, die als *Locations* fungiert haben, können häufig auch andere Kulturakteure daran teilhaben: In historischen Filmen spielt z. B. die *Performance* – besonders die *Storyline* – eine weitaus größere Rolle als der *Place;* aus diesem Grund wecken sie generell das Interesse des Kino- und Reisepublikums an Gebäuden einer bestimmten Periode der Geschichte.

So hat z. B. die TV-Serie „Stolz und Vorurteil", die im Jahr 1995 von der BBC ausgestrahlt wurde, einen sog. *Darcy-Effekt* ausgelöst (benannt nach Mr. Darcy – einer der Hauptfiguren des Romans von Jane Austen, der als Vorlage des Films diente). Nicht nur die Drehorte wie „Sudbury Hall" (Derbyshire) und „Lyme Park, House and Garden" (Cheshire) konnten in den Folgejahren steigende Besucherzahlen verzeichnen, sondern auch andere englische Landsitze aus dem 18. Jahrhundert.

Diese wachsende touristische Nachfrage war nicht zuletzt eine Folge der professionellen Marketing-Maßnahmen des „National Trust", der die Kostüme der TV-Serie auch in anderen Herrenhäusern präsentierte (vgl. SARGENT 1998).

4.3.1.3   Erweiterung der touristischen Produktpalette einer Destination

Die Handlungsmöglichkeiten einer Destination Management Organisation werden generell durch Faktoren wie das Klima, die Landschaft etc., aber auch das endogene kulturelle Erbe bestimmt. Aus diesem Grund weisen z. B. viele deutsche Destinationen ein ähnliches Spektrum an Produkten auf; vielerorts gibt es rad-, wander-, kultur- bzw. gesundheitstouristische Angebote (vgl. STEINECKE 2013, S. 157). In den mediterranen Zielgebieten (Spanien, Türkei, Griechenland etc.) ist die Abhängigkeit von den Standortfaktoren noch größer: Traditionell haben sich diese Länder auf den Badetourismus konzentriert und sind damit zu weitgehend austauschbaren Zielgebieten geworden.

In *Tunesien* wird diese begrenzte Angebotspalette u. a. durch eine filmtouristische Attraktion erweitert: organisierte Ausflüge mit Piratenschiffen. Als thematischer Bezugspunkt dient dabei der Film „Piraten", der vor der tunesischen Küste gedreht wurde. Zentrales *Set* war der nahezu perfekte und sogar seetaugliche Nachbau einer spanischen Gallone; die „Neptune" lag lange Zeit als touristische Attraktion in der Marina von Port el-Kantaoui (inzwischen hat sie einen neuen Liegeplatz in Genau gefunden). Findige tunesische Unternehmer haben bereits frühzeitig das touristische Potenzial des Themas erkannt: Inzwischen gibt es ca. 50 Piratenschiffe, die für unterschiedliche Zwecke genutzt werden – z. B. für Ausflugsfahrten mit ausländischen Urlaubern (inklusive Piratenshow und Animation), für tunesische Familienfeste sowie für Film- und Werbeaufnahmen. Mit ihrem Angebot nutzen die Betreiber nicht nur die *Storyline* dieses speziellen Films, sondern generell den Piraten-Mythos, der seit dem Erfolgsroman „Die Schatzinsel" von Robert Louis Stevenson (1883) in Büchern, Spielfilmen und Spielwaren (Lego, Playmobil) immer wieder eine Renaissance erfährt. Für die Urlauber auf den Piratenschiffen wird diese „imaginäre Phantasiewelt fast als Tatsache erlebbar" (ESCHER/RIEMPP/WÜST 2008, S. 47).

Doch auch bekannte großstädtische Destinationen können ihr Angebotsspektrum erheblich erweitern, indem sie Drehorte und Schauplätze professionell nutzen: So verfügt z. B. die österreichische Hauptstadt Wien über einen umfangreichen Bestand an historischen Bauten und bekannten Kultureinrichtungen, doch erst die „Sissi"-Filme haben einen *Hype* um die Kaiserin Elisabeth von Österreich ausgelöst. Er wird inzwischen auf vielfältige Weise kommerziell in Wert gesetzt – u. a. durch die Dauerausstellung „Sissi im Film" im „Hofmobiliendepot. Möbel Museum Wien", das „Sisi-Museum" in der Hofburg, das Musical „Elisabeth", thematische Stadtführungen und zahlreiche „Sissi"-Süßigkeiten: „Sometimes it seems inevitable to escape the Austrian empress in Vienna" (PETERS u. a. 2011, S. 178).

4.3.1.4 Lukratives Geschäftsfeld für lokale Unternehmen (Einzelhändler, *Incoming*-Agenturen, Handwerker)

Um diese Chance zu nutzen, ist es allerdings erforderlich, dass die Destination Management Organisation zunächst die Filmproduktion und später auch die filmtouristischen Angebote eng mit der örtlichen Wirtschaft verknüpft. Auf diese Weise stehen Kompetenz-*Cluster*, die günstige Standortbedingungen für künftige Produktionen bieten.

Seit dem Erscheinen der ersten „Wallander"-Filme, die nach Romanen von Henning Mankell in den 1990er-Jahren entstanden, hat z. B. die südschwedische Stadt Ystad dieses Marktsegment konsequent bearbeitet. Inzwischen gibt es dort mehr als 100 Betriebe, die filmbezogene bzw. filmtouristische Dienstleistungen und Produkte anbieten. Darüber hinaus hat die Stadt eine Filmuniversität gegründet, in der Oberstufe der Schulen gibt es einen Kurs „Crime Science Investigation" und regelmäßig wird die Filmtagung „Mixed Reality Scandinavia" veranstaltet. Mit diesen Maßnahmen versucht die Stadt, sich dauerhaft als attraktiver Produktionsstandort zu positionieren (vgl. HEDLING 2010, S. 73–74; Filmby Aarhus 2012, S. 26).

4.3.1.5 Verlängerung der Saison/Erschließung neuer Destinationen

Im Gegensatz zu Tourismusarten, die in hohem Maße klima- bzw. wetterabhängig sind (speziell der Bade- und Wintersporttourismus), handelt es sich beim Filmtourismus um ein zeitlich weitgehend ungebundenes Marktsegment. Wie klassische Kulturdenkmale (Burgen, Schlösser, Kirchen etc.) können auch die Drehorte und Schauplätze in der Regel das ganze Jahr über besichtigt werden;

aus diesem Grund tragen Filmtouristen zu einer Belebung der Vor- und Nachsaison bei (vgl. VAGIONIS/LOUMIOTI 2011, S. 356; TANSKANEN 2012, S. 25).

Diese positive Wirkung lässt sich am Beispiel der britischen TV-Serie „Bergerac" verdeutlichen: Drehort und Schauplatz war die Kanalinsel Jersey. Die 87 Episoden wurden nicht nur von der BBC ausgestrahlt, sondern u. a. auch vom Fernsehen der DDR und von bundesdeutschen Privatsendern. In einer empirischen Untersuchung gaben generell 40 Prozent der befragten Urlauber auf Jersey an, dass sie bei ihrer Reiseentscheidung von „Bergerac" beeinflusst worden waren – und in den nachfragearmen Wintermonaten war immerhin jeder dritte Gast aufgrund der TV-Serie auf die Insel gekommen (vgl. TOOKE/BAKER 1996, S. 89).

Darüber hinaus können Spielfilme dazu beitragen, dass bislang weniger bekannte Destinationen auf dem Tourismusmarkt eine größere Aufmerksamkeit erfahren: Diese Wirkungen löste z. B. der Film „Chocolat – Ein kleiner Biss genügt" in der Region Burgund aus und das Kriegsdrama „Die Liebe der Charlotte Gray" führte zu einer Belebung des Tourismus im Südwesten Frankreichs (vgl. O'CONNOR/FLANAGAN/GILBERT 2008, S. 425).

Teilweise kommt es auch zu einem Besucherboom in besonders abgelegenen Orten abseits klassischer Reiserouten – wie im Falle des „Devils Tower National Monument" in Wyoming als Drehort des Films „Unheimliche Begegnung der dritten Art" oder des „Arches National Monument" in Utah als *Location* des Films „Thelma & Louise" (vgl. RILEY/VAN DOREN 1992, S. 271–272).

4.3.2   Risiken des Filmtourismus

Diesen zahlreichen Chancen des Filmtourismus steht allerdings auch eine Reihe von Risiken gegenüber; dazu zählen u. a. der relativ kurze Produktlebenszyklus, die begrenzte räumliche Reichweite und der schwer zu kalkulierende Erfolg von Filmen sowie die klischeeartige Darstellung von Destinationen, die bei den Filmtouristen zu Unzufriedenheit und Enttäuschung führen kann (aufgrund des Widerspruchs zwischen Erwartungen und Realität).

4.3.2.1   Sinkende Attraktivität mit zunehmender zeitlicher Distanz zum Erscheinungsjahr

Da ständig neue Filme und TV-Serien produziert werden, handelt es sich bei diesen Medien generell um recht kurzlebige Produkte (die allenfalls durch *Sequels,* erneute Ausstrahlungen in TV-Sendern, die Veröffentlichung von DVDs bzw. ein *Online Streaming* nachhaltige Effekte auf das Reiseverhalten ausüben können).

Selbst für äußerst beliebte TV-Serien wie die legendäre „Schwarzwaldklinik" trifft dieser Sachverhalt zu; die 70 Episoden liefen von 1985 bis 1989 im „Zweiten Deutschen Fernsehen" (ZDF) und erreichten Einschaltquoten von 60 Prozent (bis zu 28 Millionen Zuschauer). Darüber hinaus wurde die Serie in 38 anderen Ländern gezeigt. Im Glottertal (Schwarzwald) – dem Schauplatz – lösten die Geschichten um Prof. Dr. Klaus Brinkmann und die Krankenschwester Christa zunächst einen touristischen *Hype* aus: Es wurde zum beliebten Ziel von Bustouristen und Ausflüglern. Die vielen Filmfans hofften, dort einen Blick hinter die Kulissen werfen zu können und die Schauspieler zu treffen (obwohl die Dreharbeiten in einem Hamburger Studio stattfanden). Die Begeisterung für das Krankenhaus ging sogar so weit, dass sich dort promovierte Chirurgen und Anästhesisten bewarben, obwohl es sich um eine Kurklinik handelte, in der es überhaupt keinen Operationssaal gab (vgl. STEINECKE 2010, S. 130).

Mit dem Ende der Arztserie ging auch das Interesse an den Schauplätzen zurück: „Es tröpfelt so vor sich hin. Ein paar Ungarn kommen, Italiener und Franzosen, aber die trinken höchstens einmal einen Eiskaffee. Es ist alles bescheidener geworden, die Kaufkraft ist weg. Wir sind halt nicht Neuschwanstein", so beschrieb ein Souvenirhändler die Situation im Jahr 2008 – und forderte: „Die Schwarzwaldklinik muss wieder her!" (KOPPELSTÄTTER 2008).

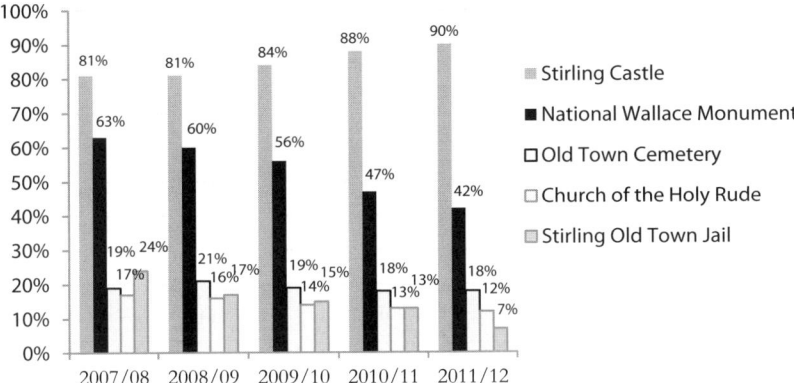

Abb. 48: Ein Risiko des Filmtourismus ist der relativ kurze Produktlebenszyklus der Attraktionen. Wenn die Spielfilme nicht regelmäßig von TV-Sendern ausgestrahlt werden, können auch die Schauplätze schnell wieder in Vergessenheit geraten. So erlebte z. B. das schottische „National Wallace Monument" aufgrund des Films „Braveheart" zunächst einen Ansturm von Besuchern, der sich jedoch in den folgenden Jahren immer mehr abschwächte.

Diese grundsätzliche Schwäche des Filmtourismus lässt sich auch am Beispiel des „National Wallace Monument" in Schottland verdeutlichen, dessen Besucherzahlen nach der Premiere von „Braveheart" im Jahr 1995 zunächst sprunghaft anstiegen (→ 1.4). In jüngerer Zeit ging das Interesse an dem Denkmal deutlich zurück: Im Jahr 2007/08 hatten 63 Prozent der Urlauber in Stirling das Monument besichtigt, vier Jahre später waren es nur noch 42 Prozent. Hingegen konnten andere lokale Sehenswürdigkeiten im gleichen Zeitraum steigende Besucherzahlen verzeichnen (vgl. Lynn Jones Research 2012, S. 13; Abb. 48).

Generell erweist es sich als schwierig, belastbare Aussagen zur Dauer des touristischen Produktlebenszyklus von Filmen zu machen: So ergab eine Untersuchung in Australien, Neuseeland und Kasachstan, dass die Nachfrage zwei Jahre nach dem Erscheinen der Filme wieder zurückging. Hingegen konnten zwölf filmtouristische Destinationen in den USA mindestens vier Jahre nach der Premiere noch ein deutlich höheres Besucheraufkommen verzeichnen als vorher (vgl. RILEY/BAKER/VAN DOREN 1998, S. 930; MITCHELL/STEWART 2012, S. 1440).

Allerdings gibt es auch Filme (bzw. Themen), die ihre Attraktivität über einen längeren Zeitraum bewahren – wie z. B. der Thriller „Der dritte Mann" oder die „Sissi"-Filme, die jedes Jahr im deutschen Fernsehen gezeigt und von zahlreichen Destination Management Organisationen für die Entwicklung touristischer Produkte genutzt werden. In einer empirischen Untersuchung gab z. B. jeder dritte Befragte an, dass er bei seiner Entscheidung für einen Wien-Besuch durch die „Sissi"-Filme beeinflusst worden war (vgl. PETERS u. a. 2011, S. 174; ZIMMERMANN/REEVES 2009, S. 160; → 4.3.1.3; Exkurs: Der Kult um die *Celebrities*).

Auch die Schauplätze der „Immenhof"-Filme, die in den 1950er- bis 1970er-Jahren in Schleswig-Holstein entstanden, werden weiterhin von filminteressierten Gästen besucht. Wesentliche Voraussetzungen für einen langfristigen Erfolg sind dabei die regelmäßige Präsenz der Filme in den Massenmedien sowie eine Institutionalisierung als Besucherattraktion: So gibt es z. B. in Malente ein „Immenhof"-Museum, das Film-Touren veranstaltet, über einen Fan-Shop verfügt und auch einen „Immenhof"-Preis vergibt; außerdem wurde im „Wyndham Garden Bad Malente Dieksee Hotel" (einem der Drehorte) ein „Dalli"-Zimmer eingerichtet, das nach einer der Hauptfiguren benannt ist (www.immenhof museum.de; → 5.2).

4.3.2.2   Begrenzte Reichweite einiger Themen auf nationale Märkte

Die touristischen Effekte von Filmen und TV-Serien hängen im Wesentlichen davon ab, ob es sich bei den Produktionen um *Blockbuster* handelt, die weltweit ein breites Publikum erreichen und entsprechend hohe Einspielergebnisse erzielen. In vielen Fällen stoßen das Thema, die *Storyline* bzw. die Besetzung jedoch nur auf ein relativ geringes (allenfalls nationales) Interesse und die hohen Erwartungen hinsichtlich touristischer Impulse werden nicht erfüllt.

Als Beispiel ist der Film „Gesetzlos – Die Geschichte des Ned Kelly" zu nennen, in dessen Mittelpunkt der legendäre *Bushranger* und *Outlaw* steht (eine Art australischer Robin Hood, der gegen die britische Kolonialmacht kämpft und sich für die Gerechtigkeit einsetzt). Da er auf dem fünften Kontinent als historische Kultfigur und (inoffizieller) Nationalheld gilt, strömten die Australier in die Kinos. Weltweit war der Andrang hingegen gering: Im ersten Jahr nach der Premiere wurden nur 15 Prozent der Einnahmen im Ausland erzielt.

Auch die touristischen Wirkungen beschränkten sich weitgehend auf den australischen Binnenmarkt, obwohl die Tourismusverantwortlichen gehofft hatten, mit der Verfilmung der abenteuerlichen Lebensgeschichte vor allem die internationale Nachfrage zu beleben – wie es Neuseeland mit der Filmtrilogie „Der Herr der Ringe" eindrucksvoll gelungen war. Als wesentliche Ursachen für den geringen internationalen Erfolg gelten u. a. die schlecht koordinierten Marketing-Maßnahmen, die ungenügend erschlossenen Drehorte und die fehlende Einbeziehung der *Locations* in Ausstellungen und Events (vgl. FROST 2006, S. 252–253).

4.3.2.3 Unkalkulierbarer Erfolg von Filmproduktionen

Generell verfügt die Mehrzahl der Destination Management Organisationen über sehr begrenzte finanzielle und personelle Ressourcen – unabhängig von der Geschäftsform (Verein, Amt, Gesellschaft mit beschränkter Haftung etc.). Aus Sicht der Verantwortlichen zählt die Unterstützung von Film- und TV-Produktionen, aber auch die Entwicklung filmtouristischer Angebote zu den „trickiest bits" ihrer Arbeit: Sie ist mit großen Risiken verbunden, da der Erfolg von Spielfilmen und TV-Serien nicht exakt prognostiziert werden kann (vgl. HUDSON/RITCHIE 2006, S. 394; WARD/O'REGAN 2009, S. 218; ZIMMERMANN/REEVES 2009, S. 159):

▦ Selbst ein Monumentalfilm wie „Australia", für den weltweit eine aufwändigen Werbekampagne durchgeführt wurde, erwies sich nicht als *Blockbuster;* er konnte nicht die geplanten Einspielergebnisse erzielen und löste nicht die erhofften touristischen Effekte aus (→ 3.1.1).

▦ Auch die deutsche TV-Serie „Sternenfänger" erwies sich als *Flop*: Sie lief im Jahr 2002 im Vorabendprogramm der ARD und sollte vor allem ein jugendliches Publikum ansprechen. Die Dreharbeiten der 26 Episoden fanden in Überlingen und im Hinterland des Bodensees statt. Mit knapp zwei Millionen Zuschauern und einem Marktanteil von ca. zehn Prozent erreichte die erste

Staffel jedoch nicht die Ziele, die vom Sender festgelegt worden waren; aus diesem Grund wurde die Produktion eingestellt. Die Tourismusakteure der Stadt Überlingen bedauerten diese Entscheidung; zugleich verwiesen sie darauf, dass die Serie ein positives Bild der Region vermittelt hätte und es auch zu einer Belebung des Tourismus gekommen sei – nicht zuletzt durch die Beherbergung der Filmcrew während der Dreharbeiten (vgl. Südkurier, 07.11.2002).

4.3.2.4   Selektive bzw. negative Darstellung von Destinationen

In vielen Spielfilmen und TV-Serien werden Bilder von Städten und Landschaften eingesetzt, um die Handlung dramaturgisch zu überhöhen und ihr eine zusätzliche metaphorische Bedeutung zu verleihen; diese Effekte können nur durch eine Auswahl und Reduktion der Bildinhalte erreicht werden. Dabei greifen Filme auf vorhandene Images der Orte sowie vor allem auf die Rezeptionserwartung der Zuschauer zurück: „Der Effekt des Wiedererkennens im Lichtspieltheater ist und war von höchster Wichtigkeit beim Zuschauer" (ESCHER/ ZIMMERMANN 2004, S. 163).

In der Regel haben Spielfilme also einen affirmativen Charakter: Sie bestätigen die bereits bestehenden Einstellungen, Vorurteile, Dispositionen etc. und tragen zu einer stereotypen, nicht realitätsgerechten Darstellung der Schauplätze bei (vgl. ZIMMERMANN 2009a, S. 143; ESCHER/ZIMMERMANN 2001, S. 228; BOLL-HÖFER/STRÜVER 2005, S. 35–37; REIJNDERS 2009, S. 171–172):

▪ So sind in der englischen Grafschaft Yorkshire mehrere populäre TV-Serien gedreht worden, die seit den 1970er-Jahren von britischen Sendern ausgestrahlt wurden („Last of the Summer Wine", „Heartbeat", „Emmerdale" etc.). Kritiker bemängeln, dass in den Folgen zumeist ein nostalgisches und idyllisches Bild vom ländlichen Leben in früheren Zeiten gezeichnet wird. Inzwischen versuchen die Tourismusakteure, dieses nostalgische Image zu korrigieren und sich als zeitgemäße Destination zu präsentieren – z. B. mit einer lebendigen *Café Culture* und Kunstszene in Städten wie Leeds und Sheffield (vgl. O'CONNOR/FLANAGAN/GILBERT 2008, S. 432; 2010, S. 69).

▪ In der westlichen Welt haben die beiden Filme „Sieben Jahre in Tibet" und „Kundun" einen großen Einfluss auf das Image Tibets gehabt: Im Mittelpunkt stehen die eindrucksvolle Natur sowie die höflichen und tief religiösen Menschen. Damit haben sie das Bild eines paradiesischen Shangri-La aufgenommen und verstärkt, das der Schriftsteller James Hilton bereits 1933 in seinem Roman „Lost Horizon" von dem Land gezeichnet hat. Gleichzeitig wurden aber neuere Entwicklungen weitgehend ausgeblendet – wie z. B. der zunehmende wirtschaftliche Fortschritt und vor allem der wachsende Einfluss der chinesischen Zentralregierung auf Kultur, Religion und Gesellschaft (vgl. MERCILLE 2005).

▨ Die Vorstellung von Irland als „Grüne Insel" ist zunächst durch Spielfilme wie „The Quiet Man/Der Sieger" und „Ryan's Tochter" geprägt worden; später hat die Tourismuswerbung wesentliche Elemente dieses Images genutzt – z. B. die intakte Natur und idyllische Landschaft sowie die freundliche und eigenwillige Bevölkerung. In dieser nostalgischen Darstellung ist kein Platz für den ökonomischen Boom der 1990er-Jahre (Irland als „keltischer Tiger") und die spätere Krise, die mit einer zunehmenden Urbanisierung, einem enormen Ausbau der Verkehrsinfrastruktur und einem erheblichen sozialen Wandel einhergingen (vgl. BRERETON 2006, S. 2–4; O'CONNOR 2011, S. 109).

In solchen Fällen kommt es allenfalls zu Diskrepanzen zwischen der virtuellen Kinowelt und der realen Situation, die bei Filmtouristen zu Enttäuschungen führen kann. Weitaus negativer sind hingegen die Effekte, die speziell durch sozialkritische Filme ausgelöst werden, deren Handlung in Armutsquartieren und Slums spielt – wie z. B. bei dem brasilianischen Film „City of God". Er schildert den durch Drogen und Gewalt geprägten Alltag in einem Elendsviertel von Rio de Janeiro.

In einem Test hat ARAÚJO (2013) die Wirkungen dieses Films auf das Interesse an einer Reise nach Brasilien empirisch erfasst: Die Probanden, bei denen es sich um portugiesische Studierende handelt, füllten jeweils einen Fragebogen *vor* und *nach* der Vorführung aus. Die Einstellungen zu Brasilien wurden in drei Dimensionen gemessen – dem generellen Wunsch, einmal dorthin zu reisen, der Wahrscheinlichkeit, eine Reise dorthin zu unternehmen, sowie der Eignung des Landes als persönliches Reiseziel.

Bei der Mehrzahl der Teilnehmer wurden in der zweiten Befragung jeweils signifikant niedrigere Werte ermittelt als in der ersten Erhebung (vgl. Abb. 49). Nur bei einem kleinen Teil der Untersuchungsgruppe war ein positiver Effekt des Films festzustellen: Diese Befragten waren besonders beeindruckt von den Schauplätzen, den Darstellern und der spannenden Atmosphäre. In ihrer Reaktion kam jedoch kein ernsthaftes Interesse an einem Besuch der *Favelas* zum Ausdruck, sondern vielmehr ein generelles Bedürfnis nach Abwechslung, Sensation und Abenteuer (Eskapismus-Motiv): Der Film hat diesen Zuschauern die Möglichkeit geboten, sich mit den Protagonisten zu identifizieren und so für kurze Zeit einem beruflichen und privaten Alltag zu entfliehen, der als routinehaft und langweilig empfunden wird.

4.3.2.5   Unzufriedenheit der Gäste aufgrund des Widerspruchs zwischen Erwartungen und Realität

Durch die Verknüpfung der *Storyline* mit den jeweiligen Schauplätzen wird der reale Raum emotional aufgeladen – und entsprechend hoch sind die Erwartungen der Filmtouristen bei einem Besuch der *Locations*: Sie wollen die großartige, eindrucksvolle, spannungsreiche bzw. romantische Atmosphäre spüren, die ihnen durch den Spielfilm oder die TV-Serie vermittelt worden ist.

Die touristische Realität sieht aber zumeist anders aus: Zum einen sind die Zielgebiete keine „heilen" fiktiven Welten mit Schauspielern, Komparsen und Kulissen, sondern normale Lebensräume der einheimischen Bevölkerung – mit einer fragmentierten städtebaulichen Struktur und den üblichen Alltagsproblemen (Hektik, Andrang in Restaurants und Geschäften, mangelnde Dienstleistungsbereitschaft, Verkehrsstaus etc.).

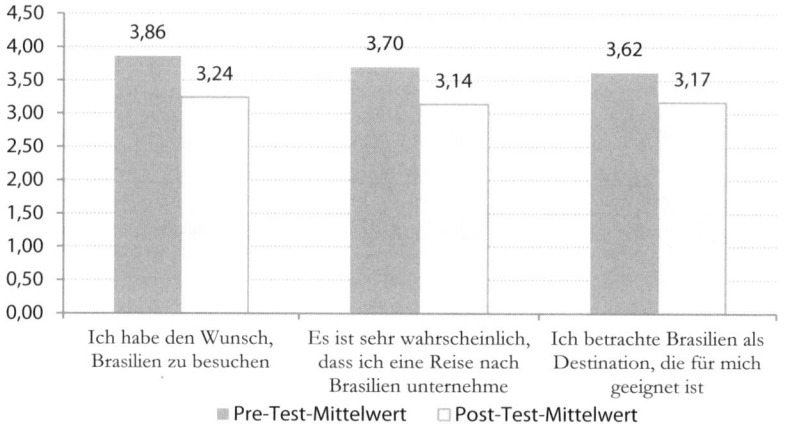

Abb. 49: Spielfilme können auch einen negativen Einfluss auf das Image eines Landes und die Reiseabsichten potenzieller Urlauber haben. Zu diesem Ergebnis kam eine empirische Erhebung, in der die Einstellungen der Teilnehmer zu Brasilien als Urlaubsziel gemessen wurden – jeweils vor und nach der Vorführung des Dramas „City of God", das in einem Elendsviertel von Rio de Janeiro spielt (Likert-Skala: 1 = starke Ablehnung, 5 = starke Zustimmung).

Aus diesem Grund kommt es bei den Filmtouristen häufig zu Enttäuschungen, die bereits am Beispiel des sog. „Paris-Syndrom" erläutert wurden, das bei einigen japanischen Touristen während ihres Aufenthalts in Frankreich auftritt (→ 2.2.1).

Zum anderen gibt es aber auch Destinationen, die ihre Drehorte nur unzureichend touristisch gestalten – entweder weil sie das filmtouristische Nachfragepotenzial falsch einschätzen oder weil sie die hohen Kosten bei der Schaffung dauerhafter Attraktionen scheuen. Auch in solchen Fällen werden die Ansprüche der Filmtouristen nicht umfassend erfüllt (solche Frustrationen können langfristig negative Folgen für die Destination haben, da unzufriedene Gäste ihre Erfahrungen breit kommunizieren und damit potenzielle Kunden beeinflussen):

▪ Auf der griechischen Insel Kefalonia führte das Liebesmelodram „Corellis Mandoline" zunächst zu einer deutlichen Steigerung der Ankunftszahlen internationaler Touristen. In einer Gästebefragung gaben 9,3 Prozent an, dass der Film bzw. der Roman von Louis de Bernières ihre Reiseentscheidung beeinflusst hatten. Vor Ort war dann aber jeder Dritte enttäuscht, da die lokalen Tourismusakteure das Thema nicht zielgruppengerecht aufbereitet haben: So gab es z. B. keine speziellen „Corelli-Touren" zu den *Locations,* der beliebte Strand von Antisamos (der für die *Storyline* eine ikonenhafte Bedeutung hat) wurde nicht als Schauplatz ausgeschildert und einige Filmsets (z. B. eindrucksvolle Gebäude im venezianischen Stil) sind nach dem Ende der Dreharbeiten wieder abgebaut worden. Da das filmtouristische Potenzial nicht professionell genutzt wurde, kam es nicht zu der anfänglich befürchteten *„Corellification"* der Insel; stattdessen gingen die Besucherzahlen bereits nach kurzer Zeit wieder zurück (vgl. BUSBY/O'NEILL 2006, S. 43; HUDSON/RITCHIE 2006a, S. 255–256).

▪ Auch bei den Besuchern der Kulissen von „Star Wars: Episode I – Die dunkle Bedrohung" in der tunesischen Wüste machte sich zunehmend Enttäuschung breit, wenn sie die *Location* Mos Espa besichtigten – im Film „eine gesetzlose Stadt und einer der größten Raumhäfen des Wüstenplaneten Tatooine" (🖰 www.jedipedia.wikia.com/wiki/Mos_Espa). Da die skurrilen Bauten mit ihren Kuppeldächern überwiegend aus Holz und Pappe errichtet worden waren, zeigten sie immer mehr Verfallserscheinungen; teilweise wurden sie auch vom Wüstensand verschluckt. Um diesen illusionären Ort zu erhalten, initiierten begeisterte Filmfans im Jahr 2014 das Projekt „Save Mos Espa" und sammelten 75.000 US-Dollar; die tunesische Regierung steuerte noch einmal so viel bei. Dieses Geld wurde dazu genutzt, 30.000 Kubikmeter Sand wegzukarren und die Gebäude zu restaurieren (vgl. ZIMMERMANN/REEVES 2009, S. 159; FAZ, 29.11.2014).

▪ Auf ambivalente Reaktionen stieß das filmtouristische Angebot in Tobermory auf der schottischen Isle of Mull: Der kleine Ort mit seinen farbenprächtigen Häusern war Drehort der beliebten britischen Kinder-TV-Serie „Balamory", von der die BBC zwischen 2002 und 2005 mehr als 250 Folgen ausgestrahlt hat. Knapp 70 Prozent der Tagesausflügler kamen nur auf die Insel, um diesen

Schauplatz zu besuchen; dabei handelte es sich überwiegend um Familien mit Kindern. In einer empirischen Untersuchung wurde generell ein hoher Zufriedenheitsgrad ermittelt, aber 29 Prozent der Gäste gaben negative Einschätzungen ab: Neben der strapaziösen An- und Rückreise (mit Fähre und Bus) wurde vor allem das geringe Freizeit- und Unterhaltungsangebot bemängelt und die unzureichende Umsetzung des „Balamory"-Themas: Viele erwachsene Besucher kritisierten, dass die charakteristischen Häuser nicht besichtigt werden können (da sie sich im Privatbesitz befinden). Aus ihrer Sicht sollte der Ort auch spezielle „Balamory"-Führungen anbieten und die hohen Erwartungen der Kinder insgesamt besser bedienen – z. B. durch den Auftritt von „*Look alike*"-Animateuren und andere filmbezogene Erlebnisangebote (vgl. CONNELL 2005, S. 250; 2005a, S. 773; CONNELL/MEYER 2009, S. 28; Abb. 50).

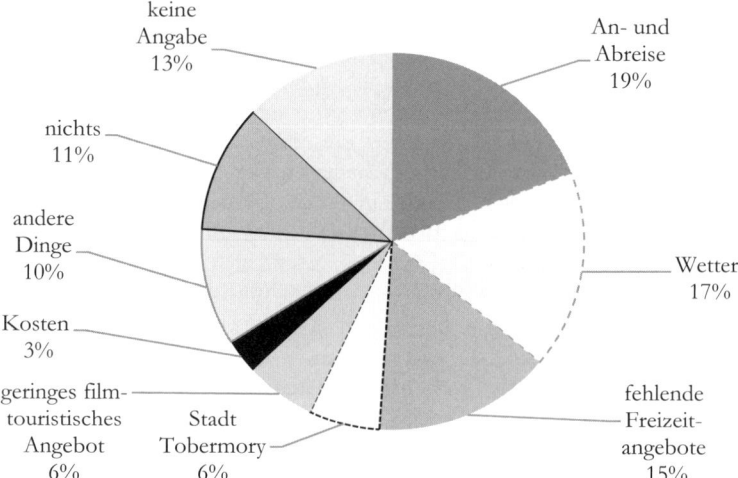

Abb. 50: In einer empirischen Studie auf der schottischen Isle of Mull – dem Schauplatz der erfolgreichen britischen Kinder-TV-Serie „Balamory" – wurde die Zufriedenheit der Tagesausflügler erfasst. Viele Gäste bemängelten generell die geringen Freizeit- und Unterhaltungsmöglichkeiten und speziell das unzureichende filmtouristische Angebot.

4.3.3   Erfolgsfaktoren des Filmtourismus

Auf der Basis der vorangegangenen Chancen-Risiken-Analyse können einige Erfolgsfaktoren des Filmtourismus bestimmt werden; dabei sind drei Aspekte von Film- bzw. TV-Produktionen zu unterscheiden: inhaltliche, organisatorische sowie logistische und touristische.

4.3.3.1   Inhaltliche Aspekte der Film- bzw. TV-Produktion

Zum einen wird die erfolgreiche touristische Nutzung von Drehorten und Schauplätzen durch inhaltliche Aspekte von Film- und TV-Produktionen wesentlich beeinflusst; dazu gehören u. a. (vgl. Olsberg-SPI 2008, S. 4; 2015, S. 15–16):

▨ Eine eindrucksvolle Geschichte mit starken Charakteren: Durch die Kombination aus einer ungewöhnlichen *Storyline* und einzigartigen Protagonisten unterscheiden sich Spielfilme und TV-Serien von traditionellen Werbespots, die immer eine durchschaubare Kaufbotschaft beinhalten (vgl. VAGIONIS/LOUMIOTI 2011, S. 360). Die Handlung und die Charaktere bieten den Zuschauern die Möglichkeit der Empathie und der Identifikation; deshalb lösen sie bei ihnen auch heftige Emotionen aus: Häufig bleiben die Kinobesucher nach besonders romantischen, dramatischen bzw. spannenden Filmen noch während des Abspanns sitzen, weil sie gefühlsmäßig vollkommen überwältigt sind. Dabei handelt es sich nicht nur um eine kurzfristige Reaktion, sondern auch um einen nachhaltigen Effekt: In einer empirischen Untersuchung in Großbritannien gaben 53 Prozent der Befragten an, dass sie sich besonders lange an die Emotionen erinnern können, die ein Film bei ihnen ausgelöst hat – und immerhin jeder Dritte war von den Schauplätzen nachhaltig beeindruckt (vgl. Abb. 51).

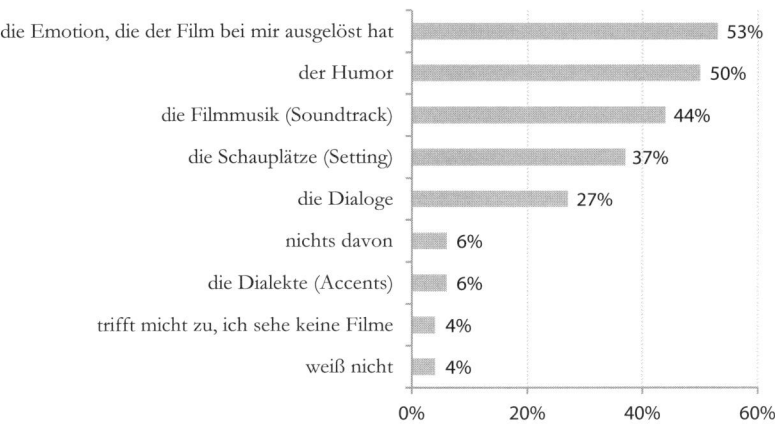

Abb. 51: Zu den besonders lang anhaltenden Eindrücken eines Films zählen (neben der Story und den Charakteren bzw. Schauspielern) vor allem die Emotionen, die er bei den Zuschauern ausgelöst hat, sowie der Humor und die Filmmusik – zu diesem Resultat kam eine englische Repräsentativuntersuchung. 37 Prozent der Befragten gaben an, dass sie besonders von den Schauplätzen beeindruckt waren.

▨ Eine große Reichweite des Films: Generell hängen die potenziellen touristischen Effekte eines Spielfilms von der Zahl der Zuschauer ab, die durch mehrere Faktoren beeinflusst wird. Internationale *Blockbuster* sind z. B. immer innovativ und einzigartig, treffen den aktuellen Geschmack und sprechen mit ihrem Thema ein breites Publikum an; darüber hinaus sorgen bekannte Darsteller und nicht zuletzt auch umfangreiche Marketing-Maßnahmen für einen Ansturm an den Kinokassen (vgl. RILEY/VAN DOREN 1992, S. 269–270; FilmFyn 2011, S. 27).

▨ Eine positive Grundstimmung: Mit ihrem obligatorischen *Happy End* bedienen viele Spielfilme und TV-Serien den Wunsch des Publikums nach einem Eskapismus in eine „heile" Welt, in der sich   meist nach zahlreichen dramatischen und spannenden Irrungen und Wirrungen – Alles zum Guten wendet. Diese Emotionen können sich die Filmtouristen bei ihrem Besuch der *Locations* wieder in Erinnerung rufen und vor Ort nachempfinden. Grundsätzlich geht es aber um die Frage, „wie sehr eine Filmproduktion das Publikum zu berühren weiß" (RÖSCH 2011, S. 279). Deshalb kann auch eine ambivalente bzw. sogar negative *Storyline* durchaus positive Wirkungen auf die touristische Entwicklung einer Destination haben – wie der Abenteuerfilm „Beim Sterben ist jeder der Erste", der in der Flusslandschaft der Appalachen (Georgia) spielt. An den Drehorten am Chattooga River löste er einen Boom des Outdoor-Tourismus aus: Jährlich kommen mehr als 250.000 Urlauber, um die Stromschnellen zu sehen und zu befahren (vgl. ZIMMERMANN/REEVES 2009, S. 156; CUFF 2015, S. 5).

▨ Eine Einbindung des Themas in eine bereits bekannte, hinlänglich etablierte Destinationsmarke: Für das Marketing von Destinationen erweisen sich generell Spielfilme und TV-Serien als hilfreich, mit denen die gleiche Zielgruppe angesprochen wird. Ein negatives Beispiel ist der Abenteuerfilm „Lara Croft: Tomb Raider", durch den die eindrucksvolle Tempelanlage Angkor Wat (Kambodscha) mit einem völlig anderen Narrativ belegt wurde. Traditionell hatte es sich bei dem weitläufigen Komplex um ein klassisches Ziel von Kulturtouristen gehandelt, denen die historische Bedeutung des Denkmals bewusst war. Nun löste die Geschichte um die Titelheldin (eine Mischung aus Indiana Jones und James Bond) einen massenhaften Zustrom von Besichtigungs- und Filmtouristen aus; dieses Reisepublikum interessierte sich weniger für die Baukunst der Khmer als vielmehr für die *Locations* – und verhielt sich dort auch entsprechend unsensibel und respektlos (vgl. WINTER 2002). Um derartige Irritationen zu vermeiden und sich als attraktive touristische Zielgebiete im (Unter-)Bewusstsein der Zuschauer zu verankern, sollten Tourismusorganisationen versuchen, bereits in der *Pre-Production*-Phase Einfluss auf die *Storyline* und die Auswahl der Drehorte zu nehmen. Auf diese Weise können sie für eine weitgehende Deckungsgleichheit zwischen ihrem Markenkern und den Inhalten des Films sorgen (CROY 2011, S. 162). Diese Strategie geht über ein einfaches *Product Placement* hinaus: Die Landschaft und Kulturdenkmale der Region werden bei einem solchen *Branded Entertainment* nicht einfach nur als Schauplätze präsentiert, sondern erzählerisch, dramaturgisch und atmosphärisch in die Handlung integriert (vgl. HORRIGAN 2009, S. 58–59). Als Beispiel ist das *Road Movie* „Basilicata Coast to Coast" zu nennen: Es entstand in enger Zusammenarbeit zwischen der Produktionsfirma sowie öffentlichen und privaten Tourismusakteuren; nach dem Erscheinen des Films konnte die Region Basilicata, die bis dahin im Schatten bekannter italienischer Zielgebiete gestanden hatte, einen deutlichen Aufschwung des Tourismus verzeichnen (vgl. BENCIVENGA u. a. 2012).

- Eine Nutzung historischer Gebäude bzw. kleiner Städte und Dörfer als Drehorte: Generell geht es vor allem um klare Bildbotschaften, die aus der Masse der täglichen Informations- sowie Bilderflut herausragen und deshalb einen hohen Wiedererkennungswert aufweisen. Außerdem sollten sie symbolhaft für übergeordnete Werte und Themen stehen – z. B. eine naturverbundene Lebensweise, einen heroischen Kampf gegen das Böse, einen Konflikt zwischen Arm und Reich, eine tragische bzw. glückliche Liebesbeziehung etc. Solche Sinngebungen lassen sich recht gut an traditionellen Bauten bzw. historischen Dörfern und Stadtquartieren festmachen, da sie über eine charakteristische (und damit nicht austauschbare) Architektur verfügen. In wenigen Fällen sind jedoch auch moderne Gebäude zu Film-Ikonen geworden – wie z. B. das Empire State Building in New York, das u. a. als bedeutungsvoller Schauplatz der Filme „Die große Liebe meines Lebens" und „Schlaflos in Seattle" fungierte. Selbst eine rote Telefonzelle kann zum festen Bestandteil des kollektiven Bildgedächtnisses und zu einer touristischen Attraktion werden: In der Komödie „Local Hero", die u. a. in dem kleinen schottischen Küstenort Pennan gedreht wurde, spielte sie eine entscheidende Rolle in der schwierigen Kommunikation zwischen Europa und den USA. Bis heute kommen Filmfans aus aller Welt, um sie zu besichtigen – und von dort aus zu telefonieren. Dabei spielt es keine Rolle, dass sie aufgrund der großen Nachfrage erst nachträglich vor dem „Pennan Inn" aufgestellt worden ist: Tatsächlich wurden die Szenen in einem Pappmaché-Nachbau auf der Kaimauer gedreht (vgl. Abb. 52).

- Eine große Bedeutung der (realen bzw. fiktiven) Schauplätze für die Story bzw. für die Handlungen und Erfahrungen der Hauptfiguren: Um beim Kinopublikum den Wunsch auszulösen, die Drehorte zu besichtigen, sollten die *Locations* nicht nur als austauschbare Hintergrundfolie dienen, sondern klar identifizierbar sein und auch eine wichtige eigene Rolle als *Character* im Film spielen. Erfahrungsgemäß ist das vor allem in *Tourist Poster Films* der Fall, in denen die Protagonisten Städte und Landschaften wie Touristen erkunden (vgl. MESTRE/DEL REY/STANISHEVSKI 2008, S. 191). So fahren z. B. Audrey Hepburn und Gregory Peck in der Romanze „Ein Herz und eine Krone" auf einer Vespa durch Rom und präsentieren den Zuschauern *en passant* die Sehenswürdigkeiten der Ewigen Stadt.

Abb. 52: Diese rote Telefonzelle im schottischen Küstenort Pennan war ein wichtiger Schauplatz der Komödie „Local Hero" aus dem Jahr 1983. Aufgrund ihres symbolischen Charakters und ihres hohen Wiedererkennungswerts ist sie zu einer filmtouristischen Ikone geworden, die immer noch von zahlreichen Schottland-Urlaubern besichtigt (und benutzt) wird.

Auch in TV-Krimiserien wie „Tatort" bzw. „Polizeiruf 110" sind die Kommissare bei ihrer Suche nach dem Täter ständig *„on the go"* – und nehmen das Publikum auf diese Weise mit zu unterschiedlichen Schauplätzen in Stadt und Land (vgl. REIJNDERS 2009, S. 173–164). Als eindrucksvolles Beispiel ist schließlich das Liebesdrama „Die Brücken am Fluss" zu nennen, in dem die charakteristischen überdachten Brücken von Madison County (Iowa) zu eigenen *Characters* innerhalb der Handlung werden – speziell die „Roseman Bridge", auf der sich die beiden Hauptfiguren treffen, die von Clint Eastwood und Meryl Streep gespielt werden (vgl. JEWELL/MCKINNON 2008, S. 155).

4.3.3.2   Organisatorische Aspekte der Film- bzw. TV-Produktion

Darüber hinaus wird die erfolgreiche touristische Nutzung von Drehorten und Schauplätzen durch mehrere organisatorische Aspekte der Film- bzw. TV-Produktion beeinflusst; dazu gehören u. a. (vgl. RÖSCH 2011, S. 26; Abb. 53):

▪ Enge Zusammenarbeit der Destination Management Organisation mit der regionalen *Film Commission*: Das Tätigkeitsspektrum der *Film Commissions* umfasst – neben der organisatorischen und logistischen Unterstützung von Produktionen – auch die Hilfe bei der Suche nach geeigneten Drehorten (z. B. in Form eines *Location*-Archivs). Trotz dieser inhaltlichen Schnittstelle zum Aufgabenbereich von Tourismusorganisationen ist die Zusammenarbeit zwischen den Film- und Tourismusakteuren noch verbesserungsbedürftig. So kam eine europaweite Befragung von 30 Destination Management Organisationen zu dem Ergebnis, dass zwar allen Verantwortlichen die große Bedeutung von Filmen für das Image der Region und die Entwicklung der Nachfrage bewusst ist; dennoch verfügten 40 Prozent der Befragten über keinerlei Erfahrung in der Kooperation mit Produzenten und Regisseuren. Die übrigen Akteure hatten dieses Marktsegment nur sporadisch und ohne mittelfristige strategische Zielsetzungen bearbeitet (vgl. CESARE/SALANDRA 2015, S. 6).

▪ Frühzeitige Kontaktaufnahme und intensive Kooperation mit den Filmproduktionsgesellschaften: Um die eigenen Interessen zu formulieren und einzubringen, sollten Destination Management Organisationen auch proaktiv und eng mit den Filmunternehmen zusammenarbeiten – wie z. B. die nationale Tourismusorganisation „VisitBritain", die spätestens ein Jahr vor der Premiere entsprechende Verhandlungen führt (vgl. HUDSON/RITCHIE 2006, S. 259; BRESH 2009, S. 18). Neben der Analyse des Drehbuchs, der vorgesehenen Drehorte und der Zielgruppe des Films ist u. a. die spätere Rechteverwertung vertraglich zu vereinbaren, denn häufig unterliegt die touristische Nutzung von *Locations* strikten Regelungen: „Die Verträge mit Hollywood erlauben uns nicht einmal, die Filme zu zeigen, geschweige denn, etwas daraus nachzuspielen" – so hat der Manager der „Hobbiton Movie Set & Farm Tours" in Neuseeland die Situation einmal in einem Interview beschrieben (RAUCH-HAUPT 2013). Im günstigsten Fall sollte die Produktionsfirma die Arbeit der Destination Management Organisation unterstützen, indem sie ihr z. B. Informationen über die GPS-Position von Kameraeinstellungen zur Verfügung stellt (um dort später *Marker* aufstellen zu können), Film- und Fotomaterial für eigene PR-Maßnahmen überlässt bzw. direkte Kontakte mit den Schauspielern ermöglicht – um sie eventuell als *Testimonials* für das Zielgebiet gewinnen zu können (vgl. CUFF 2013; → 3.2.3.2).

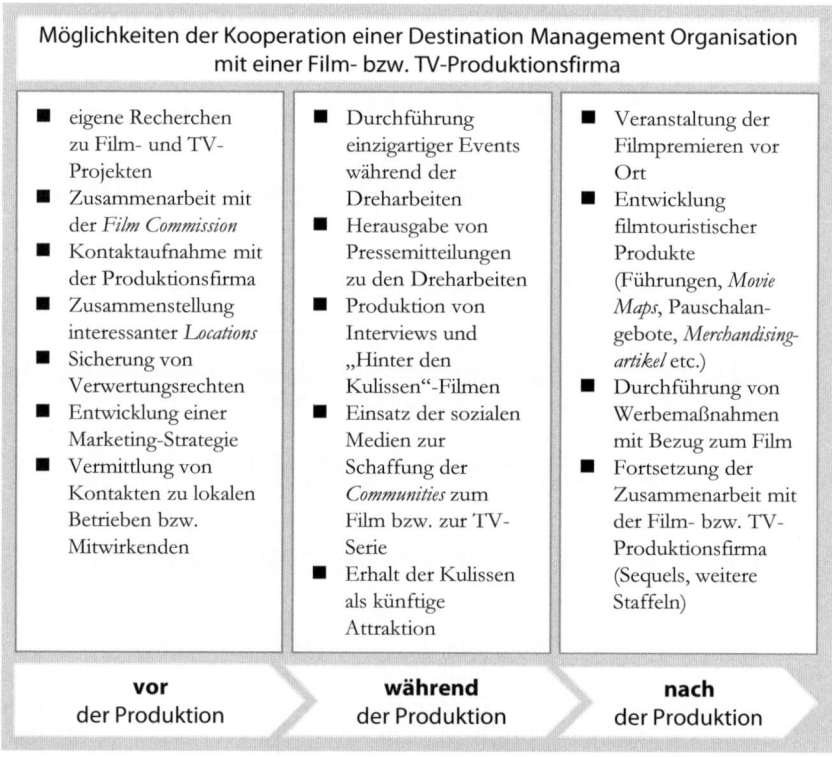

Abb. 53: Einer Destination Management Organisation stehen zahlreiche Instrumente zur Verfügung, um das touristische Potenzial von Spielfilmen und TV-Serien optimal in Wert zu setzen – vor Beginn der Dreharbeiten, während der Produktion und nach Abschluss der Dreharbeiten.

Erarbeitung eines filmtouristischen Marketingplans: Im Mittelpunkt sollten dabei zum einen themenspezifische Kommunikationsmaßnahmen stehen, die während des gesamten Produktlebenszyklus eines Films zum Einsatz kommen – von den Dreharbeiten (*Pre-Release*) über die Premiere und die Laufzeit in den Kinos bis hin zur Veröffentlichung auf DVD bzw. Wiederholungen im Fernsehen (vgl. VAGIONIS/LOUMIOTI 2011, S. 358). Zum anderen sollte ein breites Spektrum an filmtouristischen Produkten konzipiert werden, um die unterschiedlichen Erwartungen der Zielgruppe erfüllen zu können (Information, Erlebnis, Erfahrung etc.).

4.3.3.3 Logistische und touristische Aspekte der Film- bzw. TV-Produktion

Schließlich gehören logistische und touristische Aspekte der Film- bzw. TV-Produktion zu den Erfolgsfaktoren des Filmtourismus – wie z. B.:

Dauerhafte Präsenz der Filme in der öffentlichen Wahrnehmung, die z. B. durch *Sequels*, regelmäßige Sendungen im TV, DVDs bzw. *Online Streaming* erreicht wird. Dabei können erfolgreiche TV-Serien einen weitaus größeren Effekt haben als einzelne Filme: Durch ihre zahlreichen Staffeln und Folgen (die jeweils mit einem *Cliffhanger* enden) sind sie in der Lage, das Publikum intensiv und langfristig an die Handlung sowie die Protagonisten zu binden (*Audience Involvement*). Gleichzeitig steigern sie aber auch die Vertrautheit mit den Drehorten, die von den Produzenten häufig als symbolträchtige Ikonen eingesetzt werden – wie z. B. die idyllischen Landhäuser, gemütlichen Dörfer und eindrucksvollen Klippen in den Verfilmungen der Romane von Rosamunde Pilcher (vgl. O'CONNOR/FLANAGAN/GILBERT 2008, S. 423; KIM/LONG 2012, S. 177–181).

Klare Bezüge der Filmhandlung zu den Drehorten und Schauplätzen, die bei den Zuschauern den Wunsch auslösen, das Zielgebiet zu bereisen: Als negatives Beispiel ist die TV-Serie „Der Bergdoktor" zu nennen, die von 1993 bis 1998 mit großem Erfolg vom Privatsender „Sat.1" ausgestrahlt wurde (seit 2008 läuft im „Zweiten Deutschen Fernsehen" (ZDF) ein Remake). Die Dreharbeiten fanden in den Gemeinden Mieming und Wildermieming in Tirol statt, die in den Staffeln allerdings unter den fiktiven Bezeichnungen Sonnenstein und Lahnstein firmierten. Aus Sicht von Tourismusexperten handelte es sich dabei um eine „kleine touristische Katastrophe", da die interessierten Urlauber diese Orte vergeblich gesucht haben (vgl. DANZL 1999, S. 19).

Institutionalisierung der Filmthemen durch touristische Angebote, die z. B. in Form von *Movie Maps*, Führungen, Museen, Events, *Merchandising*-Artikel etc. erfolgen kann: So nutzt die italienische Kleinstadt Brescello in der Provinz Reggio Emilia bis heute das touristische Potenzial der „Don Camillo und

Peppone"-Filme, die dort in den 1950er- und 1960er-Jahren gedreht wurden (auf der Grundlage von Erzählungen und Romanen des Schriftstellers Giovannino Guareschi). Im Ort erinnern zwei Bronzestatuen an die beiden Hauptfiguren und freundschaftlich verbundenen Widersacher – den katholischen Priester (Fernandel) und den kommunistischen Bürgermeister (Gino Cervi). Dessen rote Moto Guzzi (mit Beiwagen) ist eines der Exponate im „Museo Peppone e Don Camillo", das im Jahr 1989 in privater Initiative eröffnet wurde. Außerdem veranstaltet die Stadt, die auf ihrer *Website* als Zentrum des „Paese di Don Camillo e Peppone" firmiert, jedes Jahr ein Filmfestival (🖱 www.comune.brescello.re.it; Abb. 54).

Abb. 54: Durch die Schaffung spezieller Attraktionen können Destinationen die touristischen Effekte von Filmen auch langfristig nutzen. So erinnert z. B. die italienische Kleinstadt Brescello mit einem eigenen Museum und mit Bronzestatuen an die beiden Hauptfiguren der beliebten „Don Camillo und Peppone"-Filme, die dort in den 1950er- und 1960er-Jahren gedreht wurden.

▪ Einsatz kreativer Kommunikationsformen, um frühzeitig – also bereits während der Dreharbeiten – Werbung für den Film und vor allem für die Schauplätze zu machen: So kann eine Destination Management Organisation z. B. Film-*Communities* initiieren und betreuen (Fanclubs, -*websites*, -treffen etc.). Die intensive Kommunikation der Mitglieder trägt zum einen dazu bei, den Bekanntheitsgrad eines Zielgebiets zu steigern und das Interesse an einem

Besuch zu wecken. Zum anderen lässt sich auf diese Weise der Produktlebenszyklus filmtouristischer Attraktionen verlängern – bis hin zu dauerhaften Angeboten mit Kult-Charakter (vgl. BEETON/CAVICCHI 2015, S. 148).

✳ Zusammenfassung

- Die Wirkungen des Filmtourismus auf Wirtschaft, Gesellschaft und Umwelt des Zielgebiets haben generell einen ambivalenten Charakter.

- Zu den positiven touristischen Effekten zählen die Steigerung der Nachfrage (speziell in der Hotellerie und Gastronomie) sowie die Verbesserung bzw. Schärfung des Images. Darüber hinaus führen die Dreharbeiten und der Filmtourismus zu einer allgemeinen Belebung der regionalen Wirtschaft (Handel, Handwerk, Dienstleistungsbetriebe etc.).

- Bei einem entsprechend hohen Besucheraufkommen kann der Filmtourismus zu direkten und indirekten Belastungen der einheimischen Bevölkerung führen (Beeinträchtigung der Lebensqualität, wachsende soziale Ungleichheit, Anstieg von Immobilienpreisen und Mieten etc.). Um mögliche Konflikte zwischen den Einwohnern und den Filmcrews bzw. den Filmtouristen zu vermeiden, ist ein professionelles Binnenmarketing erforderlich (Informations- und Aufklärungsarbeit, Möglichkeiten der Partizipation etc.).

- Neben allgemeinen ökologischen Belastungen (Verkehrsströme, Luftverschmutzung, Lärmbelästigung) kann der Filmtourismus auch spezifische negative Umwelteffekte auslösen – z. B. durch die Umgestaltung von *Locations* bzw. die Initiierung problematischer Formen des naturnahen Tourismus (Wal- und Delfinbeobachtung).

- Als touristisches Marktsegment bietet der Filmtourismus eine Reihe von Chancen; dazu zählen ein hoher Aufmerksamkeitswert, die Schaffung eines Alleinstellungsmerkmals, die Erweiterung der Produktpalette, die vielfältigen regionalwirtschaftlichen Effekte sowie die Verlängerung der Saison bzw. die Erschließung neuer Zielgebiete.

- Diesen Chancen stehen allerdings mehrere Risiken gegenüber – z. B. der recht kurze Produktlebenszyklus von Spielfilmen, die begrenzte Reichweite einiger Themen, der unkalkulierbare Erfolg von Produktionen, die klischeeartige Darstellung von Destinationen sowie die Gefahr einer Unzufriedenheit der Besucher (aufgrund des Widerspruchs zwischen Erwartungen und Realität).

■ Auf der Grundlage dieser Chancen-Risiken-Analyse lassen sich mehrere Erfolgsfaktoren des Filmtourismus abgrenzen; dabei ist zwischen inhaltlichen, organisatorischen und logistischen bzw. touristischen Aspekten von Film- und TV-Produktionen zu unterscheiden.

■ In jedem Fall sollte eine Destination Management Organisation in allen Phasen der Produktion mit der Filmindustrie (bzw. der regionalen *Film Commission*) zusammenarbeiten – in der Planungs- und Vorbereitungsphase, während der Dreharbeiten, anlässlich der Premiere des Films und auch nach dem Erscheinen.

✳ Weiterführende Lesetipps

CROY, G./KERSTEN, M. (2010): Film Tourism Impacts and Stakeholders: DMOs' Role to Manage. – In: CROY, G./BEETON, S./FROST, W. (Hrsg.; 2010): International Tourism and Media Conference, Prato, S. 3–8

Der kurze Beitrag vermittelt einen guten Überblick über die Wirkungen des Filmtourismus – differenziert nach den unterschiedlichen Stakeholder-Gruppen; außerdem enthält er zahlreiche Literaturhinweise auf Fallstudien.

SPARRE, M./LIND, J. (2011): The Millennium Report. Economic impact and exposure value for the Stockholm region in the Swedish Millennium feature films. Shortened English version, Stockholm

In der Untersuchung werden zum einen die direkten wirtschaftlichen Wirkungen analysiert, die durch die Dreharbeiten der „Millenium"-Trilogie in Stockholm und der Umgebung ausgelöst worden sind (dabei handelte es sich um die schwedischen Verfilmungen der Erfolgsromane „Verblendung", „Verdammnis" und „Vergebung" von Stieg Larsson). Zum anderen berechnen die Autoren die indirekten, medial erzeugten Effekte der Filme – also die Kosten, die für entsprechend umfangreiche Werbemaßnahmen der Destination angefallen wären („Value of Exposure").

MNP (Hrsg.; 2014): Economic Impacts of the Florida Film and Entertainment Industry Financial Incentive Program. Supplementary Report on Film Induced Tourism, Toronto

Die Studie gibt einen exemplarischen Einblick in die empirischen Methoden, die zur Ermittlung der ökonomischen Effekte des Filmtourismus eingesetzt werden können (Umsätze, Beitrag zum Bruttosozialprodukt und zum Haushaltseinkommen, Schaffung von Arbeitsplätzen, kommunale und staatliche Steuereinnahmen).

5   Die *Off Locations* im Filmtourismus

✳ **Das Kapitel im Überblick**

In diesem Kapitel werden folgende Fragen beantwortet:

- Welche Rolle spielen Wohnhäuser, Wirkungsstätten und Gräber von berühmten Schauspielern im Filmtourismus?
- Wie werden filmbezogene Themen in öffentlichen Kultureinrichtungen aufbereitet (Filmmuseen)?
- Welche Bedeutung haben kommerzielle Freizeitangebote und -einrichtungen im Filmtourismus (Studiotouren, Themenparks etc.)?
- Welche touristischen und wirtschaftlichen Wirkungen werden durch Filmevents ausgelöst (Premieren, Festivals etc.)?

In der wissenschaftlichen Literatur zum Phänomen des Filmtourismus haben die *Off Locations* (also touristische Angebote ohne einen direkten Bezug zu den Drehorten und Schauplätzen) bislang eine weitaus geringere Aufmerksamkeit erfahren als die *On Locations*. Diese Tatsache ist insofern erstaunlich, als z. B. einige kommerzielle Filmparks in China, den USA und Japan jährlich über zehn Millionen Besucher verzeichnen – und damit deutlich mehr als klassische Destinationen, die als Drehorte fungiert haben.

Im Folgenden werden einige Typen solcher *Off Locations* hinsichtlich ihrer Besonderheiten, ihrer touristischen Bedeutung sowie ihrer regionalwirtschaftlichen Effekte erläutert; dazu zählen u. a.:

- Wohnhäuser, Wirkungsstätten und Gräber von Filmstars,
- öffentliche und private Filmmuseen,
- Studiotouren, Filmparks und Filmwelten in Freizeit- und Themenparks,
- Filmevents (Premieren, Festivals).

5.1   Wohnorte, Wirkungsstätten und Gräber von Filmstars

Erinnerungsorte an wichtige Persönlichkeiten aus Kultur, Gesellschaft und Politik sind seit langem beliebte Sehenswürdigkeiten im Besichtigungs- und Kulturtourismus: In Großbritannien haben sich z. B. die Geburts- und Wohnhäuser bzw.

Gräber berühmter Autoren, aber auch die Schauplätze ihrer literarischen Werke bereits im 19. Jahrhundert zu Besucherattraktionen entwickelt – z. B. Stratford-upon-Avon (Shakespeare), Abbotsford (Sir Walter Scott) und der Lake District, in dem die erfolgreiche Kinderbuchautorin Beatrix Potter einen Teil ihres Lebens verbracht hat (vgl. REIJNDERS 2009, S. 167; BEETON 2011, S. 51; → 1.3.2).

Durch die Stars der Populärkultur ist dieses Repertoire an Sehenswürdigkeiten in den letzten Jahrzehnten jedoch erheblich erweitert worden. Inzwischen haben immer mehr Destinationen das Potenzial von Prominenten als *Tourist Icons* erkannt; die touristische Nutzung erfolgt dabei idealtypisch in fünf Schritten (vgl. PEARCE/MORRISON/MOSCARDO 2003; WELLER 2013, S. 3):

- Zunächst müssen sich private bzw. öffentliche Akteure aktiv dafür einsetzen, die Wohnhäuser, Wirkungsstätten bzw. Gräber zu erhalten und als Sehenswürdigkeiten aufzubereiten; dabei kann es sich um touristische Unternehmen, um Destination Management Organisationen bzw. um andere Institutionen handeln (Stiftungen, Freundeskreise etc.). Teilweise geht diese *Resource Identification* auch spontan von begeisterten Fans aus – wie das folgende Beispiel deutlich macht.

✳ Michael Jackson-Denkmal in München

In München ist die Statue des Komponisten Orlando di Lasso (1532–1594) am Paradeplatz zu einem inoffiziellen Denkmal für den Pop-Sänger Michael Jackson geworden – obwohl die beiden Musiker nichts miteinander zu tun haben.

Allerdings stieg Jackson bei seinen Konzerten immer im gegenüberliegenden Hotel „Bayerischer Hof" ab. Seit seinem Tod am 25. Juni 2009 kommen Tag für Tag Fans des „King of Pop", um das Denkmal mit Bildern, Blumen, Briefen etc. zu schmücken und dort Kerzen anzuzünden (vgl. REEK 2013; Abb. 55).

Die spontan entstandene Pilgerstätte wird regelmäßig zum Gegenstand öffentlicher Diskussionen; darüber hinaus gab es sogar individuelle Protestaktionen gegen diese ungewöhnliche Art der Nutzung. Dennoch hat die Münchner Stadtverwaltung bislang darauf verzichtet, die persönlichen Jackson-Memorabilien entfernen zu lassen.

Abb. 55: Durch die spontane Initiative von Fans hat sich das Denkmal für den Komponisten Orlando di Lasso am Paradeplatz in München zu einer inoffiziellen Gedenkstätte für Michael Jackson entwickelt.

▣ In einem zweiten Schritt wird das Instrumentarium des Marketing-Mix eingesetzt, um rund um den Star ein zeitgemäßes und zielgruppengerechtes Angebot zu entwickeln (Produkt-, Preis-, Distributions- und Kommunikationspolitik). Als produktpolitisches Beispiel ist der Themenweg „Agatha Christie
Mile" im englischen Seebad Torquay (Devon) zu nennen – dem Geburtsort
der weltbekannten Krimiautorin. Die Route führt die Fans zu elf Schauplätzen, die im Leben der Schriftstellerin bzw. auch in ihren Romanen (und Filmen) eine wichtige Rolle gespielt haben – u. a. das „Grand Hotel", in dem sie
ihre Hochzeitsnacht verbracht hat, und das „Imperial Hotel", in dem das
letzte Kapitel des Romans „Sleeping Murder" spielt. Außerdem erinnert eine
Bronzebüste an Agatha Christie, die mit einer geschätzten Gesamtauflage
von zwei Milliarden Büchern als eine der erfolgreichsten Autorinnen der Li-
teraturgeschichte gilt.

▣ Der dritte Schritt umfasst die Information und Interpretation, denn die Besucher wollen an diesen Erinnerungsorten mehr über das Leben und Schicksal
der Stars erfahren: Im Mittelpunkt stehen dabei zumeist Museen mit Fotos,
Kleidungsstücken und persönlichen Gegenständen der Prominenten, die für
die Filmfans häufig eine quasi-religiöse, reliquienartige Funktion haben (da
sie eine symbolische Annäherung an diese Kultfiguren ermöglichen). Weitere
Möglichkeiten der Informationsvermittlung sind Gästeführungen und Stadtrundfahrten – wie z. B. die „Movie Stars' Homes Tour" in Los Angeles, die
zu den Wohnhäusern berühmter Hollywood-Stars führt (vgl. Abb. 56).

Abb. 56: Aufgrund seiner langen Film-geschichte ist Holly-wood ein internatio-nales Zentrum des Kults um Prominente aus der Unterhal-tungs- und Kultur-industrie. Bei einer „Movie Stars' Homes Tour" werden Film-fans die Wohnhäuser von Schauspielern wie Sandra Bullock, Tom Cruise, Al Pacino u. a. gezeigt.

▨ In einem vierten Schritt werden häufig *Merchandising*-Artikel entwickelt, auf denen die Stars abgebildet sind (T-Shirts, Kappen etc.). Mit solchen Produkten reagiert die Souvenirbranche auf das Bedürfnis der Fans, sich mit den Prominenten zu identifizieren, bei einem Besuch der Erinnerungsorte originelle Memorabilia zu erwerben und die eigene Begeisterung auch zu kommunizieren. Von Kulturkritikern werden Souvenirs zumeist als anspruchslose Massenwaren kritisiert; gleichzeitig sind einige Bilder bekannter Filmschauspieler jedoch längst zu internationalen Ikonen der Populärkultur geworden: So wurde der Schauspieler James Dean z. B. auf Briefmarken in den USA, Kuba sowie Äquatorialguinea gewürdigt und das berühmte „Marylin Diptych" des US-amerikanischen *Pop Art*-Künstlers Andy Warhol ist auf unzähligen Postern, Tassen, Puzzles etc. reproduziert worden (⌛ www.warholstore.com).

▨ Schließlich geht es um die Einbindung dieser Erinnerungsorte in die lokale Gemeinschaft bzw. in das Destinationsmanagement. In diesem Zusammenhang spielt die Akzeptanz des starbezogenen Filmtourismus bei der lokalen Bevölkerung eine wichtige Rolle: In der kalifornischen Kleinstadt Carmel regte sich z. B. in den 1990er-Jahren zunehmender Widerstand gegen das hohe Besucheraufkommen, das u. a. durch den Schauspieler und Regisseur Clint Eastwood ausgelöst wurde, der dort für einige Zeit Bürgermeister war. In den Sommermonaten kamen täglich bis zu 20.000 Touristen, um den Ort zu besichtigen. Aus Sicht vieler Einwohner brachten speziell die Reisegruppen zu viel Unruhe in den exklusiven Ort; deshalb untersagte der Gemeinderat im Herbst 1997 alle organisierten Besichtigungstouren (vgl. FAZ, 16.10.1997). Ein positives Beispiel für die Integration von Prominenten in das Destinationsmanagement ist hingegen die Stadt Lubbock (Texas) – der Geburtsort des Rock-'n'-Roll-Sängers Buddy Holly. Sie nutzt dessen Bekanntheitsgrad auf vielfältige Weise: So hat sie ein „Buddy Holly Center" errichtet und veranstaltet jährlich ein „Buddy Holly Festival"; auf diese Weise konnte sie sich als kulturelles und touristisches Zentrum im südlichen Texas positionieren (vgl. PEARCE/MORRISON/MOSCARDO 2003, S. 80).

5.2 Filmmuseen

Spielfilme und TV-Serien sind nicht nur populäre Massenmedien, sondern auch eine eigene Kunstform mit spezifischen Stilmitteln (bewegte Bilder, Foto-, Kamera-, Licht- und Tontechnik). Wie andere Kunstgattungen ist sie zum Untersuchungsgegenstand einer eigenen Wissenschaftsdisziplin geworden – und auch zum Objekt einer musealen Aufbereitung.

In Deutschland und Europa gibt es eine Reihe von Filmmuseen, in denen Exponate zur geschichtlichen Entwicklung von Filmen, zu den Produktionstechniken sowie zu berühmten Regisseuren und Schauspielern präsentiert werden; außerdem finden dort Sonderausstellungen zu unterschiedlichen Themen statt. Als Beispiele sind u. a. zu nennen:

- „Deutsches Filmmuseum", Frankfurt am Main,
- „Deutsches Film- und Fototechnikmuseum", Deidesheim,
- „Deutsche Kinemathek – Museum für Film und Fernsehen", Berlin,
- „Filmmuseum Potsdam" (vgl. Abb. 57),
- „Filmmuseum Landeshauptstadt Düsseldorf",
- „Filmmuseum München",
- „Industrie- und Filmmuseum Wolfen",

Abb. 57: Das „Filmmuseum Potsdam" wurde im Jahr 1981 als „Filmmuseum der DDR" gegründet. Im Mittelpunkt der Dauerausstellung steht das älteste Filmstudio der Welt mit den dort entstandenen Produktionen und mitwirkenden Künstlern; darüber hinaus finden regelmäßig Sonderausstellungen und Filmvorführungen statt.

- „Österreichisches Filmmuseum", Wien,
- „London Film Museum",
- „EYE – Film Instituut Nederland", Amsterdam.

Neben allgemeinen Museen zur Geschichte des Films gibt es auch einige Spezialmuseen zu einzelnen Filmen bzw. Filmreihen:

- Das „Quiet Man Cottage Museum" in Cong (Irland) ist dem Film „The Quiet Man/Der Sieger" gewidmet. Das Drama gilt als frühes Beispiel für einen Film, dessen Außenaufnahmen an Originalschauplätzen entstanden; selbst Jahrzehnte nach den Dreharbeiten profitiert diese *Location* noch von der filmtouristischen Nachfrage (vgl. ZIMMERMANN/REEVES 2009, S. 160; ⌂ www.museumsofmayo.com).

- Im privaten „Immenhof-Museum" in Bad Malente-Gremsmühlen (Schleswig-Holstein) werden Requisiten, Fotos und Plakate der mehrteiligen Kinofilmreihe aus den 1950er-Jahren gezeigt – u. a. „Die Mädels vom Immenhof", „Hochzeit auf Immenhof" und „Ferien auf Immenhof" (mit den Hauptdarstellerinnen Heidi Brühl und Angelika Meissner). Darüber hinaus bieten die Museumsbetreiber Führungen zu den Drehorten an (⌂ www.immenhofmuseum.de; → 4.3.2.1).

- Im kommerziellen „London Film Covent Garden" werden seit 2010 Ausstellungen zu Filmthemen präsentiert. Im Jahr 2014 wurde dort die Ausstellung „Bond in Motion" gezeigt – eine Sammlung von Originalfahrzeugen, die der Geheimagent 007 benutzt hat, kombiniert mit kurzen Ausschnitten aus „James Bond"-Filmen (⌂ www.londonfilmmuseum.com).

Die touristische Bedeutung dieser Filmausstellungen und -museen lässt sich relativ schwer abzuschätzen, da die Besucherzahlen nicht im Rahmen amtlicher Statistiken erfasst werden bzw. auch von den Betreibern nur in Ausnahmefällen regelmäßig veröffentlicht werden.

Grundsätzlich ist davon auszugehen, dass diese Ausstellungshäuser zwar kein zentrales, doch ein wichtiges Element des städtischen Kulturangebots darstellen: So verzeichnet z. B. das „EYE – Film Instituut Nederland" in Amsterdam jährlich ca. 150.000 Besucher, das „Rijksmuseum" aber mehr als zwei Millionen; im Jahr 2014 zählte das „Filmmuseum Potsdam" 12.000 Gäste, Schloss Sanssouci hingegen 344.000.

5.3 Themenparks

„We believe in our idea: a family park where parents and children could have fun – together": So hat Walt Disney einmal seine Vision für das „Disneyland" beschrieben, das am 17. Juli 1955 im kalifornischen Anaheim eröffnet wurde. Im Gegensatz zu den herkömmlichen Vergnügungseinrichtungen mit ihrer lauten, ordinären und teilweise aggressiven Atmosphäre eines Jahrmarkts wollte er eine sichere, saubere und alkoholfreie Traumwelt schaffen, in der sich junge und alte Besucher gemeinsam unterhalten lassen konnten.

Bei der Konzeption des „Disneyland" griff Walt Disney zum einen auf das Repertoire an Zeichentrickfiguren zurück, die er als Filmproduzent geschaffen hatte und die bereits zu einem festen Bestandteil der US-amerikanischen Populärkultur geworden waren (Micky Mouse, Donald Duck, Goofy etc.). Zum anderen nutzte er den breiten Fundus an Mythen, Märchen und Themen aus der europäischen und amerikanischen Geschichte – und vor allem auch aus der Filmgeschichte (vgl. STEINECKE 2009, S. 84).

Dieser Prototyp eines Themenparks bestand nicht mehr aus einzelnen Fahrgeschäften, Spielgeräten, Imbissbuden etc., die weitgehend isoliert und ohne inhaltlichen Bezug zueinander standen; stattdessen gliederte er die gesamte Anlage stringent in thematische „Welten":

- „Frontierland" mit dem Thema „Wilder Westen: Cowboys und Indianer",
- „Adventureland" mit den Themen „Dschungel" und „Piraten",
- „Fantasyland" mit dem Dornröschenschloss und Zeichentrickfiguren,
- „Tomorrowland" mit den Themen „Raumfahrt" und „Technischer Fortschritt",
- „Main Street" mit der nostalgischen Reproduktion einer amerikanischen Kleinstadt.

Mit Hilfe dieser Thematisierung und einer klaren räumlichen Struktur (die sich an barocken Stadt- und Gartenanlagen orientiert) werden die Besucher durch den Themenpark geleitet wie durch Filmsets mit unterschiedlichen Szenen: Schritt für Schritt können sie die „Welten" erkunden und dort emotional in das jeweilige Thema eintauchen. Um ihnen eine perfekte Illusion des Wilden Westens, des undurchdringlichen Dschungels oder der aufregenden Karibik mit gefährlichen Piraten bieten zu können, nutzte Walt Disney die klassischen Inszenierungstechniken des Theaters und des Kinos – von der (Kulissen-)Architektur über Musik, Geräusche und Lichteffekte bis hin zu Schauspielern bzw. Animateuren (vgl. STEINECKE 2009, S. 88).

Bereits das „Disneyland" – der weltweit erste Themenpark – wies also enge personelle, inhaltliche und konzeptionelle Bezüge zur Filmindustrie auf. Aufgrund seines enormen Erfolgs ist dieses Konzept in den vergangenen Jahrzehnten weltweit zum Maßstab für andere kommerzielle und auch öffentliche Unterhaltungs- und Kultureinrichtungen geworden (so präsentieren z. B. immer mehr Museen ihre Exponate nicht mehr chronologisch, sondern in Themenbereichen).

Darüber hinaus hat in der internationalen Themenpark-Industrie eine zunehmende Differenzierung des Angebots stattgefunden:

- Zum einen sind spezielle Filmparks entstanden – also Themenparks mit ausschließlich filmbezogenen Attraktionen.
- Zum anderen sind einzelne Filmwelten in Freizeit- und Themenparks geschaffen worden – also thematisch gestaltete Bereiche in Freizeiteinrichtungen, die generell über ein breites Spektrum an Angeboten verfügen.

5.3.1   Filmparks

„Hurra! Ich bin im Film" – mit diesem Slogan wirbt der „Movie Park Germany" in Bottrop um Gäste: Auf 45 Hektar Fläche bietet er seinen Besuchern 40 filmbezogene Attraktionen und Shows, 15 Shops sowie 25 Restaurants und *Food Outlets*. Er ist nur *ein* Beispiel für zahlreiche Filmparks, die den großen Bekanntheitsgrad von Film- und TV-Produktionen nutzen und unter einem thematischen „Dach" ein umfangreiches, multifunktionales und erlebnisorientiertes Angebotsspektrum bieten (vgl. Abb. 58).

Abb. 58: Der „Walt Disney Studios Park" ist – neben dem „Disneyland Park" – der zweite Themenpark des weitläufigen Vergnügungskomplexes „Disneyland Paris" im französischen Marne-la-Vallée. Er wurde im Jahr 2002 eröffnet und verzeichnet jährlich ca. 4,4 Millionen Besucher.

Zu den internationalen Markführern zählen die „Hengdian Word Studios" in China, die „Disney's Hollywood Studios" in Florida und die „Universal Studios Japan" in Osaka – mit jeweils mehr als zehn Millionen Besuchern/Jahr (vgl. Tab. 6).

Filmpark	Besucherzahl
„Hengdian World Studios", Dongyang (China)	11.800.000
„Disney's Hollywood Studios", Lake Buena Vista (Florida)	10.110.000
„Universal Studios Japan", Osaka (Japan)	10.100.000
„Universal Studios", Orlando (Florida)	7.062.000
„Universal Studios Hollywood", Los Angeles (Kalifornien)	6.148.000
„Walt Disney Studios Park", Marne-la-Vallée (Frankreich)	4.470.000
„Universal Studios Singapore", Singapore	3.650.000
„Warner Bros. Movie World", Queensland (Australien)	1.300.000
„Movie Park Germany", Bottrop	1.300.000
„Bavaria Filmstadt", München	400.000
„Filmpark Babelsberg", Potsdam	350.000

Tab. 6: Anhand der Besucherzahlen ausgewählter Filmparks wird deutlich, dass sich diese Unterhaltungsangebote in zahlreichen Ländern einer großen Popularität erfreuen. Bei einigen Filmparks handelt es sich um eine Kombination aus Produktionsstätte und Freizeiteinrichtung („Hengdian World Studios", „Bavaria Filmstadt"), bei anderen um Filialbetriebe global agierender Unterhaltungskonzerne („Disney", „Universal").

Bei den Filmparks handelt es sich um eine spezifische Form von Themenparks, die generell folgende Merkmale aufweisen (vgl. STEINECKE 2009, S. 63):

▪ kommerzielle Unterhaltungseinrichtungen,

▪ stationärer, dauerhafter Charakter,

- abgeschlossene, großflächige Anlagen,
- Outdoor- und Indoor-Attraktionen,
- Angebotsmix aus Fahrgeschäften, Shows, Shops, Restaurants etc.,
- pauschaler Eintrittspreis *(Pay-one-price*-Prinzip*)*.

Historische Vorläufer der Filmparks waren die Studiotouren, die z. B. in den „Universal Studios Hollywood" in Los Angeles bereits während der Stummfilmzeit angeboten wurden. Damals stand bei den Besuchern das Interesse im Vordergrund, mehr über die Produktionsweise von Spielfilmen zu erfahren. Seit den 1960er-Jahren wurde das Angebot sukzessive erweitert – zunächst durch die Demonstration von *Special Effects*, die Veranstaltung von *Stunt Shows* und die Teilnahme an *Live*-Produktionen, später durch den Bau zusätzlicher Unterhaltungseinrichtungen.

Bis in die Gegenwart basiert die Attraktivität einiger Filmparks auf dieser Mischung aus Produktionsstätte und Freizeiteinrichtung; sie bieten den Besuchern die Möglichkeit, einen Blick in die – normalerweise verschlossene – Welt einer Filmproduktion zu werfen (vgl. COULDRY 1998, S. 96):

- Die Hauptattraktion des südkoreanischen „Dae Jang Geum Theme Park" sind die Kulissen der gleichnamigen TV-Serie, die bei der nationalen Ausstrahlung in den Jahren 2003 und 2004 Einschaltquoten von mehr als 40 Prozent erreichte. Seitdem wurden die 54 Folgen in 91 Ländern gezeigt (vor allem im asiatischen Raum). Aufgrund ihrer internationalen Popularität gilt die Serie als wesentlicher Motor der „Koreanischen Welle" (*Halyu*), die weite Teile Asiens erfasst hat. Diese Tatsache spiegelt sich auch in der Gästestruktur des Themenparks wider, der unter ausländischen Urlaubern zu den TOP 10-Attraktionen des Landes zählt: Zwei von drei Touristen stammen aus Taiwan, Festlandchina und Hongkong, Malaysia, Japan und Thailand. In einer empirischen Untersuchung gaben die Besucher an, dass sie es als besonderes Privileg empfinden, selbst einmal auf den vertrauten *Sets* zu stehen und sich dort in die Rolle der Schauspieler versetzen zu können; außerdem weckt der Park bei ihnen intensive Erinnerungen an die Handlung und ein Gefühl der großen persönlichen Nähe zu den *Characters* (vgl. KIM 2012, S. 394; KIM/ WANG 2012, S. 429; KIM/O'CONNOR 2011 zu den nationalspezifischen Reaktionen der Besucher).

- Die „Hengdian World Studios" in der chinesischen Provinz Zhejiang gelten als weltweit größte Produktionsstätte; dort werden jährlich ca. 150 Spiel- und TV-Filme gedreht. Zugleich hat sich dieses chinesische Hollywood zu einer beliebten Sehenswürdigkeit entwickelt: Die Zahl der Besucher stieg im Zeitraum 2007–2012 von 4,8 Millionen auf 11,8 Millionen. Zu den Attraktionen zählen u. a. Studiotouren, Shows und vor allem auch Kulissen mit historischen Gebäuden aus der Ming- und Qing-Dynastie sowie Straßenszenen aus Hongkong und Guangzhou (vgl. TANG 2014). Generell gibt es in China zahlreiche solcher professioneller *Film Bases*, die überwiegend für den rasch wachsenden Binnenmarkt produzieren. Dabei lässt sich eine zunehmende touristische Ausrichtung dieser Studios beobachten – wie z. B. bei der „Beijing Film Tourism City" oder der „Huairou Film Base" in einem äußeren Stadtviertel von Beijing, das lange Zeit als unattraktiv galt; im Jahr 2012 wurde dort das luxuriöse „Cineaste Garden Hotel" eröffnet (vgl. COONAN 2012; LIN 2012).

Die Mehrzahl der besucherstarken Filmparks sind aber typische *Off Locations*, bei denen kein direkter geographischer Bezug zu den *Sets* von Spielfilmen und TV-Serien besteht (z. B. „Universal Studios" in Osaka, Florida und Singapore, „Disney"-Filmparks in Florida und Frankreich). Die Betreiber kreieren an geeigneten Standorten – z. B. in beliebten touristischen Zielgebieten oder im Einzugsbereich von Großstädten – Replika von Schauplätzen, Szenen und Figuren, um die Besucher in fiktive Welten zu versetzen.

Wie bei allen Themenparks beruht die Qualität dieser Erfahrung vor allem auf einer ästhetisch und technisch vermittelten Plausibilität und Glaubwürdigkeit: Die visuellen, akustischen, haptischen und olfaktorischen Eindrücke müssen so überzeugend sein, dass die künstlichen Attraktionen von den Gästen als authentisch wahrgenommen werden; aus diesem Grund sind Illusionsbrüche bei der Gestaltung unbedingt zu vermeiden (vgl. LEE 2012, S. 57).

Diese Anforderung gilt auch für die Filmwelten in Freizeit- und Themenparks, die im Folgenden dargestellt werden.

5.3.2   Filmwelten in Freizeit- und Themenparks

Neben den Filmparks, in denen das gesamte Angebot dem Thema „Film" gewidmet ist, gibt es auch Freizeit- und Themenparks mit einem breiten Angebotsspektrum, die jeweils über eine bzw. mehrere thematische Filmwelten verfügen:

■ So knüpft z. B. die US-amerikanische Themenpark-Kette „Six Flags", die in den USA, Kanada und Mexiko mehr als 20 Freizeiteinrichtungen betreibt, mit spektakulären *Rides* an den weltweiten Erfolg des „Batman"-Themas an. Die Comicfigur wurde bereits Ende der 1930er-Jahre in den USA entwickelt; seitdem ist sie weltweit zu einer Kultfigur geworden. „Batman" und sein Kampf gegen die Korruption und das Verbrechen in Gotham City sind Gegenstand zahlreicher Real- und Trickfilme, TV-Serien sowie Videospiele. Im Jahr 2015 wurde im Themenpark „Six Flags Fiesta Texas" in San Antonio das Fahrgeschäft „Batman – The Ride" eröffnet; auf der *Website* wird es beschrieben als „a world class 4D Free Fly Coaster that thrusts you into a totally immersive, Gotham City adventure". Damit die Besucher frühzeitig und vor allem umfassend in die „Batman"-Welt eintauchen können, ist bereits die Wartesituation themenspezifisch gestaltet worden (z. B. mit einem „Batmobil"). Neben „Batman" nutzen die „Six Flags"-Parks den großen Bekanntheitsgrad weiterer Comic- und Filmhelden, um die Attraktivität ihrer Einrichtungen zu steigern – z. B. die berühmten Superhelden der fiktiven „Justice League" wie „Robin", „Wonderwoman" und „Green Lantern" (vgl. Abb. 59).

Abb. 59: Die US-amerikanischen „Six Flags"-Themenparks nutzen bekannte Comic- und Filmhelden, um die Attraktivität ihrer Einrichtungen zu steigern. Hier posiert eine Besucherin mit berühmten Mitgliedern der fiktiven „Justice League" – einer Gruppe von Superhelden wie „Batman", Robin", „Wonderwoman" und „Green Lantern".

In Deutschland ist der „Europa-Park" in Rust mit ca. fünf Millionen Besuchern/Jahr der Marktführer unter den deutschen Freizeit- und Themenparks. Die gesamte Anlage besteht – dem Dachthema entsprechend – aus mehreren nationalen „Welten" (Deutschland, England, Frankreich etc.). Im Jahr 2014 hat der Park sein Angebot um die Attraktion „Arthur – Im Königreich der Minimoys" erweitert, die auf der gleichnamigen *Fantasy*-Filmtrilogie des französischen Regisseurs Luc Bresson basiert: „Überdimensionale Marienkäfer, riesige Frösche und imposante Raupen fliegen, hüpfen und krabbeln über mächtige Äste und gewaltige Steine. Reale Welt und Animationsfilm verschmelzen bei dem 10.000 m² großen neuen Themenbereich zu einem außergewöhnlichen Erlebnis für die ganze Familie" (↻ www.europapark.de).

✳ Weiterführende Lesetipps zu Themenparks

STEINECKE, A. (2009): Themenwelten im Tourismus. Marktstrukturen – Marketing-Management – Trends, München

Das Studienbuch vermittelt einen umfassenden Überblick über unterschiedliche Typen von touristischen Themenwelten (u. a. auch Freizeit- und Themenparks) sowie über das Themenrepertoire und die Inszenierungstechniken dieser Unterhaltungseinrichtungen.

GIRVEAU, B./DIEDEREN, R. (Hrsg.; 2010): Walt Disneys wunderbare Welt und ihre Wurzeln in der europäischen Kunst, München

Der reich bebilderte Ausstellungskatalog enthält zahlreiche Beiträge, in denen die Einflüsse der europäischen Kunst und Literatur des 19. und frühen 20. Jahrhunderts auf die Bildersprache der Filme von Walt Disney erläutert werden – und damit auch auf die Gestaltung seiner Themenwelten im „Disneyland".

5.4   Filmevents

Das filmtouristische *Off Location*-Angebot umfasst – neben den Filmparks und Filmwelten als stationären und dauerhaften Einrichtungen – auch zeitlich begrenzte Veranstaltungen, die an unterschiedlichen Orten stattfinden können; dazu zählen:

▪ Filmpremieren,
▪ Filmfestivals.

5.4.1   Filmpremieren

„Tausende Fans haben in London die Weltpremiere des neuen ‚Harry-Potter'-Films gefeiert. Trotz Regens fanden sie sich schon Stunden vor der Aufführung am Londoner Leicester Square ein, um am Donnerstagabend einen Blick auf die Hauptdarsteller des vorletzten Streifens um den berühmten Zauberlehrling zu erhaschen" – so berichtete der Nachrichtensender „N24" über die Premiere des Films „Harry Potter und die Heiligtümer des Todes: Teil 1" im Herbst 2010.

Ein solcher *Hype* um die Uraufführung von Spielfilmen ist keine Ausnahme: Der große Neuigkeitswert und vor allem der Auftritt von *Celebrities* sorgen regelmäßig für einen Andrang der Fans, ein Blitzlichtgewitter der Fotografen und eine entsprechend breite mediale Resonanz – und das nicht erst in jüngerer Zeit:

▫ Als das Liebesdrama „Vom Winde verweht" am 15. Dezember 1939 (nur drei Jahre nach der Veröffentlichung des erfolgreichen Romans von Margaret Mitchell) in Atlanta zum ersten Mal gezeigt wurde, erklärte der Gouverneur den Tag zum Feiertag – und mehr als eine Million Menschen kamen in die Südstaaten-Metropole (vgl. Süddeutsche Zeitung, 15.12.2014).

▫ Im Jahr 2003 führte die Premiere des *Fantasy*-Films „Der Herr der Ringe: Die Rückkehr des Königs" in der neuseeländischen Hauptstadt zu einem kurzfristigen Anstieg der Besucherzahl um ca. 120.000. Darüber hinaus löste sie in den nationalen und internationalen Medien eine umfassende Berichterstattung aus, deren Werbewert sich für Neuseeland auf schätzungsweise 25 Millionen NZ-Dollar belief – während die Stadt für das Event nur Ausgaben in Höhe von 1,8 Millionen NZ-Dollar hatte (vgl. Filmby Aarhus 2012, S. 16).

Filmpremieren bieten den Destination Management Organisationen also die Chance, bereits in dieser frühen *Post-Production*-Phase die internationale Aufmerksamkeit auf das Zielgebiet zu lenken; dazu ist es aber erforderlich, dass die Uraufführung nicht an einem beliebigen Ort stattfindet (London, Los Angeles etc.), sondern in direkter Nähe der *Locations* bzw. Schauplätze.

Deshalb lautet der Ratschlag von Fachleuten an die Tourismusakteure auch: „Roll out the red carpet" (FilmFyn 2011, S. 25). Generell haben die Destinationen mehrere Möglichkeiten, Filmpremieren durch touristische Organisations- und Marketing-Maßnahmen zu begleiten – dazu zählen u. a.:

▫ Einladung der Schauspieler,

▫ Einladung von VIP-Gästen,

▫ Veranstaltung einer *After Party* nach der Premiere,

▫ spezielle Vorführung des Films für Pressevertreter,

▫ Herausgabe von Printmaterialien zu den Filmschauplätzen in der Destination,

▫ Schaltung von Werbespots für die Destination vor und nach der Vorführung des Films.

Auf ähnliche Weise können Destination Management Organisationen auch das touristische Potenzial von Filmfestivals nutzen.

5.4.2   Filmfestivals

Bei Filmfestivals handelt es sich um kulturelle Events, die in einem bestimmten zeitlichen Rhythmus an einem Ort stattfinden; im Rahmen dieser Veranstaltungen werden zahlreiche Filme vorgeführt, meist von einer Jury bzw. vom Publikum beurteilt und mit Auszeichnungen prämiert.

Weltweit gibt es eine nahezu unüberschaubare Zahl von Filmfestivals: Allein in Deutschland finden ca. 90 derartige Events statt – von den weltbekannten „Internationalen Filmfestspielen Berlin (Berlinale)" über die „Internationalen Kurzfilmtage Oberhausen" bis hin zum Kinderfilmfestival „Lucas" in Frankfurt am Main. Anhand dieser Beispiele werden die spezielle thematische Ausrichtung und auch das unterschiedliche touristische Potenzial dieser Events deutlich.

Ein wichtigen Hinweis auf die internationale Bedeutung von Filmfestivals liefert die Klassifizierung des internationalen Filmproduzentenverbandes „Fédération Internationale des Associations de Producteurs de Films" (FIAPF); in der Organisation haben sich 35 Filmproduzenten-Organisationen aus 30 Ländern zusammengeschlossen (⌒ www.fiapf.org). Die FIAPF hat eine Liste von organisatorischen Anforderungen zur Akkreditierung von Filmfestivals formuliert; dabei unterscheidet sie vier Kategorien:

- Festivals mit einem internationalen Wettbewerb (A-Festivals),
- Festivals mit einem spezialisierten internationalen Wettbewerb,
- Festivals ohne einen internationalen Wettbewerb,
- Dokumentar- und Kurzfilmfestivals.

Unter den 15 A-Festivals gelten die „Internationalen Filmfestspiele Berlin (Berlinale)", das „Festival International du Film" in Cannes sowie die „Mostra internazionale d'arte cinematografica di Venezia" sowohl in künstlerischer als auch touristischer Hinsicht als die bedeutendsten Veranstaltungen.

Am Beispiel der „Berlinale" sollen im Folgenden die umfassenden Wirkungen eines solchen Events auf die lokale Wirtschaft verdeutlicht werden.

✱ Wirtschaftliche Effekte von Filmfestivals – die „Berlinale"

Abb. 60: Bei internationalen Filmfestivals wie der „Berlinale" sorgt vor allem der Auftritt weltbekannter Stars (z. B. des Oscar-Preisträgers Timothy Hutton im Jahr 2007) für eine breite öffentliche Aufmerksamkeit; deshalb steigern solche Events den Bekanntheitsgrad des Veranstaltungsortes und tragen zu einer Verbesserung des Images bei.

Seit 1951 findet jedes Jahr in Berlin die „Berlinale" statt; sie ist ein kulturelles Events mit weitreichenden ökonomischen und speziell auch touristischen Wirkungen.

Zum einen reisen ca. 20.000 Pressevertreter und Fachbesucher an, um über den Wettbewerb zu berichten bzw. geschäftliche Vereinbarungen zu treffen. Zum anderen kommen schätzungsweise 100.000 filminteressierte „Berlinale"-Touristen in die Stadt; sie wollen sich über die Neuerscheinungen informieren bzw. das umfangreiche Programm an Filmreihen, Retrospektiven, Events etc. nutzen.

Beide Gruppen verfügen über ein relatives hohes Tagesbudget; im Fall der Fachbesucher beläuft es sich auf 240 bis 300 Euro – außerdem halten sich die professionellen Festivalteilnehmer mit vier bis neun Tagen deutlich länger in Berlin auf als die normalen Berlin-Touristen, die durchschnittlich nur 2,4 Tage in der Hauptstadt bleiben.

Neben den Kinos und dem Gastgewerbe profitiert speziell auch der Einzelhandel von dieser filmtouristischen Nachfrage. Darüber hinaus verbleibt ein großer Teil des „Berlinale"-Etas in Höhe von 21 Millionen Euro in der Region; er sorgt bei Catering-Betrieben, Event-Veranstaltern, Limousinen-Services, Sicherheits-Agenturen etc. für zusätzliche Einnahmen.

Die direkten konsumwirksamen Effekte der „Berlinale" wurden im Jahr 2015 auf 68,9 Millionen Euro geschätzt. Die dadurch ausgelösten Multiplikatorwirkungen führen dazu, dass das Berliner Bruttoinlandsprodukt eine Steigerung um 78,4 Millionen Euro erfährt.

Da es sich bei der „Berlinale" nicht um eine singuläre, sondern um eine jährlich wiederkehrende Veranstaltung handelt, ergeben sich weitere „wirtschaftliche Nachlaufeffekte" – u. a. aufgrund der Planungssicherheit für die kommerziellen Anbieter und der gewachsenen, verlässlichen Strukturen. Unter Einbeziehung dieser Wirkungen beliefen sich die Gesamteffekte der Veranstaltung im Jahr 2015 auf 87,5 Millionen Euro.

Neben diesem volkswirtschaftlich messbaren Umsatz (tangibler Effekt) kann die Stadt aber auch noch einen schwer zu erfassenden Imagegewinn (als intangiblen Effekt) verzeichnen – die „Darstellung Berlins als junge, moderne Trendstadt" (PRETZELL 2015, S. 3).

＊ Zusammenfassung

■ Zu den filmtouristischen *Off Locations* zählen u. a. Erinnerungsorte an Filmstars, öffentliche und private Filmmuseen, Filmparks und Filmwelten in Themenparks sowie Filmevents.

■ Die touristische Erschließung der Wohnorte, Wirkungsstätten und Gräber von Filmstars erfolgt idealtypisch in fünf Schritten: die Definition als Sehenswürdigkeit, den Einsatz des Marketing-Mix, die Information und Interpretation, die Entwicklung von *Merchandising*-Artikeln sowie die Einbindung in die lokale Gemeinschaft bzw. in das Destinationsmanagement.

- Da es sich bei Filmen um eine eigene Kunstform handelt, sind sie in mehreren Ländern auch zum Objekt einer musealen Aufbereitung geworden – sowohl in öffentlichen als auch in privaten Museen; diese Einrichtungen stellen zwar kein zentrales, aber doch ein wichtiges Element des städtischen Kulturangebots dar.
- Weltweit gibt es außerdem zahlreiche Filmparks bzw. Filmwelten in Themenparks, die jeweils sehr hohe Besucherzahlen verzeichnen. Das Angebotsspektrum dieser kommerziellen Unterhaltungseinrichtungen umfasst u. a. die Kulissen bekannter Spielfilme, die Demonstration von *Special Effects*, thematisch gestaltete *Rides, Stunt Shows* und *Look alike*-Animateure.
- Erhebliche touristische Wirkungen werden auch durch Filmevents ausgelöst (Premieren, Festivals): Mit dem Auftritt populärer Filmstars sorgen sie für eine enorme öffentliche Aufmerksamkeit, von der die Destinationen generell profitieren (Bekanntheitsgrad, Image). Außerdem führt die Nachfrage der zahlreichen Fachbesucher zu einer deutlichen Belebung der lokalen Wirtschaft (Hotellerie, Gastronomie, Dienstleistungen, Einzelhandel).

✱ Weiterführende Lesetipps zu Filmevents

CUDNY, W. (2011): Film Festivals in Lodz as a main Component of Urban Cultural Tourism. – In: Bulletin of Geography, Socio–economic Series, 15, S. 131–141 (DOI: 10.2478/v10089-011-0009-6)

In dem Artikel werden zunächst die nationalen und internationalen Filmfestivals erläutert, die im polnischen Lodz stattfinden; außerdem geht der Autor auf die touristische Bedeutung dieser Veranstaltungen ein.

BENJAMIN, S./SCHNEIDER, P. P./ALDERMAN, D. H. (2012): Film Tourism Event Longevity: Lost in Mayberry. – In: Tourism Review International, 16, S. 139–150 (DOI: 10.3727/154427212X13485031583939)

Warum nehmen Touristen an einem Filmfestival teil? Welche Typen von Besuchern lassen sich unterscheiden? Wie verhalten sie sich während eines Festivals? Diese Fragen stehen im Mittelpunkt der Fallstudie zum „Mayberry Days Festival", das jedes Jahr in Mount Airy (North Carolina) veranstaltet wird – dem Geburtsort des populären US-amerikanischen Entertainers Andy Griffith.

6 Checklisten für Destination Management Organisationen

✳ **Das Kapitel im Überblick**

In diesem Kapitel werden die Maßnahmen aufgezählt, die Destination Management Organisationen einsetzen können, um sowohl Produktionsfirmen als Partner zu gewinnen als auch das touristische Potenzial der Dreharbeiten sowie der *Locations* zu nutzen; dabei ist zu unterscheiden zwischen:

■ Marketing-Maßnahmen vor der Produktion,

■ Marketing-Maßnahmen während der Dreharbeiten,

■ Marketing-Maßnahmen nach dem Erscheinen des Films.

Was müssen wir machen, um unsere Region als Drehort zu positionieren? Wie können wir den filmtouristischen Markt für unsere Destination erschließen? Wie können wir mittelfristig einen Nutzen aus diesem Geschäftsfeld ziehen? Zur Beantwortung dieser praktischen Fragen sind bereits eine Reihe von Vorschlägen publiziert worden, die im Folgenden zusammenfassend dargestellt werden sollen (vgl. HUDSON/RITCHIE 2006, S. 390; ROESCH 2009, S. 37–38; FilmFyn 2011, S. 32–36; HUDSON 2011, S. 167–170; Filmby Aarhus 2012, S. 18–25; TANSKANEN 2012, S. 28–35; LOEDOLFF 2014, S. 156–157).

Tourismusverantwortliche können diesen Maßnahmenkatalog als Checkliste benutzen, um zu überprüfen, ob sie bereits fit für den Filmtourismus sind bzw. welche Schritte zur erfolgreichen Bearbeitung dieses Marktsegment erforderlich sind.

6.1 Marketing-Maßnahmen vor der Produktion

„Forward Planning" – unter diesem Motto sollte die filmtouristische Arbeit von Destination Management Organisationen stehen: Es reicht also nicht aus, erst nach dem Erscheinen von Filmen deren touristische Potenziale zu nutzen; vielmehr müssen die öffentlichen und privaten Tourismusakteure von sich aus aktiv werden und den Kontakt sowie die Kooperation mit der Filmindustrie suchen – z. B. durch (vgl. BRESH 2009, S. 18):

- Beauftragung eines Mitarbeiters zur Kontaktaufnahme und -pflege mit Produktionsfirmen bzw. Zusammenarbeit mit einem externen PR-Experten, der diese Aufgaben übernimmt;

- aktive Lobbyarbeit und Werbung für die Destination bei Produktionsfirmen – z. B. durch Informationen über die landschaftlichen und kulturellen Attraktionen, die Gesetzgebung sowie die Möglichkeiten einer finanziellen, organisatorischen bzw. logistischen Unterstützung von Produktionen;

- enge Zusammenarbeit mit der regionalen *Film Commission* durch persönliche Kontakte, *Link*s auf den jeweiligen *Websites* etc.;

- eigenes *Location Scouting* – z. B. in Form einer Datenbank im Internet mit Bildern sowie praktischen Informationen (Ansprechpartner, Erreichbarkeit, Ausstattung etc.) sowie Zusammenarbeit mit selbstständigen *Location Scouts*, die Produktionsfirmen beraten;

- Organisation von *Locations Tours* für ausländische *Location Scouts* sowie für Produzenten und Regisseure;

- Erarbeitung eines filmtouristischen Marketing-Plans (Aktivitäten während der Dreharbeiten und anlässlich der Premiere, Nutzung der *Locations* als dauerhafte Besucherattraktionen, Maßnahmen des Besuchermanagements zur Vermeidung von Belastungen der einheimischen Bevölkerung);

- Ausbildung von lokalen *Location Managern*, die für die Betreuung und Unterstützung von Produktionsfirmen vor und während der Dreharbeiten zuständig sind;

- Abschluss rechtlicher Vereinbarungen mit den Produktionsfirmen zum *Location Placement* (also der Platzierung eindrucksvoller Landschaften und Kulturdenkmale im Film, um Ikonen mit einem hohen Wiedererkennungswert zu schaffen) sowie zur späteren Nutzung von Bild- und Textmaterial im Rahmen des filmtouristischen Marketings.

6.2   Marketing-Maßnahmen während der Dreharbeiten

Aufgrund des großen finanziellen und zeitlichen Drucks legen die Produktionsfirmen großen Wert darauf, dass die Dreharbeiten vor Ort möglichst reibungslos ablaufen können (z. B. ohne Beeinträchtigung durch Zuschauer). Dennoch können die Destination Management Organisationen auch diese *Production*-Phase nutzen, um sich einerseits als kompetente Partner zu positionieren und andererseits das öffentliche Interesse für ihre Zwecke zu nutzen – z. B. durch:

- finanzielle, organisatorische bzw. logistische Unterstützung der Filmcrews (Beantragung von Drehgenehmigungen, Buchung von Unterkünften, Rekrutierung von Komparsen etc.);
- analoge und virtuelle Presse- und Öffentlichkeitsarbeit (Pressemitteilungen, -konferenzen etc.);
- gemeinsame Kommunikationsmaßnahmen mit den Produktionsfirmen (Fotos und Videos der Dreharbeiten, Einbindung der Schauspieler als *Testimonials*, Berichte über die *Locations* etc.);
- Durchführung filmtouristischer Binnenmarketing-Maßnahmen (Information der lokalen Bevölkerung über mögliche Einschränkungen durch Dreharbeiten, Aufklärung über die positiven Effekte des Filmtourismus etc.);
- Einrichtung von *Blogs* bzw. Produktion von *Video Diaries, Making-of*-Filmen etc., um das Interesse an dem Film frühzeitig zu wecken bzw. mittelfristig zu erhalten;
- Organisation von Journalistenreisen zu den Drehorten und -arbeiten, um die Öffentlichkeit vor allem auf die *Locations* aufmerksam zu machen.

6.3   Marketing-Maßnahmen nach dem Erscheinen des Films

Nach dem Erscheinen des Films geht es zunächst darum, die aktuelle Aufmerksamkeit des Kinopublikums auf die *Locations* bzw. die Destination zu lenken – also einen wahrnehmbaren Zusammenhang zwischen der fiktiven Handlung und den realen Schauplätzen herzustellen.

Um das filmtouristische Potenzial mittelfristig nutzen zu können, müssen die Destination Management Organisationen zum einen dauerhafte Attraktionen schaffen (z. B. durch den Erhalt der Kulissen); zum anderen sollten sie die Region als Bühne begreifen, auf der immer wieder neue „Stücke" gespielt werden (z. B. in Form von Events).

Erfolgreiche filmtouristische Destinationen haben u. a. folgende Marketing-Maßnahmen nach dem Erscheinen von Filmen eingesetzt:

- Premiere des Films vor Ort (mit einem Auftritt der Hauptdarsteller auf dem „Roten Teppich") und spezielle Vorführungen für Journalisten;
- Beschilderung der *Locations* (Wegweiser, Informationstafeln etc.);
- Durchführung filmtouristischer Gästeführungen, Stadtrundfahrten etc.;
- Herausgabe einer *Movie Map* (für *Self-Guided*-Touren);

Abb. 61: Thematische Sonderausstellungen gehören zu den filmtouristischen Marketing-Maßnahmen, die Tourismus- bzw. Kulturakteure nach dem Erscheinen von Filmen durchführen können. So hat z. B. das „Museum Hameln" im Jahr 2015/16 mit der Ausstellung „Film ab! Kinoträume im Weserbergland" an die Filmgeschichte der Region erinnert.

- Konzeption, Produktion und Vertrieb filmtouristischer Souvenirs (in Zusammenarbeit mit lokalen Betrieben und Einzelhändlern);
- Erhalt bzw. Ausbau der Kulissen als Besucherattraktionen (eventuell in Kombination mit einem Filmmuseum zur lokalen bzw. regionalen Filmgeschichte);
- Konzeption filmtouristischer Pauschalangebote (in Zusammenarbeit mit lokalen *Incoming*-Agenturen bzw. regionalen, nationalen und internationalen Reiseveranstaltern);
- regelmäßige Durchführung filmtouristischer Events wie Festivals, Ausstellungen etc. (vgl. GURSKI 2015; Abb. 61);
- Einrichtung und Pflege einer filmtouristischen *Website* (mit *Links* zum Film sowie zu Hotels, Restaurants, Kultureinrichtungen etc.);
- Einrichtung und Pflege einer speziellen Fanpage im Internet (mit Informationen, Fotos, einem *Social Board* etc.);
- Schaltung von Werbung in zielgruppenspezifischen Print- und E-Medien;
- Zusammenarbeit mit anderen öffentlichen Institutionen, um über diverse Kommunikationskanäle Werbung für die *Locations* zu machen (City- bzw. Stadtmarketing-Gesellschaften, Industrie- und Handelskammern, Kultureinrichtungen etc.);
- Unterstützung von örtlichen, regionalen und nationalen Reiseveranstaltern mit filmtouristischem Material;
- Durchführung von Journalistenreisen zu den *Locations*, um für ein dauerhaftes öffentliches Interesse an den Drehorten und Schauplätzen zu sorgen;
- Schaffung eines filmtouristischen Netzwerks von lokalen Akteuren (Einzelhändler, Gastronomen, Handwerksbetriebe etc.), um die Bedingungen für künftige Produktionen zu optimieren und die filmische Kompetenz der Destination zu signalisieren: „Think ahead to the next film" (Filmby Aarhus 2012, S. 26).

✳ Weiterführende Lesetipps

FilmFyn (Hrsg; 2011): Film Tourism – New Opportunities for Danish Tourism? Faaborg

Die Broschüre enthält u. a. zahlreiche Best Practice-Beispiele zu möglichen Marketing-Maßnahmen – z. B. Websites, Apps, PR-Arbeit, Movie Maps, Merchandising-Artikel etc.

Filmby Aarhus (Hrsg.; 2012): Experience Films – In Real-Life. A Handbook on Film Tourism, Aarhus

In dieser Publikation haben die Autoren u. a. eine Toolbox zusammengestellt, die 36 Vorschläge für die Zusammenarbeit von Filmproduzenten und Tourismusakteuren vor, während und nach der Produktion umfasst.

Abbildungs- und Tabellennachweis

✱ Abbildungen

Abb. 1:   ⌐ www.flickr.com/photos/tomsaint/2707311595

Abb. 2:   eigene Darstellung nach Angaben in ANUL (2013, S. 23); Grafik: Peter Blank

Abb. 3:   ⌐ www.flickr.com/photos/fauxto_dkp/6783575827

Abb. 4:   ⌐ www.flickr.com/photos/adam_jones/9195902716

Abb. 5:   ⌐ www.flickr.com/photos/alliepooh13/14900532518

Abb. 6:   ⌐ www.flickr.com/photos/chagiajose/6012628103

Abb. 7:   ⌐ www.flickr.com/photos/wm_archiv/3508149170

Abb. 8:   eigene Darstellung nach Angaben in HEITMANN (2010, S. 40) – modifiziert und ergänzt; Grafik: Peter Blank

Abb. 9:   eigene Darstellung nach Angaben in VisitScotland (2012, S. 5); Grafik: Peter Blank

Abb. 10:   ⌐ www.flickr.com/photos/akandbdl/5076369502

Abb. 11:   eigene Darstellung nach Angaben in BOLAN/BOYD/BELL (2009, S. 12); Grafik: Peter Blank

Abb. 12:   ⌐ www.flickr.com/photos/deedsofthedanes/7545546490

Abb. 13:   ⌐ www.flickr.com/photos/getmahesh/8238913322

Abb. 14:   ⌐ www.flickr.com/photos/luipalacios/9468551996

Abb. 15:   Albrecht Steinecke

Abb. 16:   ⌐ www.flickr.com/photos/littlemoresunshine/14031119141

Abb. 17:   ⌐ www.flickr.com/photos/122163011@N02/14982761004

Abb. 18:   ⌐ www.flickr.com/photos/47309173@N06/7652752902

Abb. 19:   eigene Darstellung nach Angaben in ⌐ www. de.statista.com/statistik/daten/studie/182776/umfrage/stars-in-sozialen-netzwerken-nach-anzahl-der-fans-follower-und-views vom 28.05.2015 (Stand: April 2015); Grafik: Peter Blank

Abb. 20:   ⌐ www.flickr.com/photos/sebaso/16289666029

Abb. 21:   ⌐ www.flickr.com/photos/thomas_ormston/10598743454

Abb. 22: Bayern Tourismus Marketing GmbH, München

Abb. 23: 🖰 www.flickr.com/photos/hell28k/5666731977

Abb. 24: Studiocanal GmbH, Berlin

Abb. 25: Cine Tirol Film Commission/Terra International Film Productions

Abb. 26: Graubünden Ferien/Gaudenz Danuser

Abb. 27: Albrecht Steinecke

Abb. 28: Hunsrück-Touristik GmbH, Flughafen-Hahn; Grafik: Ralph Wölke

Abb. 29: Albrecht Steinecke

Abb. 30: 🖰 www.flickr.com/photos/hueneborg/3948155870

Abb. 31: The Guadalupe-Nipomo Dunes Center, Guadalupe (Kalifornien)

Abb. 32: Schilthornbahn AG, Interlaken

Abb. 33: 🖰 www.flickr.com/photos/93558439@N05/13993966860

Abb. 34: 🖰 www.flickr.com/photos/pdbreen/3794501293

Abb. 35: Tourismusverband Wilder Kaiser – Daniel Reiter/Peter von Felbert

Abb. 36: 🖰 www.flickr.com/photos/ajw1970/14323036295

Abb. 37: Oberösterreich Tourismus/Litzlbauer

Abb. 38: Kitzbüheler Alpen Marketing GmbH/Hannes Dabernig

Abb. 39: 🖰 www.flickr.com/photos/40132991@N07/10020608236

Abb. 40: 🖰 www.flickr.com/photos/troye/6797247808

Abb. 41: eigene Darstellung nach Angaben in CAMPO/BREA/MUÑIZ (2011, S. 150, 152); Grafik: Peter Blank

Abb. 42: eigene Darstellung nach Angaben in HEITMANN (2010, S. 37); Grafik: Peter Blank

Abb. 43: eigene Darstellung nach Angaben in BEETON (2010a, S. 4–5); Mehrfachnennungen; Grafik: Peter Blank

Abb. 44: 🖰 www.flickr.com/photos/106963474@N02/14207788315

Abb. 45: 🖰 www.flickr.com/photos/fimbrethil/2600941927

Abb. 46: 🖰 www.flickr.com/photos/19804650@N00/16598047137

Abb. 47: 🖰 www.flickr.com/photos/masstravel/17219318736

Abb. 48: eigene Darstellung nach Angaben in Lynn Jones Research (2012, S. 13); Grafik: Peter Blank

Abb. 49: eigene Darstellung nach Angaben in ARAÚJO (2013); Grafik: Peter Blank

Abb. 50: eigene Darstellung nach Angaben in CONNELL/MEYER (2009, Abb. 4); Grafik: Peter Blank

Abb. 51: eigene Darstellung nach Angaben in VisitScotland (2012, S. 5; Mehrfachnennungen); Grafik: Peter Blank

Abb. 52: ᐧᕲ www.flickr.com/photos/tedandjen/9044804758

Abb. 53: eigene Darstellung nach Angaben in Filmby Aarhus (2012, S. 7); Grafik: Peter Blank

Abb. 54: ᐧᕲ www.flickr.com/photos/torremountain/5619387502

Abb. 55: Albrecht Steinecke

Abb. 56: ᐧᕲ www.flickr.com/photos/prayitnophotography/5949320491

Abb. 57: ᐧᕲ www.flickr.com/photos/33718942@N07/15985971313

Abb. 58: ᐧᕲ www.flickr.com/photos/lorenjavier/5855516895

Abb. 59: ᐧᕲ www.flickr.com/photos/abbynormy/253296088

Abb. 60: ᐧᕲ www.flickr.com/photos/siebbi/480515676

Abb. 61: © Museum Hameln 2015, Gestaltung: büro für design, Martin Emrich | © Filmfotos: Rialto Film, Ziegler Film, NDR, ZDF

✳ Tabellen

Tab. 1:   eigene Darstellung nach Angaben in BOLAN/BOYD/BELL (2009, S. 8)

Tab. 2:   eigene Darstellung nach Angaben in MACIONIS (2004, S. 95)

Tab. 3:   eigene Darstellung nach Angaben in CONNELL (2012, S. 1020)

Tab. 4:   eigene Darstellung nach Angaben in FilmFyn (2011, S. 11), TRIVETT (2013) und diversen *Websites*

Tab. 5:   eigene Darstellung

Tab. 6:   eigene Darstellung nach Angaben in TEA (2014) und diversen *Websites*

Filmografie

✱ Spielfilme

„Aap Kaa Surroor" (Prashant Chadha; 2007)

„Arthur und die Minimoys" (Luc Bresson; 2006)

„Arthur und die Minimoys 2 – Die Rückkehr des bösen M" (Luc Bresson; 2006)

„Arthur und die Minimoys 3 – Die große Entscheidung" (Luc Bresson; 2010)

„Australia" (Baz Luhrmann; 2008)

„Avatar – Aufbruch nach Pandora" (James Cameron; 2009)

„Aviator" (Martin Scorsese; 2005)

„Basilicata Coast to Coast" (Rocco Papaleo; 2010)

„Batman Begins" (Christopher Nolan; 2005)

„Beim Sterben ist jeder der Erste" (John Boormann; 1972)

„Blaubart" (Christian-Jaque; 1951)

„Brave/Merida – Legende der Highlands" (Steve Purcell/Mark Andrews/ Brenda Chapman; 2012)

„Braveheart" (Mel Gibson; 1995)

„Buddenbrooks" (Heinrich Breloer; 2003)

„Casablanca" (Michael Curtiz; 1942)

„Chocolat – Ein kleiner Biss genügt" (Lasse Hallström; 2000)

„City of God" (Fernando Meirelles; 2002)

„Cleopatra" (Joseph L. Mankiewicz; 1963)

„Con Air" (Simon West; 1997)

„Corellis Mandoline" (John Madden; 2001)

„Crocodile Dundee – Ein Krokodil zum Küssen" (Peter Faiman; 1986)

„Das indische Grabmal" (Fritz Lang; 1959)

„Das doppelte Lottchen" (Josef von Báky; 1950)

„Das Piano" (Jane Campion; 1993)

„Das Schicksal ist ein mieser Verräter" (Josh Boone; 2012)

„Der Herr der Ringe: Die Gefährten" (Peter Jackson; 2001)

„Der Herr der Ringe: Die zwei Türme" (Peter Jackson; 2002)

„Der Herr der Ringe: Die Rückkehr des Königs" (Peter Jackson; 2003)

„Der Hobbit: Eine unerwartete Reise" (Peter Jackson; 2012)

„Der Hobbit: Smaugs Einöde" (Peter Jackson; 2013)

„Der Hobbit: Die Schlacht der Fünf Heere" (Peter Jackson; 2012)

„Der dritte Mann" (Carol Reed; 1949)

„Der letzte Mohikaner" (Michael Mann; 1993)

„Der Name der Rose" (Jean-Jacques Annaud; 1986)

„Der Soldat James Ryan" (Stephen Spielberg; 1998)

„Der Spion, der aus der Kälte kam" (Martin Ritt; 1965)

„Der Turm" (Christian Schwochow; 2012)

„Der Vorleser" (Stephen Daldry; 2008)

„Der mit dem Wolf tanzt" (Kevin Costner; 1990)

„Die Brücken am Fluss" (Clint Eastwood; 1995)

„Die Chroniken von Narnia: Der König von Narnia" (Andrew Adamson; 2005)

„Die Chroniken von Narnia: Prinz Kaspian von Narnia" (Andrew Adamson; 2008)

„Die Chroniken von Narnia: Die Reise auf der Morgenröte" (Michael Apted; 2010)

„Die zehn Gebote" (Cecil DeMille; 1923)

„Die Geisha" (Rob Marshall; 2005)

„Die zweite Heimat – Chronik einer Jugend" (Edgar Reitz; 1992)

„Die andere Heimat – Chronik einer Sehnsucht" (Edgar Reitz; 2013)

„Die Herzogin" (Saul Dibb; 2008)

„Die Liebe der Charlotte Gray" (Gillian Armstrong; 2001)

„Die große Liebe meines Lebens" (Leo McCarey; 1957)

„Die Mädels vom Immenhof" (Wolfgang Schleif; 1955)

„Die fabelhafte Welt der Amélie" (Jean-Pierre Jeunet; 2001)

„Don Camillo und Peppone" (Julien Duvivier; 1952)

„Don Camillos Rückkehr" (Julien Duvivier; 1953)

„Drei Haselnüsse für Aschenbrödel" (Václav Vorlíček; 1973)

„Easy Rider" (Dennis Hopper; 1969)

„Echoes of the Rainbow" (Alex Law Kai-Yui; 2010)

„Ein Herz und eine Krone" (William Wyler; 1953)

„Excalibur" (John Boorman; 1981)

„Exodus" (Otto Preminger; 1960)

„Eyes Wide Shut" (Stanley Kubrick; 1999)

„Feld der Träume" (Phil Alden Robinson; 1989)

„Ferien auf Immenhof" (Hermann Leitner; 1957)

„Forrest Gump" (Robert Zemeckis; 1994)

„Free Willy – Ruf der Freiheit" (Simon Wincer; 1994)

„Free Willy 2 – Freiheit in Gefahr" (Dwight H. Little; 1995)

„Free Willy 3 – Die Rettung" (Sam Pillsbury; 1997)

„Für ein paar Dollar mehr" (Sergio Leone; 1965)

„Für eine Handvoll Dollar" (Sergio Leone; 1964)

„Gangs of New York" (Martin Scorsese; 2002)

„Gefährten" (Steven Spielberg; 2011)

„Gesetzlos – Die Geschichte des Ned Kelly" (Gregor Jordan; 2003)

„Goethe!" (Philipp Stölzl; 2010)

„Gorillas im Nebel" (Michael Apted; 1988)

„Grand Budapest Hotel" (Wes Anderson; 2014)

„Grüne Tomaten" (Jon Avnet; 1992)

„Harry Potter und der Stein der Weisen" (Chris Columbus; 2001)

„Harry Potter und die Kammer des Schreckens" (Chris Columbus; 2002)

„Harry Potter und die Heiligtümer des Todes: Teil 1" (David Yates; 2010)

„Heimat – Eine deutsche Chronik" (Edgar Reitz; 1984)

„Heimat 3 – Chronik einer Zeitenwende" (Edgar Reitz; 1992)

„Hochzeit auf Immenhof" (Volker von Collande; 1956)

„Humrah – The Traitor" (Vinod Kumar Singh; 2006)

„If You Are the One 2" (Feng Xiaogang; 2010)

„Illuminati" (Ron Howard; 2009)

„In 80 Tagen um die Welt" (Frank Coraci; 2004)

„Indiana Jones und der Tempel des Todes" (Steven Spielberg; 1984)

„Indiana Jones und das Todesreich des Kristallschädels" (Steven Spielberg; 2008)

„Inglourious Basterds" (Quentin Tarantino; 2009)

„James Bond 007: Casino Royale" (Martin Campbell; 2006)

„James Bond 007: Im Geheimdienst Ihrer Majestät" (Peter R. Hunt; 1969)

„James Bond 007: Ein Quantum Trost" (Marc Forster; 2008)

„James Bond 007: Spectre" (Sam Mendes; 2015)

„John Rabe" (Florian Gallenberger; 2009)

„King Arthur" (Antoine Fuqua; 2004)

„Kleine Fluchten" (Yves Yersin; 1979)

„Knight of Cups" (Terrence Malick; 2015)

„Knight and Day" (James Mangold; 2010)

„König der Könige" (Nicolas Ray; 1961)

„Kundun" (Martin Scorsese; 1997)

„Lang lebe Ned Divine!" (Kirk Jones; 1998)

„Lara Croft: Tomb Raider" (Simon West; 2001)

„Last Samurai" (Edward Zwick; 2003)

„Lawrence von Arabien" (David Lean; 1962)

„Life of Pi" (Ang Lee; 2012)

„Local Hero" (Bill Forsyth; 1983)

„Luther" (Eric Till; 2003)

„Mamma Mia" (Phyllida Lloyd; 2008)

„Manche mögen's heiß" (Billy Wilders; 1959)

„Manhattan" (Woody Allen; 1979)

„Maria Chapdelaine" (Julien Duvivier; 1934)

„Miss Potter" (Chris Noonan; 2006)

„Monte Christo" (Kevin Reynolds; 2002)

„99 Homes" (Ramin Bahrani; 2014)

„No Country for Old Men" (Ethan und Joel Coen; 2007)

„Notting Hill" (Roger Michell; 1999)

„Paddington" (Paul King; 2014)

„Pearl Harbour" (Michael Bay; 2001)

„Persuasion" (Adrian Shergold; 2007)

„Pretty Woman" (Garry Marshall; 1990)

„Piraten" (Roman Polanski; 1986)

„Road to Perdition" (Sam Mendes; 2002)

„Ryan's Tochter" (David Lean; 1970)

„Schindlers Liste" (Steven Spielberg; 1993)

„Schlaflos in Seattle" (Nora Ephron; 1993)

„Schwabenkinder" (Joe Baier; 2003)

„Sex and the City – Der Film" (Michael Patrick King; 2008)

„Shaolin" (Benny Chan; 2011)

„Sieben Jahre in Tibet" (Jean-Jacques Annaud; 1997)

„Sinn und Sinnlichkeit" (Ang Lee; 1995)

„Sinn und Sinnlichkeit" (John Alexander; 2008)

„Sissi" (Ernst Marischka; 1955)

„Sissi – Die junge Kaiserin" (Ernst Marischka; 1956)

„Sissi – Schicksalsjahre einer Kaiserin" (Ernst Marischka; 1957)

„Slumdog Millionär" (Danny Boyle; 2008)

„Sound of Music" (Robert Wise; 1965)

„Spiel mir das Lied vom Tod" (Sergio Leone; 1968)

„Stagecoach/Ringo" (John Ford; 1939)

„Star Wars: Episode IV – Eine neue Hoffnung" (Georges Lucas; 1997)

„Star Wars: Episode V – Das Imperium schlägt zurück" (Georges Lucas; 1980)

„Star Wars: Episode VI – Die Rückkehr der Jedi-Ritter" (Georges Lucas; 1983)

„Star Wars: Episode I – Die dunkle Bedrohung" (Georges Lucas; 1999)

„Star Wars: Episode II – Angriff der Klonkrieger" (Georges Lucas; 2002)

„Star Wars: Episode III – Die Rache der Sith" (Georges Lucas; 2005)

„Star Wars: Episode VII – Das Erwachen der Macht" (J. J. Abrams; 2015)

„Stirb langsam – Ein guter Tag zum Sterben" (John Moore; 2013)

„Stolz und Vorurteil" (Joe Wright; 2005)

„The Beach" (Danny Boyle; 2000)

„The Blair Witch Project" (Daniel Myrick/Eduardo Sánchez; 1999)

„The Da Vinci Code – Sakrileg" (Ron Howard; 2006)

„The Quiet Man/Der Sieger" (John Ford; 1951)

„The Shaolin Temple" (Chang Hsin Yen; 1982)

„Thelma & Louise" (Ridley Scott; 1991)

„Titanic" (James Cameron; 1997)

„Todeszug nach Yuma" (James Mangold; 2007)

„Troja" (Wolfgang Petersen; 2004)

„Twilight – Bis(s) zum Morgengrauen" (Catherine Hardwicke; 2008)

„Unheimliche Begegnung der dritten Art" (Stephen Spielberg; 1977)

„Unterwegs nach Cold Mountain" (Anthony Minghella; 2003)

„Verblendung" (Niels Arden Oplev; 2009)

„Verdammnis" (Daniel Alfredson; 2010)

„Vergebung" (Daniel Alfredson; 2010)

„Vergessene Welt: Jurassic Park" (Steven Spielberg; 1997)

„Vicky Cristina Barcelona" (Woody Allen; 2008)

„Vier Hochzeiten und ein Todesfall" (Mike Newell; 1994)

„Vision – Aus dem Leben der Hildegard von Bingen" (Margarethe von Trotta; 2009)

„Vom Winde verweht" (Victor Fleming/George Cukor/Sam Wood; 1939)

„Wenn Träume fliegen lernen" (Marc Forster; 2005)

„Wickie und die starken Männer" (Michael Herbig; 2009)

„Wickie auf großer Fahrt" (Michael Herbig; 2011)

„Wiedersehen in Howards End" (James Ivory; 1992)

„Willkommen bei den Sch'tis" (Danny Boon; 2008)

„Zwei glorreiche Halunken" (Sergio Leone; 1966)

✱ TV-Serien

„Agatha Christie's Poirot" (Großbritannien; 1989–2013)

„Balamory" (Großbritannien; 2002–2005)

„Baywatch" (USA; 1989–2001)

„Bergerac" (Großbritannien; 1981–1991)

„Breaking Bad" (USA; 2008–2013)

„Bruder Cadfael" (Großbritannien; 1994–1998)

„Dae Jang Geum" (Republik Korea; 2003–2004)

„Dallas" (USA; 1978–1991)

„Der Bergdoktor" (Deutschland/Österreich; 1992–1997, seit 2008)

„Die Schwarzwaldklinik" (Deutschland; 1985–1989)

„Doc Martin" (Großbritannien; seit 2004)

„Downton Abbey" (Großbritannien; seit 2010)

„Emmerdale/Emmerdale Farm" (Großbritannien; seit 1972)

„Game of Thrones" (USA; seit 2011)

„Heartbeat" (Großbritannien; 1992–2012)

„Homeland" (USA; seit 2011)

„Inspector Morse" (Großbritannien; 1987–1993, 1995–2000)

„Last of the Summer Wine" (Großbritannien; 1973–2010)

„Lindenstraße" (Deutschland; seit 1985)

„Mankells Wallander" (Schweden/Deutschland; 2005–2014)

„Miami Vice" (USA; 1984–1989)

„My Chief and My Regiment" (China; 2009)

„Rote Rosen" (Deutschland; seit 2006)

„SeaChange" (Australien; 1998–2000)

„SOKO Donau/SOKO Wien" (Österreich; seit 2005)

„SOKO Kitzbühel" (Österreich; seit 2003)

„Soldier Sortie" (China; 2006)

„Sternenfänger" (Deutschland; 2002)

„Stolz und Vorurteil" (Großbritannien; 1995)

„Sturm der Liebe" (Deutschland; seit 2005)

„The Adventures of Sherlock Holmes" (Großbritannien; 1984–1994)

„Wilsberg" (Deutschland; seit 1995)

„Winter Sonata" (Republik Korea; 2002)

Literaturverzeichnis

AIGNER, S. (2000): Location Kaua'i. – In: Saison Tirol, 3, S. 8

AIGNER, S./KÖCK, J. (2000): Filmwirtschaft. – In: Saison Tirol, 4, S. 6

ALANYALI, J. (2011): Aschenbrödel ist die Prinzessin Cool der ARD. – In: Die Welt, 05.12.

ALDERSON, A. (2001): Villagers revolt at invasion of film-makers. – In: The Telegraph, 05.05.

ALFRED, S. R. (2012): The Theory of Planned Behavior in Applied Research: An Examination of the Location Selection Decisions of Independent Filmmakers in the USA, Kloten-Zürich (SBS Journal of Applied Business Research; 1)

AMBWANI, M. V. (2011): Bollywood plays a lead in global tourism promos. – In: The Economic Times, 21.11.

ANUL, K. (2013): Film-induced Tourism in Finland. Its Current State and Opportunities, Helsinki (Haaga-Helia University of Applied Sciences – Bachelor's Thesis)

ARAÚJO, A. (2013): Cinema's effects on visit intentions: when the bad side is highlighted (⌐ www.academia.edu/3323050 vom 30.06.2014)

ARAÚJO, A. (2013a): The role of cinema on the tourist destination image formation: opportunities and challenges for the tourism stakeholders (⌐ www.academia.edu/3323026 vom 30.06.2014)

BAKIEWICZ, J./LEASK, A. (2014): Film Induced Tourism at Heritage Visitor Attractions: A Case Study of Alnwick Castle, Edinburgh (PowerPoint-Präsentation)

BASANEZ, R. P. (2011): Film-induced tourism. The Imaginary of the Place and the Place of the Imaginary, Cardiff (University of Wales – Master's Thesis)

BECKER, J. (2014): Film tourism offers hotels turn in spotlight. – In: Hotel News Now, 18.06.

BEERMANN, F. (2001): Regionale Effekte von Filmproduktionen im Münsterland, Münster

BEETON, S. (2006): Film-Induced Tourism, Clevedon/Buffalo/Toronto (Aspects of Tourism; 25)

BEETON, S. (2010): The Advance of Film Tourism. – In: Tourism and Hospitality Planning & Development, 7/1, S. 1–6 (DOI: 10.1080/14790530903522-572)

BEETON, S. (2010a): How does film-induced tourism affect a country town? Lights, Camera Re-action, Gosford (⌂ www.regional.org.au/au/country-towns/change/beeton.htm vom 26.05.2014)

BEETON, S. (2011): Tourism and the Moving Image – Incidental Tourism Promotion. – In: Tourism Recreation Research, 36/1, S. 49–56

BEETON, S./CAVICCHI, A. (2015): Not Quite *Under the Tuscan Sun…* the Potential of Film Tourism in Marche Region. – In: AlmaTourism Special Issue, 4, S. 146–160

BENCIVENGA, A. u. a. (2012): Destination Image Built by the Cinema: The Case of the „Basilicata Coast to Coast", Mailand (Fondazione Eni Enrico Mattei – Nota di Lavoro; 95)

BENJAMIN, S./SCHNEIDER, P. P./ALDERMAN, D. H. (2012): Film Tourism Event Longevity: Lost in Mayberry. – In: Tourism Review International, 16, S. 139–150 (DOI: 10.3727/154427212X13485031583939)

BERIĆ, D. u. a. (2013): Film Tourism: A Contemporary Resource for Promoting Serbia. – In: Turizam, 17/1, S. 18–28 (⌂ www.dgt.uns.ac.rs/turizam/arhiva/vol_1701_2.pdf vom 12.06.2014)

BLY, L. (2012): ‚Breaking Bad' boosts tourism in Albuquerque. – In: USA Today, 24.07.

BOLAN, P./BOYD, S./BELL, J. (2009): Displacement Theory – Probing New Ground in Film-Induced Tourism, Londonderry (⌂ www.shannoncollege.com/wp-content/uploads/2009/12/THRIC-2010-Full-Paper-P.-Bolan.pdf vom 26.06.2014)

BOLAN, P./BOYD, S./BELL, J. (2011): „We've seen it in the movies, let's see if it's true". Authenticity and displacement in film-induced tourism. – In: Worldwide Hospitality and Tourism Themes, 3/2, S. 102–116 (DOI: 10.1108/175542 11111122970)

BOLAN, P./CROSSAN, M./O'CONNOR, N. (2006): Film & Television Induced Tourism in Ireland: A Comparative Impact Study of Ryan's Daughter and Ballykissangel (⌂ www.academia.edu/1653430 vom 22.06.2014)

BOLAN, P./O'CONNOR, N. (2007): Northern Ireland and *The Chronicles of Narnia – The Lion, the Witch and the Wardrobe*: An Innovative Destination Branding Partnership. – In: O'CONNOR, N. u. a. (Hrsg.): Tourism and Hospitality Research in Ireland – Concepts, Issues and Challenges, Waterford, S. 125–146

BOLLHÖFER, B. (2007): Geographien des Fernsehens. Der Kölner *Tatort* als mediale Verortung kultureller Praktiken, Bielefeld

BOLLHÖFER, B./STRÜVER, A. (2005): Geographische Ermittlungen in der Münsteraner Filmwelt: Der Fall *Wilsberg*. – In: Geographische Revue, 7/1–2, S. 25–42

BOPP, L. (2010): Von Stars, Stieren und Verfolgungsjagden. – In: FAZ, 16.01., S. Z 3

BRADDOCK, J. (2002): Behind the making of *The Lord of the Rings*. – In: World Socialist Web Site, 21.03. (⌂ www.wsws.org/en/articles/2002/03/lor2m21. html vom 10.06.2015)

BRERETON, P. (2006): Nature Tourism and Irish Film. – In: Irish Studies Review, 14/4, S. 407–420

BRESH, L. (2009): Film Tourism in Britain, London (⌂ www.de.slideshare. net/milosjan/film-tourism-in-britain vom 19.11.2015)

BRÖLL, C. (2006): Robin Hood aus Yorkshire. – In: FAZ, 20.06.

BUCHMANN, A. (2010): Planning and Development in Film Tourism: Insights into the Experience of *Lord of the Rings* Film Guides. – In: Tourism and Hospitality Planning & Development, 7/1, S. 77–84 (DOI: 10.1080/1479053090 3522648)

BUCHMANN, A./MOORE, K./FISHER, D. (2010): Experiencing Film Tourism: Authenticity & Fellowship. – In: Annals of Tourism Research, 37/1, S. 229–248 (DOI: 10.1016/j.annals.2009.09.005)

BUSBY, G./BRUNT, G./LUND, J. (2003): In Agatha Christie country: Resident perception of special interest tourism. – In: Tourism, 51/3, S. 287–300

BUSBY, G./ERGUL, M./ENG, J. (2013): Film tourism and the lead actor: an exploratory study of the influence on destination image and branding. – In: Anatolia: An International Journal of Tourism and Hospitality Research, 24/3, S. 395–404 (DOI: 10.1080/12032917.2013.783874)

BUSBY, G./HAINES, C. (2013): Doc Martin and film tourism: The creation of destination image. – In: Tourism, 61/2, S. 105–120 (UDC: 338.48-44(410))

BUSBY, G./KLUG, J. (2001): Movie-induced tourism: The challenge of Measurement and other issues. – In: Journal of Vacation Marketing, 7/4, S. 316–332 (DOI: 10.1177/135676670100700403)

BUSBY, G./O'NEILL, K. (2006): Cephallonia and Captain Corelli's Mandolin: The Influence of Literature and Film on British Visitors. – In: Acta Turistica, 18/1, S. 30–51

BUTLER, R. (2011): It's only make believe: the implications of fictional and authentic locations in films. – In: Worldwide Hospitality and Tourism Themes, 3/2, S. 91–101 (DOI: 10.1108/17554211111122961)

CAMPO, M. L. R./BREA, J. A. F./GONZÁLES, M. E. A. (2013): New Segments for Cultural Tourism. An Approach to Traveller Film Tourism Behavior. – In: Cuadernos de Turismo, 32, S. 341–342

CAMPO, L./BREA, J. A. F/MUÑIZ, D. R. T. (2011): Tourist Destination Image formed by the Cinema: Barcelona positioning through the Feature Film *Vicky Cristina Barcelona*. – In: European Journal of Tourism, Hospitality and Recreation, 2/1, S. 137–154

CARL, D./KINDON, S./SMITH, K. (2007): Tourists' Experiences of Film Locations: New Zealand as 'Middle-Earth'. – In: Tourism Geographies: An International Journal of Tourism Space, Place and Environment, 9/1, S. 49–63 (DOI: 10.1080/14616680601092881)

CASTELLA, T. de (2014): Have Jedi created a new 'religion'? – In: BBC News, 25.10.

CESARE, F. DI/SALANDRA, A. LA (2015): Film-induced, Steps for a Real Exploitation in Europe. – In: AlmaTourism Special Issue, 4, S. 1–17

CONNELL, J. (2005): ‚What's the Story in *Balamory*?': The Impacts of a Children's TV Programme on Small Tourism Enterprises on the Isle of Mull, Scotland. – In: Journal of Sustainable Tourism, 13/3, S. 228–255 (DOI: 10.1080/0143 4630508668555)

CONNELL, J. (2005a): Toddlers, tourism and Tobermory: Destination marketing issues and television-induced tourism. – In: Tourism Management, 26/5, S. 763–776

CONNELL, J. (2012): Film Tourism – Evolution, Progress and Prospects. – In: Tourism Management, 33/5, S. 1007–1029 (DOI: 10.1016/j.tourman. 2012.02.008)

CONNELL, J./MEYER, D. (2009): Balamory Revisited: An evaluation of the Screen Tourism Destination-Tourist Nexus. – In: Tourism Management, 30/2, S. 194–207

COONAN, C. (2012): Hooray for Huairou: Chinese films comes of age. – In: The Independent, 07.04.

COULDRY, N. (1998): The view from inside the ‚simulacrum': visitors' tales from the set of *Coronation Street*. – In: Leisure Studies, 17/2, S. 94–107 (DOI: 10.10 80/026143698375178)

COULDRY, N. (2007): Pilgrimage in mediaspace: continuities and transformations. – In: Etnofoor, 20/1, S. 63–74

CROUCH, D. (2007): The Media and the Tourist Imagination. – In: Nottingham University Business School, S. 67–79

CROWE, J. (2013): The twilight of forks? The Effect of Social Infrastructure on Film Tourism and Community Development in Forks, WA. – In: Journal of Rural Social Sciences, 28/1, S. 1–25

CROY, G./BEETON, S./FROST, W. (Hrsg.; 2010): International Tourism and Media Conference, Prato

CROY, G./KERSTEN, M. (2010): Film Tourism Impacts and Stakeholders: DMOs' Role to Manage. – In: CROY/BEETON/FROST, S. 3–8

CROY, W. G. (2004): The *Lord of the Rings*, New Zealand, and Tourism: Image Building with Film, Victoria (Department of Management, Working Paper Series; 10/04)

CROY, W. G. (2010): Planning für Film Tourism: Active Destination Image Management. – In: Tourism and Hospitality Planning & Development, 7/1, S. 21–30 (DOI: 10.1080/14790530903522598)

CROY, W. G. (2011): Film Tourism: sustained economic contributions to destinations. – In: Worldwide Hospitality and Tourism Themes, 3/2, S. 159–164 (DOI: 10.1108/17554211111123014)

CUCCO, M./RICHERI, M. (2011): Film Commissions as a Driver for Economic and Cultural Development. Paper presented at the Fourth Euro-Mediterranean Dialogue on Public Management, Rabat (⌖ www.med-eu.org/documents/MED4/Dossier2/CUCCO-RICHERI.pdf   vom 30.10.2015)

CUDNY, W. (2011): Film Festivals in Lodz as a main Component of Urban Cultural Tourism. – In: Bulletin of Geography, Socio–economic Series, 15, S. 131–141 (DOI: 10.2478/v10089-011-0009-6)

CUFF, M. (2013): Film Tourism: A Route to Funding? – In: moviescope magazine, 35

CUFF, M. (2015): Film Tourism, Kapstadt (⌖ www.martincuff.com/introduction-to-film-tourism vom 24.07.2015)

CYNTHIA, D./BEETON, S. (2009): Supporting independent film production through tourism collaboration. – In: Tourism Review International, 13, S. 113–119 (DOI: 10.3727/154427209789604624)

DANZL, B. (1999): Serieneffekte. – In: Saison Tirol, 6, S. 19

DEBORD, G. (2013): Die Gesellschaft des Spektakels, 2. Aufl. Berlin (Critica Diabolis; 65)

DUNG, Y. O./REIJNDERS, S. (2013): Paris offscreen: Chinese tourists in cinematic Paris. – In: Tourist Studies, 13/3, S. 287–303 (DOI: 10.1177/1468797 613498164)

EDENSOR, T. (2001): Performing tourism, staging tourism. (Re)producing tourist space and practice. – In: Tourist Studies, 1/1, S. 59–81

EHLERS, F. (2010): Stadt der Vampire. – In: Der Spiegel, 15, S. 98

ELLENBERGER, U. (2010): Einmal Mittelerde und zurück. – In: Schweizer Touristik – Fachmagazin der Schweizer Reise- und Touristikbranche, 25/10, S. 10–15

ESCHER, A. (2006): The Geography of Cinema – a Cinematic World. – In: Erdkunde, 60/4, S. 307–314

ESCHER, A. (2012): Naturaneignung durch Hollywood? Anmerkungen zur gesellschaftlichen Bedeutung der phantastischen Natur im Spielfilm *Avatar – Aufbruch nach Pandora*. – In: KIRCHHOFF, T./VICENZOTTI, V./VOIGT, A. (Hrsg.): Sehnsucht nach Natur. Über den Drang nach draußen in der heutigen Freizeitkultur, Bielefeld, S. 237–261

ESCHER, A./RIEMPP, E./WÜST, M. (2008): Auf den Spuren von Sternenkriegern und Seepiraten. Auswirkungen von Hollywoodfilmen in Tunesien. – In: Geographische Rundschau, 60/7–8, S. 42–48

ESCHER, A./ZIMMERMANN, S. (2001): Geography meets Hollywood. Die Rolle der Landschaft im Spielfilm. – In: Geographische Zeitschrift, 89/4, S. 227–236

ESCHER, A./ZIMMERMANN, S. (2004): Hollywoods wahre nordafrikanische Städte. – In: MEYER, G. (Hrsg.): Die Arabische Welt im Spiegel der Kulturgeographie, Mainz, S. 162–167

ESCHER, A./ZIMMERMANN, S. (2006): Visualisierungen der Landschaft im Spielfilm. – In: FRANZEN, B./KREBS, S. (Hrsg.): Landscape Culture on the Move. Microlandscapes, Münster, S. 254–264

ETC (European Travel Commission)/WTO (World Tourism Organization) (Hrsg.; 2005): City Tourism & Culture. The European Experience, Brüssel (ETC Research Report; 2005/1)

Europäischer Wirtschafts- und Sozialausschuss (Hrsg.; 2006): Stellungnahme des Europäischen Wirtschafts- und Sozialausschusses zum Thema „Tourismus und Kultur: zwei Kräfte im Dienste des Wachstums" (Initiativstellungnahme), Brüssel (Amtsblatt Nr. C 110 vom 09.05.2006)

EuroScreen (Hrsg.; 2013): Capitalising on Screen Tourism – Bibliography, London

FELIX, A. (2010): Filmtourismus – die touristische Vermarktung von Filmproduktionen, Wien (Universität Wien – Magisterarbeit)

FERNANDES, J. (2009): Diskussionen um „Slumdog Millionär": Die indische Seele ist gespalten. – In: Stern, 25.02.

FERNANDEZ YOUNG, A./YOUNG, R. (2008): Measuring the Effects of Film and Television on Tourism to Screen Locations: A Theoretical and Empirical Perspective. – In: Journal of Travel & Tourism Marketing, 24/2–3, S. 195–212 (DOI: 10.180/10548400802092742)

FILK, C./SCHATZMANN, C./HERZIG GAINSFORD, Y. (2011): „Literary Imagination goes Tourism" – Destination Branding and fiktive Narrative am Beispiel von „Heidi" und „Heidiland". – In: BOKSBERGER, P./SCHUCKERT, M. (Hrsg.): Innovationen in Freizeit und Tourismus. Hypes, Trends und Entwicklungen, Berlin, S. 139–152 (Schriften zu Tourismus und Freizeit; 12)

Filmby Aarhus (Hrsg.; 2012): Experience Films – In Real-Life. A Handbook on Film Tourism, Aarhus (⌂ www.northseascreen.eu/File/Handbook_Filmtourism_double_1.pdf vom 11.06.2014)

FilmFyn (Hrsg; 2011): Film Tourism – New Opportunities for Danish Tourism? Faaborg (⌂ www.northseascreen.eu/File/2011_08_Filmturismebog_UK_WEB(1).pdf vom 03.06.2014)

FINKENZELLER, K. (2009): Japanische Touristen: Leiden am Paris-Syndrom. – In: Die Zeit, 51, 16.12.

FORSYTH, T. (2002): What happened on „The Beach"? Social movements and governance of tourism in Thailand. – In: International Journal of Sustainable Development, 5/3, S. 326–337 (DOI: 10.1504/IJSD.2002.003756)

FRANK, B./RENNHAK, C. (2009): Product Placement. Das Beispiel Sex and the City: The Movie, München (⌂ www.munich-business-school.de/fileadmin/mbs_daten/dateien/working_papers/mbs-wp-2009-03.pdf)

FRANZ, A. (2010): Hollywood-Ausgrabungen: Archäologen schaufeln „Zehn Gebote" frei. – In: Spiegel Online, 29.04.

FROST, W. (2006): Braveheart-ed Ned Kelly: Historic films, heritage tourism and destination image. – In: Tourism Management, 27/04, S. 247–254 (DOI: 10.1016/j.tourman.2004.09.006)

FROST, W. (2010): Life Changing Experiences: Film and Tourists in the Australian Outback. – In: Annals of Tourism Research, 37/3, S. 707–726 (DOI: 10.1016/j.annals.2010.01.001)

FROST, W./CROY, G./BEETON, S. (Hrsg.; 2004): International Tourism and Media Conference Proceedings, Melbourne

FRYER, J. (2009): Mamma Mia! How the feelgood movie of 2008 has ruined the Greek paradise island of Skopelos. – In: Daily Mail, 31.07.

FUTTER, E. (o. J.): The Beach – Lizenz zum Umgraben. Mit Umweltzerstörung für die natürliche Schönheit Thailands werben? (🖰 www.trouble-in-paradise.de/03backstage/text0305.html vom 11.06.2015)

GIRVEAU, B./DIEDEREN, R. (Hrsg.; 2010): Walt Disneys wunderbare Welt und ihre Wurzeln in der europäischen Kunst, München

GJORGIEVSKI, M./TRPKOVA, S. M. (2012): Movie induced Tourism: A new Tourism Phenomenon. – In: UTMS Journal of Economics, 3/1, S. 97–104

GLOVER, P. (2010): Television travel diaries – impact on destination image. – In: CROY/BEETON/FROST, S. 47–49

GURKE, T. (2004): Strategien und Zielsetzungen im Bereich Museumsshop anhand von Beispielen des Kunsthaus-Shops (Graz). – In: Neues Museum, 3, S. 1–11

GURSKI, K. (2015): Der unheimliche Mönch auf Schloss Hastenbeck. Die Entstehung des Edgar-Wallace-Klassiker in Hameln im Jahr 1965, Hameln

HAHM, J./WANG, Y. (2011): Film-induced Tourisms as a Vehicle for Destination Marketing: Is it Worth the Efforts? – In: Journal of Travel & Tourism Marketing, 28/2, S. 165–179 (DOI: 10.1080/10548408.2011.546209)

HEDLING, O. (2010): A Film-friendly Town? Assessing a Decade at a Small Swedish Production Centre. – In: Film International, 8/6, S. 70–78 (DOI: 10. 1386/fiin.8.6.70)

HEITMANN, S. (2010): Film Tourism Planning and Development – Questioning the Role of Stakeholders and Sustainability. – In: Tourism and Hospitality Planning & Development, 7/1, S. 31–46 (DOI: 10.1080/14790530903522 606)

HENNIG, C. (1997): Reiselust. Touristen, Tourismus und Urlaubskultur, Frankfurt a. M./Leipzig

HERBERT, D. T. (2001): Literary Places, Tourism and the Heritage Experience. – In: Annals of Tourism Research, 28/2, S. 312–333 (DOI: 10.1016/S0160-7383(00)00048-7)

HIEBER, J. (2011): Der Wilde Kaiser nährt sie alle. – In: FAZ, 07.07.

HINTERMEIER, H./KAUBE, J. (2015): Intendant ist etwas ganz Furchtbares. Ein Gespräch mit dem Theater- und Opernregisseur Dieter Dorn. – In: FAZ, 31.10.

HOFMANN, A. (2010): Mittelerde probt den Aufstand. – In: FAZ, 27.10.

HOPFINGER, H./PURREITER, E. (2013): Das Allgäu als Schauplatz imaginärer Verbrechen. Zur Konstruktion touristischer Räume am Beispiel der Kluftinger Krimis. – In: QUACK, H.-D./KLEMM, K. (Hrsg.): Kulturtourismus zu Beginn des 21. Jahrhunderts. Festschrift für Albrecht Steinecke, München, S. 231–243

HORRIGAN, D. (2009): Branded content: A new Model for driving Tourism via Film and Branding Strategies. – In: Tourismos. An International Multidisciplinary Journal of Tourism, 4/3, S. 51–65

HUDSON, S. (2011): Working together to leverage film tourism: collaboration between the film and tourism industries. – In: Worldwide Hospitality and Tourism Themes, 3/2, S. 165–172 (DOI: 10.1108/17554211111123023)

HUDSON, S./RITCHIE, J. R. B. (2006): Promoting Destinations via Film Tourism: An Empirical Identification of Supporting Marketing Initiatives. – In: Journal of Travel Research, 44, S. 387–296 (DOI: 10.1177/0047287506286720)

HUDSON, S./RITCHIE, J. R. B. (2006a): Film tourism and destination marketing: The case of *Captain Corelli's Mandolin*. – In: Journal of Vacation Marketing, 12/3, S. 256–268 (DOI: 10.1177/1356766706064619)

HUDSON, S./TUNG, V. W. S. (2010): „Lights, camera, action...!" Marketing film locations to Hollywood. – In: Marketing Intelligence & Planning, 28/2, S. 188–205 (DOI: 10.1108/02634501011029682)

HUDSON, S./WANG, Y./MORENO GIL, S. M. (2010): The Influence of a Film on Destination Image and the Desire to Travel: A Cross-Cultural Comparison. – In: CROY/BEETON/FROST, S. 19–22

IM, H. H./CHON, K. (2008): An Exploratory Study of Movie-Induced Tourism: A Case of the Movie *The Sound of Music* und Its Locations in Salzburg, Austria. – In: Journal of Travel & Tourism Marketing, 24/2–3, S. 229–238 (DOI: 10.1080/10548400802092866)

IRIMIAS, A. (2015): Business Tourism Aspects of Film Tourism: The Case of Budapest. – In: AlmaTourism, Special Issue, 4, S. 35–46

IRSARA, S. (2011): Filmtourismus – Das Potenzial von Filmproduktionen als Marketinginstrument von Destinationen, Bruneck (Freie Universität Bozen – Bachelorarbeit)

IWASHITA, C. (2006): Media representation of the UK as a destination for Japanese tourists. Popular culture and tourism. – In: Tourist Studies, 6/1, S. 59–77 (DOI: 10.1177/1468797606071477)

IWASHITA, C. (2008): Roles of Films and Television Dramas in International Tourism: The Case of Japanese Tourists to the UK. – In: Journal of Travel & Tourism Marketing, 24/2–3, S. 139–151 (DOI: 10.1080/10548400802092635)

IWASHITA, C./BUTLER, R. W. (2007): The Influence of Films and Television on the Destination Image of Japanese Tourists to the UK: Truth or Consequences? – In: Nottingham University Business School, S. 203–225

JÄTZOLD, R. (1993): Differenzierungs- und Förderungsmöglichkeiten des Kulturtourismus und die Erfassung seiner Potentiale am Beispiel des Ardennen-Eifel-Saar-Moselraumes. – In: BECKER, C./STEINECKE, A. (Hrsg): Kulturtourismus in Europa: Wachstum ohne Grenzen? Trier, S. 135–144 (ETI-Studien; 2)

JAKAT, L. (2012): Das Paradies liegt woanders. – In: Süddeutsche Zeitung, 06.12.

JEWELL, B./MCKINNON, S. (2008): Movie Tourism – A New Form of Cultural Landscape? – In: Journal of Travel & Tourism Marketing, 24/2–3, S. 153–162 (DOI: 10.1080/10548400802092650)

KARPOVICH, A. I. (2010): Theoretical Approaches to Film-Motivated Tourism. – In: Tourism and Hospitality Planning & Development, 7/1, S. 7–20 (DOI: 10.1080/14790530903522580)

KELLER, U./BACKHAUS, N./ELSASSER, H. (2002): Bollywood und der indische Tourismus in der Schweiz. – In: Tourismus Journal, 6/3, S. 383–396

KELLY, S. (2013): The Breaking Bad tours driving a tourist boom in Albuquerque. – In: The Guardian, 11.08.

KERSCHREITER, R. (2009): Bollywood und Bergstraße – Locations und Landscapes. Mediale Produktion und soziale Konstruktion eines touristischen Raumes in Südhessen. – In: LENZ/SALEIN, S. 279–300

KIEFFER, R. (2008): Das Glück des verbannten Postdirektors. – In: FAZ, 10.04.

KIM, H./RICHARDSON, S. L. (2003): Motion Picture Impacts on Destination Images. – In: Annals of Tourism Research, 30/1, S. 216–237 (DOI: 10.1016/S0160-7383(02)00062-2)

KIM, S. (2010): Extraordinary Experience: Re-enacting and Photographing at Screen Tourism Locations. – In: Tourism and Hospitality Planning & Development, 7/1, S. 59–75 (DOI: 10.1080/14790530903522630)

KIM, S. (2012): Audience involvement and film tourism experiences: Emotional places, emotional experiences. – In: Tourism Management, 33/2, S. 387–396 (DOI: 10.1016/j.tourman.2011.04.008)

KIM, S./LEE, H./CHON, K.-S. (2010): Segmentation of Different Types of *Hallyu* Tourists Using a Multinomial Model and Its Marketing Implications. – In: Journal of Hospitality & Tourism Research, 34/3, S. 341–363 (DOI: 10.1177/1096348009350646)

KIM, S./LONG, P. (2012): Touring TV Soap Operas: Genre in Film Tourism Research. – In: Tourist Studies, 12/2, S. 173–185 (DOI: 10.1177/1468797612 449249)

KIM, S./O'CONNOR, N. (2011): A cross-cultural study of screen-tourists' profiles. – In: Worldwide Hospitality and Tourism Themes, 3/2, S. 141–158 (DOI: 10.1108/17554211111123005)

KIM, S./WANG, H. (2012): From television to the film set. Korean drama *Daejanggeum* drives Chinese, Taiwanese, Japanese and Thai audiences to screen-tourism. – In: International Communication Gazette, 74/5, S. 423–442 (DOI: 10.1177/1748048512445152)

KIM, S. u. a. (2007): Effects of Korean television dramas on the flow of Japanese tourists. – In: Tourism Management, 28, S. 1340–1353

KNIPP, R. (2014): „One day, I would go there ...“ Fantouristische Praktiken im Kontext transmedialer Welten in Literatur, Film und Fernsehen. – In: Image. Themenheft Medienkonvergenz und transmediale Welten (Teil 1), 20/07, S. 60–74

KÖCK, J. (2012): Bollywood in Tirollywood, Innsbruck

KÖCK, J./AIGNER, S. (1999): Filmland T. – In: Saison Tirol, 2, S. 14

KÖNIG, S. (2014): Urlaub nach Drehbuch. – In: bulletin – Fachmagazin für die touristische Praxis, 2–3, S. 14–17

KOPPELSTÄTTER, L. (2010): „Die Schwarzwaldklinik muss wieder her!“. – In: FAZ, 09.12.

LAING, J. H. (2010): Women, the Media and the Italian Dream. – In: CROY/BEETON/FROST, S. 50–53

LAVARONE, G. u. a. (2015): Modeling the concept of movie in a software architecture for film-induced tourism, Bozen (⊕ www.ircdl2015.unibz.it/papers/paper-09.pdf vom 02.11.2015)

LAW, L./BUNNELL, T./ONG, C.-E. (2007): The *Beach*, the gaze and film tourism. – In: Tourist Studies, 7, S. 141–164 (DOI: 10.1177/1468797607083499)

LEE, C. (2012): ‚Have Magic, Will Travel': Tourism and Harry Potter's United (Magical) Kingdom. – In: Tourist Studies, 12/1, S. 52–69 (DOI: 10.1177/14 68797612438438)

LEE, S./SCOTT, D./KIM, H. (2008): Celebrity Fan Involvement and Destination Perceptions. – In: Annals of Tourism Research, 35/3, S. 809–832 (DOI: 10.1016/j.annals.2008.06.003)

LEIGH SMITH, B. (2010): The Twilight Saga and the Quileute Indian Tribe: Opportunity or Cultural Exploitation? Olympia (Washington) (⌂ www. ever-er-green.edu/tribal/docs/Smith%20The%20Twilight%20Saga%2012%204%20 10.pdf vom 03.01.2016)

LENZ, R./SALEIN, K. (Hrsg.): Kulturtourismus. Ethnografische Recherchen im Reiseraum Europa, Frankfurt a. M. (Kulturanthropologie – Notizen; 79)

LESLIE, K. (2015): Sphinx from 1923 ‚Ten Commandments' film to be unveiled at Dunes Center. – In: The Tribune, 09.06.

LIGHT, D. (2009): Performing Transylvania: tourism, fantasy and play in a liminal place. – In: Tourist Studies, 9/3, S. 240–258 (DOI: 10.1177/146879761 0382707)

LIN, X. (2012): On Development Way of movie-induced Tourism Products that embedded ethnic Feature: The Analysis based on industrial Convergence Development Characteristics. – In: 2012 International Conference on Future Information Technology and Management Science & Engineering. Lecture Notes in Information Technology, 14, S. 471–477 (⌂ www.ierinstitute.org/ 2070-1918/lnit14/v14/471.pdf vom 10.06.014)

LIOU, D.-Y. (2010): Beyond Tokyo Rainbow Bridge: destination images portrayed in Japanese drama affect Taiwanese tourists' perception. – In: Journal of Vacation Marketing, 16/1, S. 5–15 (DOI: 10.1177/1356766709356137)

LOEDOLFF, C. (2014): Promoting South Africa as an international Film Tourism Destination, Pretoria (University of Pretoria – Master's Thesis)

LOWRY, S. (1997): Stars und Images. Theoretische Perspektiven auf Filmstars. – In: montage/av, 6/2, S. 10–35

LOWRY, S. (2003): Filmstars – Basisliteratur, Hamburg (Medienwissenschaft/ Hamburg: Berichte und Papiere; 34)

LUKINBEAL, C. (2006): Runaway Hollywood: Cold Mountain, Romania. – In: Erdkunde, 60/4, S. 337–345

Lynn Jones Research (Hrsg.; 2012): Stirling Visitor Survey August 2011 to July 2012. Final Report, Edinburgh (⌂ www.stirling.gov.uk/__documents /temporary-uploads/economy,-planning-_and_-regulation/stirling-visitor-survey-2011-12-final-report.pdf vom 21.05.2015)

MACIONIS, N. (2004): Understanding the Film-Induced Tourist. – In: FROST/CROY/BEETON, S. 86–97

MACIONIS, N./O'CONNOR, N. (2011): How can the film-induced tourism phenomenon be sustainably managed? – In: Worldwide Hospitality and Tourism Themes, 3/2, S. 173–180 (DOI: 10.1108/17554211111123032)

MÅNSON, M. (2010): Media Convergence: Tourist Attractions in Making. – In: CROY/BEETON/FROST, S. 16–18

MARTENSTEIN, H. (2013): Besuch in Waterloo: Napoleons verlorenes Finale. – In: Der Tagesspiegel, 10.02.

MARTIN-JONES, D. (2006): Kabhi India, Kabhie Scotland: Recent Indian Films shot on location in Scotland. – In: South Asian Popular Culture, 4/1, S. 49–60 (DOI: 10.1080/14746680600555576)

MAZIERSKA, E./WALTON, J. K. (2006): Tourism and the moving image. – In: Tourist Studies, 6/1, S. 5–11 (DOI: 10.1177/1468797606070583)

MERCILLE, J. (2005): Media Effects on Image. The Case of Tibet. – In: Annals of Tourism Research, 32/4, S. 1039–1055

MESTRE, R./DEL REY, A./STANISHEVSKI, K. (2008): The Image of Spain as Tourist Destination Built Through Fictional Cinema. – In: Journal of Travel & Tourism Marketing, 24/2–3, S. 185–194 (DOI: 10.1080/IOS48400802092718)

MEYER, H.-H. (2011): Filmtourismus. – In: Lexikon der Filmbegriffe, Kiel (↗ www.filmlexikon.uni-kiel.de)

MEYER, M. (2011a): Die Tabernas-Wüste ist perfekt als Western-Kulisse. – In: Die Welt, 20.06.

MILLÁN, A./GARCÍA, J. A./DÍAZ, E. (2012): Measuring factors that influence a visit with a movie map: an empirical analysis of a surrealist cult film. – In: European Journal of Tourism, Hospitality and Recreation, 3/2, S. 57–76

MITCHELL, H./STEWART, M. F. (2012): Movies and holidays: the empirical relationship between movies and tourism. – In: Applied Economics Letters, 19, S. 1437–1440 (DOI: 10.1080/13504851.2011.631888)

MNP (Hrsg.; 2014): Economic impacts of the Florida Film and Entertainment Industry Financial Incentive Program. Supplementary Report on Film Induced Tourism, Toronto

MORDUE, T. (1999): Heartbeat Country: conflicting values, coinciding visions. – In: Environment and Planning A, 31, S. 629–646

MORDUE, T. (2009): Television, Tourism, and Rural Life. – In: Journal of Travel Research, 47/3, S. 332–345 (DOI: 10.1177/0047287508321203)

MOSER, N./HASELSBERGER, C. (2014): Trend – Filmtourismus. Führt eine Filmproduktion zum Massentourismus, und wird dies zum regionalen Problem? o. O.

MURPHY, M. (2010): The Psychology Behind Celebrity Worship (⌁ www.celebrities.knoji.com)

MUSA, D. (2010): Rick's Café. Casablanca: Orientalische Illusion. – In: Der Tagesspiegel, 07.02.

New Mexico Tourism Department (Hrsg.; 2008): The Impact of Film Tourism on the State of New Mexico, Sante Fe (⌁ www.denniskintigh.com/pdfs/tourism.pdf vom 29.06.2014)

Nottingham University Business School (Hrsg.; 2007): Culture, Tourism and the Media. Proceedings of the 5th DeHaan Tourism Management Conference, Nottingham

O'CONNOR, N. (2011): A conceptual examination of the film induced tourism phenomenon in Ireland. – In: European Journal of Tourism, Hospitality and Recreation, 2/3, S. 105–125

O'CONNOR, N./FLANAGAN, S./GILBERT, D. (2008): The Integration of Film☐ induced Tourism and Destination Branding in Yorkshire, UK. – In: International Journal of Tourism Research; 10/5, S. 423–437 (DOI: 10.1002/jtr.676)

O'CONNOR, N./FLANAGAN, S./GILBERT, D. (2010): The use of film in re-imaging a tourism destination: a case study of Yorkshire, UK. – In: Journal of Vacation Marketing, 16/1, S. 61–74 (DOI: 10.1177/1356766709356611)

Oberösterreich Tourismus (Hrsg.; 2015): Zehn Jahre SOKO Donau. Oberösterreich als Schauplatz der beliebten Krimiserie, Linz (Pressemitteilung)

OEHMANN, R. (2000): Sandstreuereien. „The Beach" – Aus den Augen, aus dem Sinn. – In: Telepolis, 15.02. (⌁ www.heise.de/tp/artikel/5/5796/1.html vom 01.05.2014)

Olsberg-SPI (Hrsg.; 2008): Stately Attraction. How Film and Television Programmes promote Tourism in the UK, London

Olsberg-SPI (Hrsg.; 2015): Quantifying Film and Television Tourism in England. Report for Creative England in association with VisitEngland, London

OVIEDO-GARCÍA, M. A. u. a. (2014): Film-induced tourist motivations. The case of Seville (Spain). – In: Current Issues in Tourism (DOI: 10.1080/13683500. 2013.872606)

Oxford Economics (Hrsg.; 2012): The Economic Impact of the UK Film Industry, Oxford u. a.

PAN, S./RYAN, C. (2013): Film-induced Heritage Site Conservation. The Case of *Echoes of the Rainbow.* – In: Journal of Hospitality & Tourism Research, 37/1, S. 125–150 (DOI: 10.1177/1096348011425497)

PANTELEIT, K. (2009): Literaturtourismus. Auf den Spuren der Illuminati in Rom. – In: LENZ/SALEIN, S. 257–277

PARDEY, H.-H. (2014): Sehr her, ich bin's. – In: FAZ, 24.06.

PEARCE, P. L./MORRISON, A. M./MOSCARDO, G. M. (2003): Individuals as Tourist Icons: A Development and Marketing Analysis. – In: Journal of Hospitality & Leisure Marketing, 10/1–2, S. 63–85

PETERS, M. u. a. (2011): Empire and Romance: Movie-induced Tourism and the Case of the Sissi Movies. – In: Tourism Recreation Research, 36/2, S. 169–180 (DOI: 10.1080/02508281.2011.11081317)

POPP, M. (2012): Erlebnisforschung neu betrachtet – ein Ansatz zu ihrer räumlichen Kontextualisierung. – In: tw Zeitschrift für Tourismuswissenschaft, 4/1, S. 81–100

PRACHT, S. (2009): Auf den Spuren der Filmstars. – In: Fremdenverkehrswirtschaft International, 7, S. 22–24

PRETZELL, C. (2015): Die 65. Berlinale – Filmkunst und Wirtschaftsfaktor, Berlin (⌂ www.ibb.de/PortalData/1/Resources/content/download/newsletter/berlin_fokus/Berlin_Fokus_Berlinale_2015.pdf vom 20.05.2015)

PRIVITERA, D. (2015): Film and the Representation of the Poverty. Touristic Mobilities in Developing Countries. – In: AlmaTourism Special Issue, 4, S. 269–281

PRUSEVICIUTE, I. (2014): The Influence of Movie Trailers on Destination Image: The Case of China, Ljubljana (Universität Ljubljana – Abschlussarbeit)

RAUCHHAUPT, U. v. (2013): Hobbits, wollt ihr ewig leben? – In: Frankfurter Allgemeine Sonntagszeitung, 08.12, S. V 3

REEK, F. (2013): Jackos geheimes Denkmal. – In: Glamour (⌂ www.glamour. de/stars/star-news/michael-jackson-jackos-geheimes-denkmal vom 17.06.2014)

REIJNDERS, S. (2009): Watching the Detectives: Inside the Guilty Landscapes of Inspector Morse, Baantjer and Wallander. – In: European Journal of Communication, 24/2, S. 165–181 (DOI: 10.1177/0267323108101830)

RETSCHKE, C. (2014): Der Filmtourismus als strategischer Ansatz zur Vermarktung einer Destination am Beispiel von Görlitz (⌂ www.prezi.com/br2wxrw bsfbr/filmtourismus-in-gorlitz vom 07.12.2015)

REWTRAKUNPHAIBOON, W. (2009): Film-induced tourism: Inventing a Vacation to a Location (⌂ www.bu.ac.th/knowledgecenter/epaper/jan_june2009/pdf/Walaiporn.pdf vom 10.06.2014)

RICCI, O. (2011): Celebrity spotting: a new dynamic in Italian tourism. In: Worldwide Hospitality and Tourism Themes, 3/2, S. 117–126 (DOI: 10.11 08/17554211111122989)

RICHMOND, S. (1999): Baywatch babes not welcome here. – In: The Independent, 29.06.

RILEY, R./BAKER, D./VAN DOREN, C. S. (1998): Movie Induced Tourism. – In: Annals of Tourism Research, 25/4, S. 919–935 (DOI: 10.1016/S01607383 (98)00045-0)

RILEY, R./VAN DOREN, C. S. (1992): Movies as tourism promotion: A ‚pull' factor in a ‚push' location. – In: Tourism Management, 13/3, S. 267–274 (DOI: 10.1016/0261-5177(92)90098-R)

RITCHIE, J. R. B. (1984): Assessing the Impact of Hallmark Events: Conceptual and Research Issues. – In: Journal of Travel Research, 23/1, S. 2–11 (DOI: 10.1177/004728758402300101)

RITZER, G. (2006): Die McDonaldisierung der Gesellschaft, 4., völlig neue Aufl. Konstanz

ROESCH, S. (2009): The Experiences of Film Location Tourists, Bristol/Buffalo/Toronto (Aspects of Tourism; o. Bd.)

RÖSCH, S. (2011): Filme als Tourismusfaktor. – In: Public Marketing, März, S. 24–27

ROOSE, J./SCHÄFER, M. S./SCHMIDT-LUX, T. (2012): Fans. Soziologische Perspektiven, Wiesbaden (Erlebniswelten; 17)

Roland Berger Strategy Consultants (Hrsg.; 2014): Volkswirtschaftliche Effekte der Kinofilmproduktion in Deutschland, Berlin

ROSENZWEIG, S. (2015): Kazimierz, der Touristenmagnet (⌂ www.info.arte.tv/de vom 11.07.2015)

SAAL, D. (2000): Thailänder lynchen Leo (🖰 www.spielfilm.de/news/1831/ thailaender-lynchen-leo vom 11.05.2015)

SANDWIK, K./WAADE, A. (2008): Crime Scene as Augmented Reality – On Screen, Online and Offline, Aalborg (Crime Fiction and Crime Journalism in Scandinavia – Working Paper; 5)

SARGENT, A. (1998): The Darcy effect: Regional tourism and costume drama. – In: International Journal of Heritage Studies, 4/3–4, S. 177–186 (DOI: 10.10 80/13527259808722235)

SCHERHAG, K. (2003): Destinationsmarken und ihre Bedeutung im touristischen Wettbewerb, Lohmar/Köln

SCHERING, S. (2014). Popcorn und Rollenwechsel: Sag Adieu, erweitertes „Star Wars"-Universum. – In: Quotenmeter, 28.04

SCHNEIDER, A. (2014): Das indische Kino, die Kinos Indien (🖰 www. bpb.de/internationales/asien/indien/44545/indischer-film vom 23.09.2015)

SCHOFIELD, P. (1996): Cinematographic images of a city: Alternative heritage tourism in Manchester. – In: Tourism Management, 17/5, S. 333–340

SCHWERTFEGER, B. (2013): „Life of Pi" in Indien: Auf Touristen warten und Tee pflücken. – In: Spiegel Online, 06.03.

SEMLEY, N./BUSBY, G. (2015): *War Horse* or not? A study of the Dartmoor visitor. – In: European Journal of Tourism, Hospitality and Recreation, 6/2, S. 49–65

SHANI, A. u. a. (2009): Impacts of a historical film on the destination image of South America. – In: Journal of Vacation Marketing, 15/3, S. 229–242 (DOI: 10.1177/1356766709104269)

SHAO, J./SCARPINO, M./GRETZEL, U. (2010): The Power of TV Dramas: Fans as Volunteer Tourists. – In: CROY/BEETON/FROST, S. 54–56

SHEAHAN, F. (2013): Budget 2014: Spielberg inspires ‚Tom Cruise clause' that will bring Hollywood blockbusters here. – In: Irish Independent, 17.10.

SHEARING, C. (2013): Bond-themed hotel stay launched in Scotland. – In: Telegraph, 21.07.

SIEHL, S. (2010): Filme, die beflügeln. Einflüsse von Filmen auf die Reisemotivation, Raumwahrnehmung und Imagebildung, Giessen (Justus-Liebig-Universität – Dissertation)

SINGH, K./BEST, G. (2004): Film-Induced Tourism: Motivations of Visitors to the Hobbiton Movie Set as Featured in *The Lord Of The Rings*. – In: FROST/CROY/BEETON, S. 98–111

SOLIMAN, D. M. (2011): Exploring the role of film in promoting domestic Tourism: a case study of Al Fayoum, Egypt. – In: Journal of Vacation Marketing, 17/3, S. 225–235 (DOI: 10.1177/1356766711409183)

SPARRE, M./LIND, J. (2011): The Millennium Report. Economic impact and exposure value for the Stockholm region in the Swedish Millennium feature films. Shortened English version, Stockholm

STEINECKE, A. (2007): Kulturtourismus. Marktstrukturen – Fallstudien – Trends, München/Wien

STEINECKE, A. (2009): Themenwelten im Tourismus. Marktstrukturen – Marketing-Management – Trends, München

STEINECKE, A. (2010): Populäre Irrtümer über Reisen und Tourismus, München

STEINECKE, A. (2011): Tourismus, Braunschweig (Das Geographische Seminar; o. Bd.)

STEINECKE, A. (2013): Destinationsmanagement, Konstanz/München (UTB; 3972)

STEINECKE, A. (2013a): Management und Marketing im Kulturtourismus. Basiswissen – Praxisbeispiele – Checklisten, Wiesbaden (Kunst- und Kulturmanagement; o. Bd.)

STEINECKE, A. (2014): Internationaler Tourismus, Konstanz/München (UTB; 4202)

SU, H. J. u. a. (2011): The impact of product placement on TV-induced tourism: Korean TV dramas and Taiwanese viewers. – In: Tourism Management, 32/4, S. 805–814 (DOI: 10.1016/j.tourman.2010.06.020)

SUNI, J./KOMPPULA, R. (2012): SF-Filmvillage as Movie Tourism Destination – A Case Study of Movie Tourist Push Motivations. – In: Journal of Travel & Tourism Marketing, 29/5, S. 460–471 (DOI: 10.1080/10548408.2012.691397)

SUNJIC, B. (2012): Wellington wird zur Hobbit-Premiere in „Mitte von Mittelerde" umbenannt. – In: Kino News, 18.10.

SYDNEY-SMITH, S. (2006): Changing places. Touring the British crime film. – In: Tourist Studies, 6/1, S. 79–94 (DOI: 10.1177/1468797606071478)

TANG, Z. (2014): A SWOT Analysis of Development Strategies for Film Tourism. – In: Advanced Journal of Food Science an Technology, 6/2, S. 198–205

TANSKANEN, T. (2012): Film Tourism: Study on how Films Can be Used to Promote Tourism, Vantaa (Laurea University of Applied Sciences – Bachelor's Thesis)

TASCI, A. D. A. (2009): Social Distance. The Missing Link in the Loop of Movies, Destination Image, and Tourist Behavior? – In: Journal of Travel Research, 47/4, S. 494–507 (DOI: 10.1177/0047287508326534)

TEA (Themed Entertainment Association) (Hrsg.; 2014): TEA/AECOM 2013 Theme Index & Museum Index. The Global Attractions Attendance Report, Burbank (Kalifornien) (⌂ www.teaconnect.org/images/files/TEA_28_915 227_140617.pdf vom 27.05.2014)

The National Trust (Hrsg.; 2010): Filming at the National Trust (⌂ www.islandsstofa.is/files/afci-film-tourism-case-studies-harvey-edgington.pdf vom 29.06.2014)

THOMAS, G. (1999): Hilfe, wir sind berühmt. – In: FAZ, 19.08.

THOMAS, L. (2013): The qualitative und quantitative Benefits of Film-Induced Tourism in Georgia, Atlanta (⌂ www.georgia.org/wp-content/uploads/ 2013/09/The-Qualitative-and-Quantitative-Benefits.pdf vom 12.06.2014)

THURNER, I. (1995): Das Souvenir als Symbol und Bedürfnis. – In: Wiener völkerkundliche Mitteilungen, N. F. 36/37, S. 105–122

THURNER, I. (2011): Sehenswürdigkeiten: Konstruktion und Rezeption. – In: KAGERMEIER, A./STEINECKE, A. (Hrsg.): Kultur als touristischer Standortfaktor: Potenziale – Nutzung – Management, Paderborn, S. 1–16 (Paderborner Geographische Studien zu Tourismusforschung und Destinationsmanagement; 23)

Tirol Werbung (Hrsg.; 2015): Tirollywood – Der Bergdoktor, Innsbruck

TOOKE, N./BAKER, M. (1996): Seeing is believing: the effect of film on visitor numbers to screened locations. – In: Tourism Management, 17/2, S. 87–94 (DOI: 10.1016/0261-5177(95)00111-5)

TORCHIN, L. (2002): Location, Location, Location. The destination of the Manhattan TV tour. – In: Tourist Studies, 2/3, S. 247–266 (DOI: 10.1177/14687 976020023002)

Tourism Australia (Hrsg.; 2009): Australia the Movie PR Leverage Campaign (⌂ www.lib.uts.edu.au/gta/13858/tourism-australia-australia-movie-pr-leverage-campaign vom 12.06.2014)

TRENTMANN, N. (2014): Die Wahrheit hinter der Rosamunde-Pilcher-Fassade. – In: Die Welt, 03.10.

TRIVETT, V. (2013): The Ascendance of Movies and TV in Tourism Marketing (⌕ www.skift.com/2013/12/02/the-ascendance-of-movies-and-tv-in-tourism-marketing vom 20.06.2015)

TUCLEA, C.-E./NISTOREANU, P. (2011): How film and television programs can promote tourism and increase the competitiveness of tourist destinations. – In: Cactus Tourism Journal, 2/2, S. 25–30

TULLOCH, R. (2011): Ryans's Daughter – film location as tourist magnet (⌕ www.richardtullochwriter.com/2011/09/15/ryans-daughter-film-location/ vom 26.05.2015)

TUNSTILL, J. (2010): Film induced tourism (⌕ www.reelstreets.com/index.php/articles/john-tunstill/1-film-induced-tourism vom 30.05.2014)

TZANELLI, R. (2004): Constructing the ‚cinematic tourist': The ‚sign industry' of *The Lord of the Rings*. – In: Tourist Studies, 4/1, S. 21–42 (DOI: 10.1177/1468797604053077)

TZANELLI, R. (2006): Reel Western Fantasies: Portrait of a Tourist Imagination in *The Beach* (2000). – In: Mobilities, 1/1, S. 121–142 (DOI: 10.1080/17450100500489296)

TZANELLI, R. (2016): *Game of Thrones* to Games of Sites/Sights: Framing Events through Cinematic Transformations in Northern Ireland. – In: HANNAM, K./MOSTAFANEZHAD, M./RICKLY-BOYD, J. M. (Hrsg.): Event Mobilities: The Politics of the Everyday and the Extraordinary, London, S. 1–28

VAGIONIS, N./LOUMIOTI, M. (2011): Movies as a tool of modern tourist marketing. – In: Tourismos, 6/2, S. 353–362

VIALKOWITSCH, A. (2005): Vom Location Placement zum Filmtourismus. Neue Perspektiven für das Destinationsmarketing. – In: MASCHKE, J./JOB, H./SCHWAIGER, M. (Hrsg.): Jahrbuch für Fremdenverkehr 2005, München, S. 7–54

VIALKOWITSCH, A. (2007): Filmtourismus – Urlaub wie im Film. – In: GÜNTHER, A. u. a. (Hrsg.): Tourismusforschung in Bayern. Aktuelle sozialwissenschaftliche Beiträge, München, S. 406–414

VisitBritain (Hrsg.; 2010): Contemporary Culture, London

VisitScotland (Hrsg.; 2012): UK consumer attitudes film related topics, Edinburgh

VOLKERY, C. (2001): New-York-Tourismus: „Links sehen Sie jetzt den Ground Zero". – In: Spiegel Online, 10.10.

WARD, S./O'REGAN, T. (2009): The Film Producer as the Long-stay Business Tourist: Rethinking Film and Tourism from a Gold Coast Perspective. – In: Tourism Geographies, 11/2, S. 214–232 (DOI: 10.1080/14616680902827 175)

WARNHOLTZ, A. (2014): Air New Zealand hebt wieder mit Orks und Elben ab. – In: Die Welt, 23.10.

WEARING, S./BUCHMANN, A./JOBBERNS, C. (2011): *Free Willy*: the whale-watching legacy. – In: Worldwide Hospitality and Tourism Themes, 3/2, S. 127–140 (DOI: 10.1108/17554211111122998)

WELLER, V. (2013): Film Tourism in British Columbia, Chilliwack

WIEGEL, M. (2008): Willkommen bei den Nordlichtern. – In: FAZ, 28.06.

WILKINSON, E. (2014): VisitBritain and Film Tourism, London

WILLIAMS, P. (2007): Pottery, Pride or Parochial Prejudice? The Impact of Media Indifference on Tourism Development in Stoke-on-Trent. – In: Nottingham University Business School, S. 162–204

WINTER, T. (2002): Angkor Meets *Tomb Raider*: setting the scene. – In: International Journal of Heritage Studies, 8/4, S. 323–226 (DOI: 10.1080/135272 5022000037218)

WOLFF, V. (2015): Schottlands Jacobite-Dampfzug: Hogwarts Express in echt. – In: Spiegel Online, 14.04.

YEN, C.-H./CROY, W. G. (2013): Film tourism: celebrity involvement, celebrity worship and destination image. – In: Current Issues in Tourism, S. 1–18 (DOI: 10.10 80/12683500.2013.816270)

ZIGNALE, M. (2011): Movie induced tourism in Sicily. – In: Review of Historical Geography and Toponomastica, VI/11–12, S. 117–121

ZIMMERMANN, S. (2003): „Reisen in den Film" – Filmtourismus in Nordafrika. – In: EGNER, H. (Hrsg.): Tourismus – Lösung oder Fluch? Die Frage nach der nachhaltigen Entwicklung peripherer Regionen, Mainz, S. 75–83 (Mainzer Kontaktstudium Geographie; 9)

ZIMMERMANN, S. (2009): Filmgeographie – Die Welt in 24 Frames. – In: DÖRING, J./THIELMANN, T. (Hrsg.): Mediengeographie, Bielefeld, S. 291–313

ZIMMERMANN, S. (2009a): Die gestohlene Wüste – Blicke in die australische Filmlandschaft. – In: ESCHER, A./KOEBNER, T. (Hrsg.): Territorien des Todes: Wüsten aus Sand und Schnee im Film, München, S. 143–157

ZIMMERMANN, S. (2012): I suppose it has come to this… How a Western Shaped Australia's Identity. – In: KLEIN, T./RITZER, I./SCHULZE, P. W.

(Hrsg.): Crossing Frontiers: Intercultural Perspectives on the Western, S. 134–148

ZIMMERMANN, S. (2013): Ferne Landschaften – wie Filme Natur und Landschaft erfahrbar machen. – In: Stiftung Natur und Umwelt Rheinland-Pfalz (Hrsg.): Landschaftsperspektiven, Mainz, S. 82–87 (Denkanstöße; 10)

ZIMMERMANN, S./REEVES, T. (2009): Film Tourism – Locations Are the New Stars. – In: CONRADY, R./BUCK, R. (Hrsg.): Trends and Issues in Global Tourism, Berlin/Heidelberg, S. 155–162 (DOI 10.1007/978-3-540-92199-8_10)

[F] Filme, TV-Serien, Romanvorlagen

[L] filmtouristisch relevante Locations

Index

3P des Films 49
99 Homes [F] 32

A

Aap Kaa Surroor [F] 100
Abba 69
Abenteuertourismus 40
Agatha Christie Country 39, 149
Ägypten [L] 64
Albuquerque [L] 88, 112
Alleinstellungsmerkmal 21, 161,
    163, 183
Allgäu [L] 87, 155
Amsterdam [L] 68
Andalusien [L] 117
Applications 108, 110, 111
Apps zum Filmtourismus 111
Asian Film Commission Network 96
Aufmerksamkeitswert 162
Augmented Reality 25
Australien [L] 95
Avatar – Aufbruch
    nach Pandora [F] 59
Aviator [F] 111

B

Babelsberg 93
Baker Street, London [L] 57
Balamory [F] 173
Ballermann 62
Barcelona [L] 142, 143
Basildon Park Manor House [L] 138
Basilicata Coast to Coast [F] 177
Batman Begins [F] 31
Bavaria Filmstadt [L] 194
Bayern [L] 84, 87, 98, 110
Bayern Tourismus Marketing 87, 98

Baywatch [F] 111, 154
Beijing Municipal Bureau
    of Tourism 93
Bergerac [F] 166
Berlin [L] 44, 93
Berlinale 81, 160, 200, 201
Bevölkerung 12, 22, 140, 144,
    147–148, 149, 150, 152, 154–156,
    171–172, 183, 189, 206–207
Blaubart [F] 97
Blogs 27, 48, 52, 79, 102, 131, 207
Bodensee [L] 114
Bollywood 55, 93, 99, 100
    Filme 55
Bollywood Strategy 100
Brandenburg [L] 93
Brave/Merida – Legende
    der Highlands [F] 59
Braveheart [F] 30, 40, 44
Breaking Bad [F] 88, 121
Brescello [L] 182
BRIC-Quellmärkten 42
Brontë Country 39
Bruder Cadfael [F] 30
Buddenbrooks [F] 40
Buddy Holly Center [L] 189
Burghley House [L] 138
Burgund [L] 166

C

C. S. Lewis Festival 39
C. S. Lewis Trail 39
Cádiz [L] 81
Çanakkale [L] 138
Casablanca [F] 58
Celebrities 77, 80, 82, 199
    (siehe auch Schauspieler, Stars)
Celebrity Spottin 78
Celebrity Worship 77
Chimney Rock Park [L] 138

Chinesische Mauer [L] 108
Chocolat – Ein kleiner
    Biss genügt [F] 166
Cine Regio 98
Cine Tirol Film Commission 97
City of God [F] 40, 144
Cluster, filmtouristische 122, 125, 165
Communities 48, 104
Con Air [F] 111
Corellis Mandoline [F] 173
Cornwall [L] 55
Crocodile Dundee – Ein Krokodil
    zum Küssen [F] 40, 137
Crown Hotel [L] 27, 138

D

Dallas [F] 19, 51
Darcy-Effekt 163
Dark Tourism 100
Das doppelte Lottchen [F] 97
Das indische Grabmal 40
Das Piano [F] 40
Das Schicksal ist ein
    mieser Verräter [F] 68
Der Bergdoktor [F] 65, 124
Der dritte Mann [F] 30, 168
Der Herr der Ringe [F] 23, 30, 66, 105,
    112, 117, 128, 156, 169
Der Hobbit [F] 104, 112, 117,
    128–129, 145
Der letzte Mohikaner [F] 138
Der mit dem Wolf tanzt [F] 138
Der Name der Rose [F] 40, 163
Der Sieger [F] 171
Der Soldat James Ryan [F] 30, 138
Der Spion, der aus der
    Kälte kam [F] 30
Der Turm [F] 107
Destination, Checkliste 205–210
Destination, Erweiterung
    Produktpalette 164

Destinationen , filmtouristische
    Angebote 122
Destinationsmanagement,
    filmtouristisches 96, 100–133
Destination Management Organisationen
    21, 23–24, 41, 87, 90, 92, 103, 105–
    106, 129, 163–164, 169, 179–180,
    186, 199, 205, 207
Destinationsmarke 176
Destination, negative Darstellung
    im Film 170
Destination, Verlängerung
    der Saison 165
Destination, Wettbewerb (Beispiel) 99
Devils Tower National Monument [L]
    166
Die Brücken am Fluss [F] 179
Die Chroniken von Narnia [F] 39
Die Geisha [F] 31
Die Herzogin [F] 91
Die Liebe der Charlotte Gray [F] 166
Die Schatzinsel [F] 164
Die zehn Gebote [F] 118
Disney's Hollywood Studios [L] 194
Disneyland [L] 192
Don Camillo und Peppone [F] 182
Downton Abbey [F] 115, 126
Dracula [F] 61
Drehorttouristen 55, 57, 104
    Knigge 157
Drei Haselnüsse für
    Aschenbrödel [F] 66, 67
Dunquin [L] 88

E

Easy Rider [F] 25
Echoes of the Rainbow [F] 159
Effekte
    auf die Drehorte 144
    auf Drehorte (Beispiele) 138
    ökologische 157
    ökonomische 145
    soziale 147
    touristische 135
Ein Herz und eine Krone [F] 71

Emmerdale [F] 170
Emotionen 65
Empire State Building, New York [L]
    177
England [L] 30, 31, 91, 141, 149, 197
Erfolgsfaktoren 174
Eskapismus-Motiv 171
Europa-Park [L] 197
European Film Commission
    Network 96
EuroScreen – European Screen
    Destinations Project 99
Evoked Set 102
Excalibur [F] 30
Eyes Wide Shut [L] 126

F

Facebook 77, 78
Fairview Lawn Cemetery [L] 66
Favelas [L] 171
Favela-Touren 144
Feld der Träume [F] 73
Ferner Osten [L] 64
fiktive Orte 56
Film Commissions 21, 96, 98, 99,
    103, 147, 179, 206
Filmevents 198
FilmFernsehFonds Bayern 98
Filmfestivals 200
Filmkulissen als archäologisches
    Forschungsfeld 118
Filmmuseen 189, 190, 191
FilmMuseum Thiersee 97
Filmpark Babelsberg [L] 194
Filmparks 193
Filmpremieren 198
Filmsets, Erhalt und Nachbau 32, 108,
    116, 132, 145, 173, 192
Filmstars 185
Filmtourismus 17
    Definition 20
    Informationsquellen 22
    Marktsegment 41
    Risiken 166

Filmtouristen 49, 54
    externe Pull-Faktoren 49
    interne Push-Faktoren 52
    Typologien 53, 55
Filmwelten 196
Flipper [F] 159
Florida [L] 138
Förderinstitutionen 96
Forrest Gump [F] 25
Fort Hay [L] 138
Free Willy [F] 160
Für eine Handvoll Dollar [F] 30, 117

G

Game of Thrones [F] 23, 93
Gangs of New York [F] 30
Gastgewerbe 126, 148, 202
Gentrifizierung 153
Gesetzlos – Die Geschichte
    des Ned Kelly [F] 169
Gimmick 114
Glenfinnan Viaduct [L] 73
Glokalisierung 144
Glottertal [L] 167
Goathland [L] 148
Goethe! [F] 40
Good Morning America [F] 96
Gorillas im Nebel [F] 138
Görlitz [L] 107
Görliwood© [L] 44, 107
Gräber von Filmstars 31, 77, 186
Grand Budapest Hotel [F] 44, 107
Grand Tour 33
Großbritannien [L] 42
Ground Zero 35
Grüne Tomaten [F] 147
Guadalupe-Nipomo
    Dunes Center 119
Guggenheim in Bilbao [L] 44

H

Halifax [L] 66
Hallmark Events 162

Harry Potter [F] 63, 64, 72,
    113, 141, 198
Harry und Sally [F] 115
Heartbeat [F] 148, 170
Heidi [F] 105
Heidiland Tourismus 105
Heimat [F] 109
Hengdian World Studios [L] 194
Herr der Ringe [F] 23, 66, 104–105,
    112–113, 117, 128, 156, 169, 199
Herrenhäuser [L] 164
Highclere Castle [L] 126
Hobbit [F] 104, 112, 117,
    128–129, 145
Hollywood 29, 58, 62, 82, 93, 188
    chinesisches 195
Hollywood Boulevard 81
Homeland [F] 93
Hotel del Coronado [L] 18
Humrah – The Traitor [F] 100
Hunsrück-Touristik 109
hyperreale Orte 61

I

If You Are the One 2 [F] 108
Image, Definition 140
Imageeffekte 137
imaginäre Geographien 56
Immenhof [F] 168
Immobilienpreise 149, 152
Incentives 93
Indiana Jones und das Königreich
    des Kristallschädels [F] 42
Indiana Jones und der Tempel
    des Todes [F] 40
Indo-German Film Agency 100
Induced Agents 103
Information Overload 89
Inglourious Basterds [F] 107
Inspector Morse [F] 50
Instagram 77, 94
International Fund for
    Animal Welfare 159
Involvement 21
Irland [L] 171

Isle of Eriska Hotel [L] 126
Isle of Mull [L] 173

J

Jacobite Steam Train [L] 72
James Bond 007 [F] 40, 120, 126
Jersey, Kanalinsel [L] 166
Juliette [L] 147
Jurassic Park [F] 90

K

Karl-May-Filme 23
Katz's Deli, New York [L] 115
King Arthur [F] 31
King's Cross, London [L] 64, 72
Kleine Fluchten [F] 17
Kluftinger [F] 87, 155
Knight and Day [F] 81
Ko Phi Phi Leh [L] 62, 115, 157
Kochel am See [L] 116
Köln [L] 154
Kommunikationspolitik 127
Kroatien [L] 93
Ksar Hedada [L] 71
Kulissen, Umgang mit 116, 118
Kultur 37
Kultur-Events 162
Kulturtourismus 40, 53
    Definition 38
Kundun [F] 170

L

Lake District [L] 186
Lang lebe Ned Divine! [F] 30
Last of the Summer Wine [F] 170
Last Samurai [F] 31
Letterman [F] 96
Life of Pi [F] 129
Lindenstraße [F] 65
Local Hero [F] 178
Location 36
Location Management Workshops 98

Location Placement 88–89, 90–91,
  94–95, 103, 206
  Definition 90
  Ziele und Methoden 92
Location Scouting 100
Location Scouts 21, 206
Location-Archiv 99
Location-Manager 98, 206
Locations 27, 34, 42, 51, 71, 91
Location-Suche 98
Location-Touren 98
Location-Wettbewerb 99
lokale Unternehmen 165
London [L] 44, 125, 152, 198–199
Lost Horizon [F] 170
Lüneburg [L] 127
Luther [F] 40
Luxusreise zu Filmdrehorten 115
Lyme Park [L] 138

M

Mamma Mia [F] 69
Manhattan [F] 40
Mankells Wallander [F] 50
Maria Chapdelaine [F] 97
Marke 104
Markenbildung
  filmtouristisch 101
Marker 108, 109
Marketing 162
Marketing-Maßnahmen
  nach dem Erscheinen
    des Films 207
  vor der Produktion 205
  während der Dreharbeiten 206
Marketing-Mix 101, 188, 202
Maya Beach [L] 62
Meersburg [L] 114
Mental Map
  Definition 102
Meran [L] 83
Merchandising 71, 83, 88, 108, 120,
  121, 122, 129, 132, 181, 189, 202
  Rechte 122
Miami Vice [L] 138

Michael Jackson-Denkmal,
  München [L] 186
Millennium Bridge, London [L] 44
Mitteldeutschen Medienförderung 98
Mixed Reality Scandinavia 165
Monte Christo 30
Moritzburg [L] 66, 67
Movie Maps 21, 108–109, 123,
  130, 181
  Beispiele 110
Movie Park Germany [L] 194
Movie Stars' Homes Tour 188
Mumbai [L] 144
München [L] 187
Münster [L] 50
Münster Marketing 109

N

narrative Räume 59
National Trust 164
National Trust Film Office 91
National Wallace Monument [L] 168
natürliche Events 163
Naturtourismus 40
Neuseeland 30–31, 42, 66, 104–105,
  107, 112–113, 127–129, 145, 156,
  168–169, 180, 199
New York [L] 22, 30, 35, 64, 77, 80,
  107, 112–113, 115, 177
New Zealand Tourism 128
Nipomo [L] 118
No Country for Old Men [F] 42
Nordirland [L] 91
Normandie [L] 138
Notting Hill [F] 40, 141, 152, 153
Nottinghamshire [L] 60

O

Oberösterreich Tourismus 130
Off Locations 24, 31, 185
On Locations 24, 28, 111, 137
Organic Agents 102
Orient [L] 64
Original-Sets 116

Österreichischer Rundfunk (ORF)
    65, 124, 129
Oxford [L] 50

P

Paddington [F] 94
Paris [L] 22, 64, 68, 107, 112
Paris-Syndrom 172
Parque Güell [F] 143
Pauschalreisen zu Drehorten 111
Pearl Harbour [F] 111
Personality von Filmen 51
Persuasion [F] 115
Peter Pan [F] 125
Piggyback-Strategie 127
Pilcher-Tourismus 140
Pilgertourismus 70
Platform 9 ¾ 63, 72
Poirot [F] 141
politische Events 163
Polizeiruf 110 [F] 179
Populärkultur 38, 49
Port Isaac [L] 154
Post-Production 137
Post-Production-Phase 92, 93, 107,
    145, 162, 199
Pre-Production-Phase 98, 137, 176
Presse- und Öffentlichkeitsarbeit 127
Product Placement 89, 94
Production Guide 99
Production-Phase 98, 137, 162, 206
Produktpolitik
    filmtouristische 107

R

Reenactment 64, 65, 71, 72, 74, 116
Reichweite
    begrenzte 168
religiöse Events 163
religiöser/spiritueller Tourismus 40
Reliquien, filmtouristische 70
Risiken 166
Rituale 69
Roadshow 103

Rom [L] 64, 71, 178
Rosamunde-Pilcher-Filme [F] 56
Roseman Bridge [L] 179
Rosslyn Chapel [L] 138
Rote Rosen [F] 126
Roter Teppich 80, 207
Ruanda [L] 138
Runaway Productions 29, 61, 99,
    107, 137
Ryan's Tochter [F] 88

S

Sachsen [L] 44, 66, 67, 98
Sachsen-Anhalt [F] 98
Sacred Public Places 155
Sahara [L] 62
Saltram House [L] 138
Salzburger Land [L] 44
San Juan Islands [L] 159
Schauplätze bedeutender Ereignisse 34
Schauspieler 74, 77–80, 83, 95, 107,
    130, 135–136, 140,145, 156, 167,
    172, 175, 180, 185, 189, 190–191,
    195, 199, 207
Schindlers Liste [F] 28
Schleswig-Holstein [L] 168
Schottland [L] 29, 30, 42, 64, 72, 73,
    99, 110, 126, 138, 168, 178
Schwabenkinder [F] 114
Schwäbische Dichterstraße 39
Schwarzwaldklinik [F] 167
Schweiz [L] 55
Science-Fiction-Filme 59
Scientific Community 20, 37
Scouting-Touren 98
SeaChange [F] 149, 150
Self-Guided-Tour 109, 123
Selfie 32, 64, 80, 81
Semi-Official Sites 32
Serbien (L] 93
Sex and the City – Der Film [F] 40
Shakespeare's Country 39
Shaolin [F] 144
Shareholder 22
Sherlock Holmes 57

Sidi Driss [L] 71
Sieben Jahre in Tibet [F] 30, 170
Sights 27
Singapore Tourism Board 92
Sinn und Sinnlichkeit [F] 91, 115, 138
Sissi – Schicksalsjahre einer
    Kaiserin [F] 83
Sissi [F] 165
Six Flags, Themenparks 196
Skopelos [L] 69
Sky Walk 120
Slumdog Millionär [F] 144
Social Wall 131
SOKO Donau [F] 129, 130
SOKO Kitzbühel [F] 131
SOKO Wien [F] 129, 130
Sound of Music [F] 44, 122, 123
Souvenirs 120
Special Interest Tourism 100
Spiel mir das Lied vom Tod [F] 117
Sport-Events 163
Städtetourismus 40
Stadtführungen 112
Stagecoach [F] 25
Stakeholder 147, 148
Stalking 79
Star Wars [F] 62, 70–71, 111, 122,
    127, 173
Stargate [F] 56
Stars (siehe auch Celebrities und
    Schauspieler) 78
Sternenfänger [F] 169
Stirb langsam – Ein guter Tag zum
    Sterben [F] 137
Stolz und Vorurteil [F] 40, 115, 138,
    164
Storyline 19, 21, 25, 27, 29, 40, 49, 57,
    62, 92, 140, 169, 172, 175
Storylines 31
Storytelling 28
Stratford-upon-Avon [L] 186
Stunt Shows 117
Subventionsmaßnahmen 93
SWOT-Analyse 101

T
Tate Modern [L] 44
Tatort [F] 179
TCL Chinese Theatre 81, 82
Terranea Resort [L] 111
Thailand [F] 158
The Beach [F] 40, 62, 115, 158
The Blair Witch Project [F] 26
The Da Vinci Code – Sakrileg [F] 30,
    40, 138
The Oprah Winfrey Show [F] 96
The Quiet Man [F] 171
The Shaolin Temple [F] 144
Thelma & Louise 166
themed spaces 33
Themenparks 192
Thüringen [F] 98
Tibet [L] 30, 170
Tiffany's [L] 115
Tiroler Traumfabrik 97
Titanic [F] 66
Todeszug nach Yuma [F] 42
Tom Cruise Clause 93
Torquay [L] 188
Tour Guides 113
Tourism New Zealand 105, 145
Tourism Western Australia 95
Tourismusverband Wilder Kaiser 124
touristische Nachfrage 136
Transsilvanien [L] 61
Trapp-Familie 44
Troja [F] 138
Tschechien [L] 93
Tunesien [L] 111, 164
Twilight [F] 57, 150
Twitter 78, 94, 131

U
Überlingen [L] 170
Ungarn [L] 93
Unique Selling Proposition 107, 163
Universal Studios Hollywood [L] 194
Universal Studios Japan [L] 194
Universal Studios Singapore [L] 194

Unofficial Sites 32
Unterwegs nach Cold Mountain [F] 31
unzufriedene Gäste 172

V

Venedig [L] 64
Verehrung von Prominenten 77 (siehe
    auch Celebrities, Schauspieler)
Vergessene Welt
    Jurassic Park [F] 89
Vicky Cristina Barcelona [F] 141, 143
Vier Hochzeiten und ein
    Todesfall [F] 138
Vision – Aus dem Leben der
    Hildegard von Bingen [F] 40, 163
Volterra [L] 57
Volunteer Tourism 101, 155

W

Wales [L] 91
Walk of Fame 82
Wallander [F] 140, 165
Walt Disney Studios Park [F] 194
Warner Bros. Movie World [L] 194
Werbemaßnahmen 129

Wickie auf großer Fahrt [F] 116
Wickie und die starken
    Männer [F] 116
Wiedersehen in Howards End [F] 40
Wien [L] 84, 165, 168
Wilde Westen [L] 64
Wilder Kaiser [L] 65, 124
Willkommen bei der Sch'tis [F] 142
Wilsberg [F] 50
Winter Sonata [F] 144
Wohnorte von Filmstars 185
Wyoming [L] 166

Y

Yellow Press 77
YouTube 128
Ystad [L] 50, 140, 156, 165

Z

Zhangjiajie National Forest Park [L]
    59
Zwei glorreiche Halunken [F] 117
Zweites Deutsches Fernsehen (ZDF)
    65, 124, 129, 167

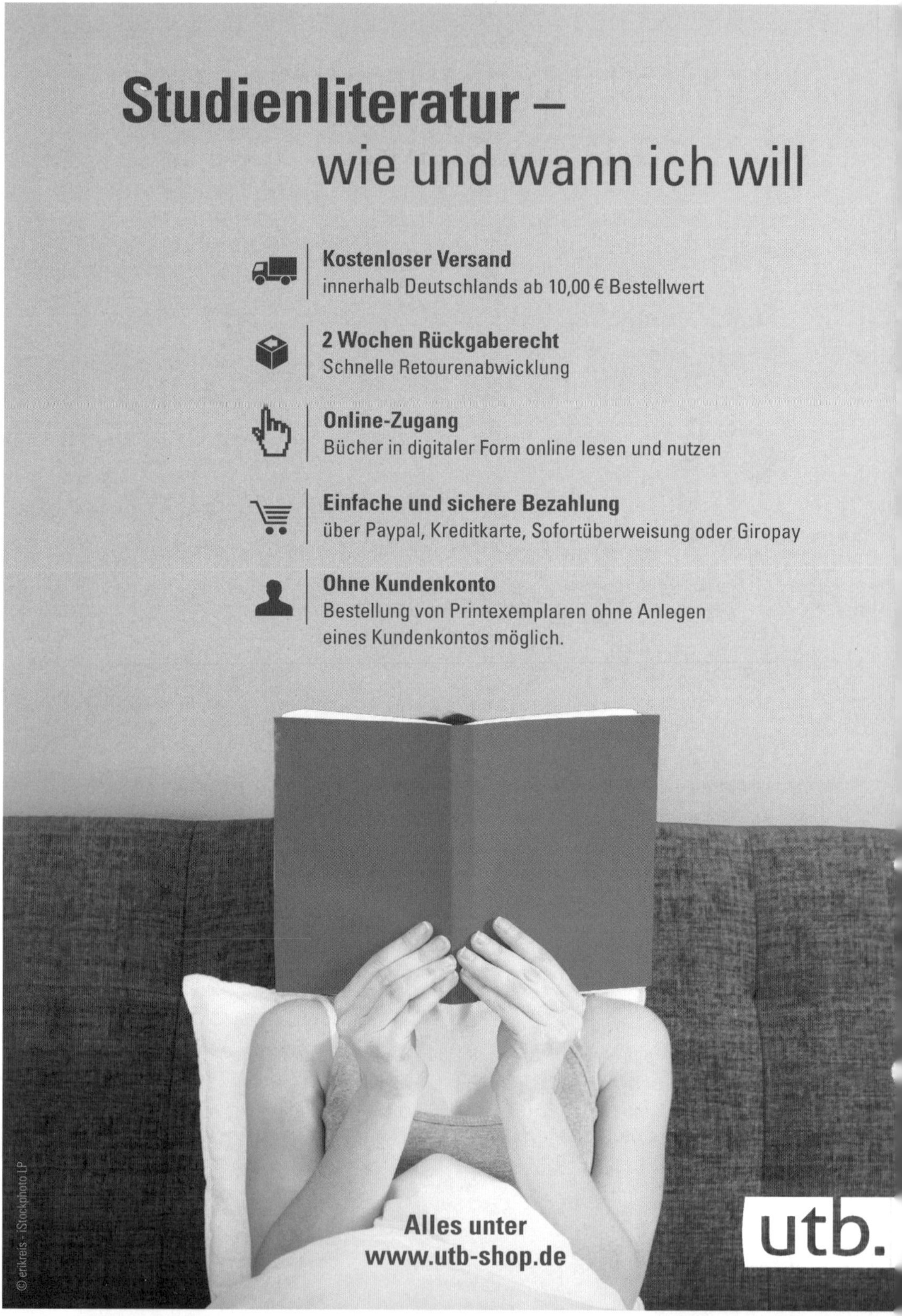

Studienliteratur –
wie und wann ich will
Kostenloser Versand
innerhalb Deutschlands ab 10,00 € Bestellwert
2 Wochen Rückgaberecht
Schnelle Retourenabwicklung
Online-Zugang
Bücher in digitaler Form online lesen und nutzen
Einfache und sichere Bezahlung
über Paypal, Kreditkarte, Sofortüberweisung oder Giropay
Ohne Kundenkonto
Bestellung von Printexemplaren ohne Anlegen
eines Kundenkontos möglich.
Alles unter
www.utb-shop.de
utb.
© erikreis - iStockphoto LP